LITERATURA

VOLUME ÚNICO
ENSINO MÉDIO

ORGANIZADORA
EDIÇÕES SM
Obra coletiva concebida, desenvolvida e produzida por Edições SM.
EDITORA RESPONSÁVEL
Andressa Munique Paiva

Cristiane Escolástico Siniscalchi
Bacharela e Mestra em Letras pela Faculdade de Filosofia, Letras e Ciências Humanas da Universidade de São Paulo (USP).
Professora de Língua Portuguesa na rede privada de ensino.

Heidi Strecker
Bacharela em Letras e Filosofia pela Faculdade de Filosofia, Letras e Ciências Humanas da USP.
Licenciada em Letras e Filosofia pela Faculdade de Educação da USP.

Matheus Martins
Licenciado em Letras pela Faculdade de Letras da Universidade Federal de Minas Gerais (UFMG).
Mestre em Letras pela Faculdade de Letras da UFMG.

Ricardo Gonçalves Barreto
Bacharel e Licenciado em Letras pela Universidade Presbiteriana Mackenzie (Mackenzie).
Mestre e Doutor em Letras pela Faculdade de Filosofia, Letras e Ciências Humanas da USP.

São Paulo,
1ª edição 2015

Ser Protagonista BOX Literatura – Volume Único
© Edições SM Ltda.
Todos os direitos reservados

Direção editorial	Juliane Matsubara Barroso
Gerência editorial	Roberta Lombardi Martins
Gerência de processos editoriais	Marisa Iniesta Martin
Coordenação de área	Andressa Munique Paiva
Edição	Ana Álvares, Millyane M. Moura Moreira, Sibilas Editorial
Colaboração técnico-pedagógica	Cristiane Escolástico Siniscalchi, Kelaine Azevedo
Assistência administrativa editorial	Alzira Aparecida Bertholim Meana, Camila Cunha, Flavia Casellato, Silvana Siqueira
Preparação e revisão	Cláudia Rodrigues do Espírito Santo (Coord.), Ana Paula Ribeiro Migiyama, Angélica Lau P. Soares, Eliane Santoro, Fernanda Oliveira Souza, Izilda de Oliveira Pereira, Nancy Helena Dias, Rosinei Aparecida Rodrigues Araujo, Sandra Regina Fernandes, Valéria Cristina Borsanelli, Marco Aurélio Feltran (apoio de equipe)
Coordenação de *design*	Erika Tiemi Yamauchi Asato
Coordenação de arte	Ulisses Pires
Projeto gráfico	Erika Tiemi Yamauchi Asato, Catherine Ishihara
Capa	Megalo Design. Ilustração de Natasha Molotkova
Edição de arte	Andressa Fiorio
Editoração eletrônica	Equipe SM
Iconografia	Josiane Laurentino (Coord.), Bianca Fanelli, Susan Eiko Diaz
Tratamento de imagem	Marcelo Casaro
Fabricação	Alexander Maeda
Impressão	Forma Certa Gráfica Digital

Dados Internacionais de Catalogação na Publicação (CIP)
(Câmara Brasileira do Livro, SP, Brasil)

Ser protagonista box : literatura, ensino médio :
  volume único / organizadora Edições SM ; obra coletiva
  concebida, desenvolvida e produzida por Edições SM ;
  editora responsável Andressa Munique Paiva. — 1. ed. —
  São Paulo : Edições SM, 2015. — (Coleção ser protagonista)

Vários autores.
Bibliografia.
ISBN 978-85-418-0999-3 (aluno)
ISBN 978-85-418-1000-5 (professor)

1. Literatura (Ensino médio) 2. Português (Ensino médio)
I. Paiva, Andressa Munique. II. Série.

15-03578   CDD-869.07

Índices para catálogo sistemático:
1. Literatura : Português : Ensino médio 869.07

1ª edição, 2015
6 impressão , novembro 2024

 Edições SM Ltda.
Rua Tenente Lycurgo Lopes da Cruz, 55
Água Branca 05036-120 São Paulo SP Brasil
Tel. 11 2111-7400
edicoessm@grupo-sm.com
www.edicoessm.com.br

Apresentação

Caro estudante:

As novas tecnologias dão acesso a um enorme acervo de informações, mas também trazem desafios: Como lidar com esses conteúdos de forma crítica, indo além da superficialidade? Como transformar tanta informação em conhecimentos que contribuam para a formação de cidadãos éticos e autônomos, em vez de simples consumidores das novidades do momento?

Essas questões relacionam-se profundamente com o estudo de Língua Portuguesa, pois a linguagem está em tudo o que diz respeito à vida em sociedade. Esta obra tem o objetivo de ajudá-lo a se tornar um leitor atento do mundo e, assim, contribuir para que você exerça uma participação social construtiva.

Esse propósito permeia as três partes deste volume, em que você vai ler e estudar textos que remetem à tradição literária em língua portuguesa. Nessas obras, os escritores foram experimentando e ampliando as possibilidades de expressão em nosso idioma. Conhecê-las é uma forma de entrar em contato com questões que caracterizam a experiência humana de diferentes épocas e, assim, enriquecer sua formação cultural.

Nesse processo, você encontrará diversas manifestações da nossa língua, compreendida como patrimônio de todos. Esperamos, enfim, que esta obra aponte um caminho para você aprofundar sua leitura de mundo, enriquecer seu repertório e participar ativamente na sociedade do século XXI.

Equipe editorial

A organização do livro

» Partes

O livro está organizado em três partes, subdivididas em unidades e capítulos.

As unidades abordam as estéticas literárias em uma perspectiva histórica. Em cada unidade, o capítulo inicial contextualiza a estética estudada, enfatizando aspectos históricos, culturais e literários.

Interdisciplinaridade
Este ícone indica a relação dos temas estudados com outras disciplinas do Ensino Médio.

» Atividades em seções e boxes

As seções **Sua leitura**, **Uma leitura** e **Ler o(a) [nome da estética]** propõem abordagens variadas para o texto literário: leitura comparada com outras linguagens, articulação com o contexto de produção, observação dos recursos expressivos.

O boxe **Margens do texto** acompanha os textos e traz questões que problematizam e/ou ilustram a estética estudada.

No fim do capítulo, o boxe **O que você pensa disto?** convida à reflexão sobre um tema da atualidade.

5

A organização do livro

» Boxes de ampliação e sistematização do conteúdo

Vale saber e **Lembre-se**, respectivamente, indicam e retomam conceitos e informações breves, pertinentes ao desenvolvimento do capítulo.

O boxe **Repertório** aprofunda ou estabelece relações com os temas estudados. Já o boxe **Ação e cidadania** aborda questões de interesse coletivo que merecem sua atenção.

Fone de ouvido, **Passaporte digital**, **Livro aberto** e **Sétima arte**, respectivamente, dão dicas de música, *sites*, livros e filmes que podem servir de fonte de pesquisa e ampliar seu repertório em relação aos assuntos estudados.

» Seções de fim de unidade

As unidades se encerram com as seções **Ferramenta de leitura** e **Entre textos**.

Na primeira, a leitura do texto literário é enriquecida por conceitos da crítica literária e de outras áreas do conhecimento, como a Filosofia, a Sociologia, a Psicanálise, etc.

A segunda aponta relações intertextuais dos assuntos ou temas estudados na unidade com textos de outras estéticas, épocas e/ou linguagens.

Todas as unidades se encerram com questões de **Vestibular**, ou de **Vestibular e Enem**, relacionadas ao tema da unidade.

7

Sumário geral

Parte I – Literatura: experiências de leitura

Unidade 1 – Ao encontro da literatura 20

Capítulo 1 — Por que ler literatura? 22
- **Sua leitura:**
  "História de passarinho" (Lygia Fagundes Telles) 22
- Literatura e linguagem 24
- Literatura e realidade 26
- Literatura e interação 27
  - **Uma leitura:**
    "Cigarra, Formiga & Cia." (José Paulo Paes) 28
  - **Sua leitura:**
    "O jornal e suas metamorfoses" (Julio Cortázar) 29
- Funções da literatura 30
- Obra aberta 32
  - **Sua leitura:**
    "Dialética" (Vinicius de Moraes) 33

Capítulo 2 — Literatura: gêneros e modos de leitura 34
- **Sua leitura:**
  "Vestida de preto" (Mario de Andrade) 34
- Em verso e em prosa 36
- Elementos da narrativa 38
- Gêneros literários 39
  - **Sua leitura:**
    "O vencedor: uma visão alternativa" (Moacyr Scliar) 42
    "Eros e Psique" (Fernando Pessoa) 42
- Literatura: modos de leitura 44
- Ferramentas de leitura 45
  - **Sua leitura:**
    "Não desperdicem um só pensamento" (Bertold Brecht) 47

- **Ferramenta de leitura:**
  O ser humano em "estado de natureza" 48
- **Entre textos:**
  Texto 1 – "Elegia para os que ficaram na sombra do mar" (Joaquim Cardozo) 50
  Texto 2 – "Oceano Nox" (Antero de Quental) 50
  Texto 3 – "Ismália" (Alphonsus de Guimaraens) 51
  Texto 4 – "É doce morrer no mar" (Dorival Caymmi e Jorge Amado) 51
- **Vestibular e Enem** 52

Unidade 2 – O Trovadorismo 54

Capítulo 3 — O Trovadorismo – um mundo de cantores e cavaleiros 56
- **Sua leitura:**
  O abraço amoroso (Konrad von Altstetten) 56
  "Para nada serve cantar" (Bernart de Ventadorn) 57
- O contexto de produção 58
  - **Uma leitura:**
    Poema de D. Dinis 60
  - **Ler o Trovadorismo:**
    Poema de D. Tristan 61

Capítulo 4 — O Trovadorismo em Portugal 62
- O contexto de produção 62
- Os tipos de cantiga trovadoresca 63
  - **Sua leitura:**
    Cantiga de amigo de D. Dinis 65
  - **Sua leitura:**
    Cantiga de escárnio de Pero Garcia Burgalês 67
- As novelas de cavalaria e outros textos 68
  - **Sua leitura:**
    Tristão e Isolda 69

- **Ferramenta de leitura:**
  Representação de paisagens na poesia lírica 70
- **Entre textos:**
  Texto 1 – Poema de Eugénio de Castro 71
  Texto 2 – Poema de Safo de Lesbos 71
  Texto 3 – "Amor cortês" (Maria Lúcia Alvim) 71
- **Vestibular** 72

Unidade 3 – O Humanismo 74

Capítulo 5 — O Humanismo – o ser humano como medida 76
- **Sua leitura:**
  Poema de Francesco Petrarca 76
  O casamento dos Arnolfini (Jan van Eyck) 77
- O contexto de produção 78
  - **Uma leitura:**
    "Cantiga sua partindo-se" (João Roiz de Castelo Branco) 80
  - **Ler o Humanismo:**
    "Cantiga a uma mulher que lhe disse que não curasse de a servir, que perderia muito nisso" (Jorge de Resende) 81

8

Capítulo 6   O Humanismo em Portugal   82

          O contexto de produção 82

          Fernão Lopes: o surgimento da historiografia em Portugal 84

- **Sua leitura:**
  Crônica de El-Rei dom João I (Fernão Lopes) 85
  Gil Vicente: nasce o teatro português ... 86
- **Sua leitura:**
  Auto da barca do Inferno (Gil Vicente) 87

- **Ferramenta de leitura:**
  Sátira, tragédia e epopeia 88
- **Entre textos:**
  "A fome negra" (João do Rio) 89
- **Vestibular e Enem** 90

Unidade 4 – O Classicismo   92

Capítulo 7   O Classicismo – o peso da tradição   94

- **Sua leitura:**
  O sonho do cavaleiro (Rafael) 94
  Orlando Furioso (Ludovico Ariosto) .. 95
  O contexto de produção 96
- **Uma leitura:**
  Poema de Luís de Camões 100
- **Ler o Classicismo:**
  Os Lusíadas (Luís de Camões) 101

Capítulo 8   O Classicismo em Portugal   102

        O contexto de produção 102

        Sá de Miranda: novas medidas para Portugal 104

- **Sua leitura:**
  Poema de Sá de Miranda 105
  Luís de Camões lírico: o desconcerto do mundo e a transitoriedade das coisas 106
- **Sua leitura:**
  Poema de Luís de Camões 107
  Luís de Camões épico: um povo conta sua história 108
- **Sua leitura:**
  "Canto IV" de *Os Lusíadas* (Luís de Camões) 110

- **Ferramenta de leitura:**
  Poesia e História 112
- **Entre textos:**
  Texto 1 – Poema de Arlindo Barbeitos 114
  Texto 2 – "Língua portuguesa" (Olavo Bilac) 114
  Texto 3 – "Mar portuguez" (Fernando Pessoa) 115
  Texto 4 – "Soneto da rosa" (Vinicius de Moraes) 115
- **Vestibular e Enem** 116

Unidade 5 – As manifestações literárias no Brasil quinhentista   118

Capítulo 9   As origens da literatura brasileira   120

- **Sua leitura:**
  Gravura de Théodore de Bry 120
  História da província Santa Cruz (Pero de Magalhães Gândavo) 121
  O contexto de produção 122
- **Uma leitura:**
  "A Santa Inês" (José de Anchieta) .. 124
- **Ler as Manifestações literárias quinhentistas:**
  Carta de Pero Vaz de Caminha 125
  Pero Vaz de Caminha: um primeiro olhar sobre a nova terra 126
  Pero de Magalhães Gândavo: o início da História no Brasil 127
  Padre José de Anchieta: o olhar da conversão 128
- **Sua leitura:**
  "Em Deus, meu criador" (José de Anchieta) 129

- **Ferramenta de leitura:**
  O escritor e os valores sociais de seu tempo 130
- **Entre textos:**
  Texto 1 – *Primeira missa no Brasil* (Victor Meirelles) 131
  Texto 2 – "Pero Vaz Caminha" (Oswald de Andrade) . 131
- **Vestibular e Enem** 132

Unidade 6 – O Barroco   134

Capítulo 10   O Barroco – irregularidade e tensão   136

- **Sua leitura:** *Deposição de Cristo* (Michelangelo Caravaggio) 136
  "A d. Sancho D'Ávila, bispo de Jaén" (Luis de Góngora y Argote) 137
  O contexto de produção 138
- **Uma leitura:**
  "A Cristo S. N. crucificado estando o Poeta na última hora de sua vida" (Gregório de Matos) 140

Sumário geral

- **Ler o Barroco:**
  "Achando-se um braço perdido do menino Deus de N. S. das Maravilhas, que destacaram infiéis na Sé da Bahia" (Gregório de Matos) 141

Capítulo 11   O Barroco em Portugal **142**
O contexto de produção 142
Padre Antônio Vieira: pregando palavras e pensamentos 144
Outros autores 146
- **Sua leitura:**
  "Sermão vigésimo sétimo, com o santíssimo sacramento exposto" (Antônio Vieira) 147

Capítulo 12   O Barroco no Brasil **148**
O contexto de produção 148
O Barroco mineiro 149
Gregório de Matos: a conciliação dos contrários 150
- **Sua leitura:**
  "Pintura admirável de uma beleza" (Gregório de Matos) 152
  "Desaires da formosura com as pensões da natureza ponderados na mesma dama" (Gregório de Matos) 153

- **Ferramenta de leitura:**
  Arte e realidade 154

- **Entre textos:**
  Texto 1 – Poema de Fernando Pessoa 156
  Texto 2 – Poema de William Shakespeare 156
  Texto 3 – "Roupa bordada de ouro" (Du Qiuniang) 157
  Texto 4 – Poema de Horácio 157

- **Vestibular** 158

Unidade 7 – O Arcadismo   160

Capítulo 13   O Arcadismo – uma simplicidade sofisticada **162**
- **Sua leitura:**
  O adeus de Telêmaco e Eucaris (Jacques-Louis David) 162
  "Como Cândido foi educado em um belo castelo e como foi expulso dele" (Voltaire) 163
O contexto de produção 164
- **Uma leitura:**
  "Marília de Dirceu: Lira XIV" (Tomás Antônio Gonzaga) 166
- **Ler o Arcadismo:**
  "Marília de Dirceu: Lira XV" (Tomás Antônio Gonzaga) 167

Capítulo 14   O Arcadismo em Portugal **168**
O contexto de produção 168
Bocage: do Arcadismo ao Pré-Romantismo 170
- **Sua leitura:**
  "Desejos da presença do objeto amado" (Manuel M. B. du Bocage) 172
  "Lenitivos do sofrimento contra as perseguições da desventura" (Manuel M. B. du Bocage) 172

Capítulo 15   O Arcadismo no Brasil **174**
O contexto de produção 174
Poesia árcade com tempero local 175
Cláudio Manuel da Costa: a identidade refletida na paisagem 176
- **Sua leitura:**
  Poemas de Cláudio Manuel da Costa 177
Gonzaga: lirismo e política 178
- **Sua leitura:**
  "Marília de Dirceu: Lira II" (Tomás Antônio Gonzaga) 180
  "Marília de Dirceu: Lira III" (Tomás Antônio Gonzaga) 181
Basílio da Gama e Santa Rita Durão: dois "Brasis" em duas épicas 182
- **Sua leitura:**
  Caramuru (Santa Rita Durão) 183
  O Uraguai (Basílio da Gama) 183

- **Ferramenta de leitura:**
  Mito e razão 184

- **Entre textos:**
  Texto 1 – *Bucólicas* (Virgílio) 186
  Texto 2 – "Fazenda" (Carlos Drummond de Andrade) 186
  Texto 3 – Poema de Hilda Hilst 187
  Texto 4 – Poema de Fernando Pessoa 187

- **Vestibular e Enem** 188

Parte II – Literatura: os movimentos do século XIX

Unidade 8 – O Romantismo   196

Capítulo 16   O Romantismo – a expressão da interioridade **198**
- **Sua leitura:**
  Cavalos árabes lutando no estábulo (Eugène Delacroix) 198

Os sofrimentos do jovem Werther (J. Wolfgang von Goethe) 199
O contexto de produção 200
- **Uma leitura:**
  "A uma taça feita de um crânio humano" (*Lord* Byron) 204
- **Ler o Romantismo:**
  "A morte amorosa" (Théophile Gautier) 205

Capítulo 17 O Romantismo em Portugal 206
O contexto de produção 206
Almeida Garrett: o símbolo da transição 208
Alexandre Herculano: a tradição das narrativas históricas 209
Camilo Castelo Branco: narrativas passionais 210
- **Sua leitura:**
  Amor de perdição (Camilo Castelo Branco) 212

Capítulo 18 O Romantismo no Brasil 214
O contexto de produção 214
Tendências do Romantismo no Brasil ... 216
- **Sua leitura:**
  "Canção do exílio" (Gonçalves Dias) 218
  O demônio familiar (José de Alencar) 219

Capítulo 19 Alencar: expressão da cultura brasileira 220
Alencar indianista: os fundadores da nação 220
Alencar histórico: a recriação do passado 221
- **Sua leitura:**
  O guarani (José de Alencar) 222
Alencar regional: recortes do Brasil 224
Alencar urbano: análise de costumes ... 225
- **Sua leitura:**
  Lucíola (José de Alencar) 226

Capítulo 20 Joaquim Manuel de Macedo e Manuel Antônio de Almeida: o rumor das ruas 228
Joaquim Manuel de Macedo: o nascimento do romance brasileiro 228
- **Sua leitura:**
  A Moreninha (Joaquim Manuel de Macedo) 229

Manuel Antônio de Almeida: a malandragem em cena 230
- **Sua leitura:**
  Memórias de um sargento de milícias (Manuel Antônio de Almeida) 231

Capítulo 21 Taunay e Bernardo Guimarães: ângulos do regional 232
Taunay: observação atenta 232
- **Sua leitura:**
  Inocência (Visconde de Taunay) 233
Bernardo Guimarães: desafio aos tabus 234
- **Sua leitura:**
  A escrava Isaura (Bernardo Guimarães) 235

Capítulo 22 Gonçalves Dias: inovações na poesia 236
O canto indígena 236
Lírica contida 237
- **Sua leitura:**
  "I-Juca Pirama" (Gonçalves Dias) 238
  "Olhos verdes" (Gonçalves Dias) 239

Capítulo 23 Casimiro de Abreu, Álvares de Azevedo e Fagundes Varela: o individualismo extremado 240
Casimiro de Abreu: ingenuidade e memória 240
- **Sua leitura:**
  "No lar" (Casimiro de Abreu) 241
Álvares de Azevedo: "medalha de duas faces" 242
  "Soneto" (Álvares de Azevedo) 243
  Macário (Álvares de Azevedo) 244
Fagundes Varela: poeta maldito 246
- **Sua leitura:**
  "Noturno" (Fagundes Varela) 247

Capítulo 24 Castro Alves: a superação do egocentrismo 248
O canto dos aflitos 248
- **Sua leitura:**
  "Navio negreiro" (Castro Alves) 250

Capítulo 25 Martins Pena: o teatro da época romântica 252
O surgimento do teatro brasileiro 252
Martins Pena e a comédia de costumes 253
- **Sua leitura:**
  O noviço (Martins Pena) 254

Sumário geral

- **Ferramenta de leitura:**
  O individualismo e a massificação 256
- **Entre textos:**
  Texto 1 – *Viva o povo brasileiro* (João Ubaldo Ribeiro) .. 258
  Texto 2 – "Soneto do Corifeu" (Vinicius de Moraes) 259
  Texto 3 – *O filho eterno* (Cristovão Tezza) 259
- **Vestibular** 260

Unidade 9 – O Realismo — 262

Capítulo 26 — O Realismo – o diagnóstico da sociedade — 264
- **Sua leitura:**
  Os madeireiros (Jean-François Millet) 264
  Madame Bovary (Gustave Flaubert) 265
  O contexto de produção 266
- **Uma leitura:**
  O primo Basílio (Eça de Queirós) 270
- **Ler o Realismo:**
  Esaú e Jacó (Machado de Assis) 271

Capítulo 27 — O Realismo em Portugal — 272
O contexto de produção 272
A poesia realista 274
- **Sua leitura:**
  "Sentimento de um ocidental" (Cesário Verde) 275
Eça de Queirós: o espelho da sociedade em crise 276
- **Sua leitura:**
  O primo Basílio (Eça de Queirós) 278

Capítulo 28 — O Realismo no Brasil — 280
O contexto de produção 280
Machado de Assis romancista: as duas pontas da vida 282
- **Sua leitura:**
  Memórias póstumas de Brás Cubas (Machado de Assis) .. 284
  Dom Casmurro (Machado de Assis) 285
Machado contista 286
- **Sua leitura:**
  "Noite de almirante" (Machado de Assis) 287
Raul Pompeia: "crônica de saudades" 290
- **Sua leitura:**
  O Ateneu (Raul Pompeia) 291
- **Ferramenta de leitura:**
  Psicanálise e literatura 292
- **Entre textos:**
  Texto 1 – *A vida e as opiniões do cavaleiro Tristam Shandy* (Laurence Sterne) 294

Texto 2 – *As vinhas da ira* (John Steinbeck) 295
Texto 3 – *Capitu* (Lygia Fagundes Telles e Paulo Emílio Salles Gomes) 295
- **Vestibular e Enem** 296

Unidade 10 – O Naturalismo — 298

Capítulo 29 — O Naturalismo – o diálogo entre literatura e ciência — 300
- **Sua leitura:**
  Os comedores de batatas (Vincent van Gogh) 300
  Germinal (Émile Zola) 301
O contexto de produção 302
- **Uma leitura:**
  "O vagabundo" (Guy de Maupassant) 304
- **Ler o Naturalismo:**
  Teresa Raquin (Émile Zola) 305

Capítulo 30 — O Naturalismo no Brasil — 306
O contexto de produção 306
Aluísio Azevedo 308
- **Sua leitura:**
  O cortiço (Aluísio Azevedo) 310
Outros autores 311
- **Ferramenta de leitura:**
  O determinismo e o comportamento de personagens literárias 312
- **Entre textos:**
  Texto – *Cidade de Deus* (Paulo Lins) 314
- **Vestibular e Enem** 315

Unidade 11 – O Parnasianismo — 316

Capítulo 31 — O Parnasianismo – a "arte pela arte" — 318
- **Sua leitura:**
  Proserpina (Hiram Powers) 318
  "L'art" ["A arte"] (Théophile Gautier) 319
O contexto de produção 320
- **Uma leitura:**
  "Vaso grego" (Alberto de Oliveira) .. 322
- **Ler o Parnasianismo:**
  "Profissão de fé" (Olavo Bilac) 323

Capítulo 32 O Parnasianismo no Brasil 324
O contexto de produção 324
Olavo Bilac: um artista consagrado 326
- **Sua leitura:**
  "A um poeta" (Olavo Bilac) 327
  "Via láctea" (Olavo Bilac) 327
Outros autores 328
- **Ferramenta de leitura:**
Literatura × linguagem popular 329
- **Entre textos:**
Texto 1 – "Inferno" – *A divina comédia* (Dante Alighieri) 330
Texto 2 – "*Nel mezzo del camin...*" (Olavo Bilac) 330
Texto 3 – "No meio do caminho" (Carlos Drummond de Andrade) 330
- **Vestibular** 331

Unidade 12 – O Simbolismo 332

Capítulo 33 O Simbolismo – a arte *fin-de-siècle* 334
- **Sua leitura:**
  A aparição (Gustave Moreau) 334
  "Obsessão" (Charles Baudelaire) 335
O contexto de produção 336
- **Uma leitura:**
  "Ao longe os barcos de flores" (Camilo Pessanha) 338
- **Ler o Simbolismo:**
  "Siderações" (João da Cruz e Sousa) 339

Capítulo 34 O Simbolismo em Portugal 340
O contexto de produção 340
Eugênio de Castro e Antônio Nobre 341
Camilo Pessanha: sem artificialismos 342
- **Sua leitura:**
  "Água morrente" (Camilo Pessanha) 343

Capítulo 35 O Simbolismo no Brasil 344
O contexto de produção 344
Cruz e Sousa: a tragédia da existência 346
- **Sua leitura:** "O Assinalado" (João da Cruz e Sousa) 347
Alphonsus de Guimaraens: memória e melancolia 348
- **Sua leitura:** Poema de Alphonsus de Guimaraens 349

- **Ferramenta de leitura:**
A imensidão interior sugerida pela poesia 350
- **Entre textos:**
Texto 1 – "Dois barcos" (Marcelo Camelo) 351
Texto 2 – "Calendário" (Eucanaã Ferraz) 351
- **Vestibular e Enem** 352

Parte III – Literatura: autonomia e competência expressiva

Unidade 13 – O Pré-Modernismo 356

Capítulo 36 O Pré-Modernismo – retratos do Brasil 358
- **Sua leitura:**
  Caipira picando fumo (Almeida Júnior) 358
  Cidades mortas (Monteiro Lobato) 359
O contexto de produção 360
- **Uma leitura:**
  "Inauguração da Avenida" (Olavo Bilac) 364
- **Ler o Pré-Modernismo:**
  "Pequenas profissões" (João do Rio) 365

Capítulo 37 Literatura em transição 366
Euclides da Cunha: a anatomia do sertão 366
- **Sua leitura:**
  Os sertões (Euclides da Cunha) 368
Monteiro Lobato: o caboclo e os problemas da mestiçagem 370
- **Sua leitura:**
  Urupês (Monteiro Lobato) 371
Lima Barreto: um projeto de Brasil 372
- **Sua leitura:**
  Triste fim de Policarpo Quaresma (Lima Barreto) 373
Augusto dos Anjos: um poeta singular 374
- **Sua leitura:** Sonetos de Augusto dos Anjos 375
- **Ferramenta de leitura:**
A questão das raças na literatura pré-modernista 376
- **Entre textos:**
Texto 1 – "Guardador" (João Antônio) 378
Texto 2 – *Morte e vida severina* (João Cabral de Melo Neto) 379
Texto 3 – "Curso superior" (Marcelino Freire) 379
- **Vestibular** 380

13

Sumário geral

Unidade 14 – Manifestações do moderno   **381**

Capítulo 38   As vanguardas europeias – diálogos do moderno **382**

- **Sua leitura:**
  As senhoritas de Avignon (Pablo Picasso) 382
  "Ode triunfal" (Álvaro de Campos) ... 383
  O contexto de produção 384
- **Uma leitura:**
  "Aos emudecidos" (Georg Trakl) 386
- **Ler as Vanguardas europeias:**
  Memórias sentimentais de João Miramar (Oswald de Andrade) 387

Capítulo 39   O Modernismo em Portugal – novidades artísticas e ecos do passado **388**

O contexto de produção 388
Os eus de Fernando Pessoa 390
- **Sua leitura:**
  Poema de Alberto Caeiro 393
  "Poema em linha reta" (Álvaro de Campos) 394
  "D. Sebastião, Rei de Portugal" (Fernando Pessoa) 395
  "Mar portuguez" (Fernando Pessoa) ... 395
  Sá-Carneiro e José Régio: a carência do absoluto 396
- **Sua leitura:**
  "Quase" (Mário de Sá-Carneiro) 397

- **Ferramenta de leitura:**
  A obscuridade da lírica moderna 398
- **Entre textos:**
  Texto 1 – "A era do Automóvel" (João do Rio) 400
  Texto 2 – "A pane" (Friedrich Dürrenmatt) 401
- **Vestibular e Enem** 402

Unidade 15 – O Modernismo no Brasil: primeira fase   **403**

Capítulo 40   A primeira fase do Modernismo – autonomia artística **404**

- **Sua leitura:**
  "Descobrimento" (Mário de Andrade) 404
  Samba (Di Cavalcanti) 405
  O contexto de produção 406
- **Uma leitura:**
  "Advertência" (Ronald de Carvalho) .. 410

- **Ler o Modernismo da primeira fase:**
  "Ode ao burguês" (Mário de Andrade) 411

Capítulo 41   Mário, Oswald e Raul Bopp: ousadia literária **412**

Mário de Andrade: "Eu sou trezentos" . 412
- **Sua leitura:**
  Macunaíma: o herói sem nenhum caráter (Mário de Andrade) 414
  Oswald de Andrade: antropofagia literária 415
- **Sua leitura:**
  "Ideal bandeirante" e *Serafim Ponte Grande* (Oswald de Andrade) 418
  Raul Bopp: as raízes populares da poesia 419
- **Sua leitura:**
  Cobra Norato (Raul Bopp) 420

Capítulo 42   Manuel Bandeira e Alcântara Machado: o cotidiano em verso e prosa **422**

Manuel Bandeira: a simplicidade do requinte 422
- **Sua leitura:**
  "Vou-me embora pra Pasárgada" (Manuel Bandeira) 424
  "Poema tirado de uma notícia de jornal" (Manuel Bandeira) 425
  Alcântara Machado: entre brasileiros e italianos 426
- **Sua leitura:**
  "Gaetaninho" (Antonio de Alcântara Machado) 427

- **Ferramenta de leitura:**
  A literatura e a padronização da vida 428
- **Entre textos:**
  Texto 1 – "À Ilha de Maré termo desta Cidade da Bahia" (Manuel Botelho de Oliveira) 430
  Texto 2 – "Marginália 2" (Torquato Neto e Gilberto Gil) 431
  Texto 3 – *Sargento Getúlio* (João Ubaldo Ribeiro) 431
- **Vestibular** 432

Unidade 16 – O Modernismo no Brasil: segunda fase   **433**

Capítulo 43   A segunda fase do Modernismo – urgências sociais **434**

- **Sua leitura:**
  Os retirantes (Cândido Portinari) 434

A bagaceira (José Américo de Almeida) 435
O contexto de produção 436
- **Uma leitura:**
  Vidas secas (Graciliano Ramos) 442
- **Ler o Modernismo da segunda fase:**
  Capitães da Areia (Jorge Amado) 443

Capítulo 44   O Nordeste revisitado   444

Rachel de Queiroz: a seca e suas desgraças 444
- **Sua leitura:**
  O quinze (Rachel de Queiroz) 445

Jorge Amado: a Bahia como protagonista 446
- **Sua leitura:**
  Gabriela, cravo e canela (Jorge Amado) 447

José Lins do Rego: a memória dos canaviais 448
- **Sua leitura:**
  Fogo morto (José Lins do Rego) 449

Graciliano Ramos: a escrita medida ... 450
- **Sua leitura:**
  São Bernardo (Graciliano Ramos) ... 452
  Vidas secas (Graciliano Ramos) 453

Capítulo 45   O ciclo do Sul   454

Érico Veríssimo: sucesso popular e restrições da crítica 454
- **Sua leitura:**
  Clarissa e *O tempo e o vento* (Érico Veríssimo) 455

Dyonélio Machado: ratos ou homens? . 456
- **Sua leitura:**
  Os ratos (Dyonélio Machado) 457

Capítulo 46   Carlos Drummond de Andrade: o eu e o mundo   458

Drummond e o Modernismo 458
- **Sua leitura:**
  "Carta a Stalingrado" (Carlos Drummond de Andrade) 460
  "Legado" e "Jardim" (Carlos Drummond de Andrade) 461

Capítulo 47   Murilo Mendes e Jorge de Lima: novidades da poesia religiosa   462

Murilo Mendes: liberdade e transcendência 462
- **Sua leitura:**
  "Fim" e "Pré-história" (Murilo Mendes) 463

Jorge de Lima: múltiplas tendências ... 464
- **Sua leitura:**
  "Divisão de Cristo" e *Invenção de Orfeu* (Jorge de Lima) 465

Capítulo 48   Cecília e Vinicius: reflexões sobre a experiência humana   466

Cecília Meireles: a efemeridade do ser 466
- **Sua leitura:**
  "Inscrição" e "Romance LXVIII ou De outro maio fatal" (Cecília Meireles) 467

Vinicius: poesia entre céu e terra 468
- **Sua leitura:**
  "A rosa de Hiroshima" e "Soneto de fidelidade" (Vinicius de Moraes) ... 469

- **Ferramenta de leitura:**
  Projeto estético e projeto ideológico 470
- **Entre textos:**
  Texto 1 – *Luzia-homem* (Domingos Olímpio) 472
  Texto 2 – "Poema obsceno" (Ferreira Gullar) 472
  Texto 3 – "A eternidade" (Arthur Rimbaud) 473
  Texto 4 – "Soneto LXXV" (Alphonsus de Guimaraens) ... 473
  Texto 5 – Poema de Mariana Ianelli 473
- **Vestibular** 474

Unidade 17 – O Modernismo no Brasil: terceira fase   475

Capítulo 49   A terceira fase do Modernismo – o apuro da forma   476

- **Sua leitura:**
  Composição A (Piet Mondrian) 476
  "Psicologia da composição" (João Cabral de Melo Neto) 477

O contexto de produção 478
- **Uma leitura:**
  "Encarnação involuntária" (Clarice Lispector) 482
- **Ler o Modernismo da terceira fase:**
  "Duelo" (João Guimarães Rosa) 483

Capítulo 50   João Guimarães Rosa: o universal nascido do regional   484

Uma obra "espantosa" 484
- **Sua leitura:**
  "A terceira margem do rio" (João Guimarães Rosa) 487
- **Sua leitura:**
  Grande sertão: veredas (João Guimarães Rosa) 490

Sumário geral

Capítulo 51 Clarice Lispector: a iluminação do cotidiano 492
    A crise da subjetividade 493
- Sua leitura:
  "Amor" (Clarice Lispector) 494

Capítulo 52 João Cabral de Melo Neto: a arquitetura da linguagem 496
    Uma poesia racional 496
    Duas águas: a poesia e o Nordeste 497
- Sua leitura:
  O cão sem plumas (João Cabral de Melo Neto) 498
  Morte e vida severina (João Cabral de Melo Neto) 499

Capítulo 53 Nelson Rodrigues e Ariano Suassuna: o teatro do século XX 500
    Nelson Rodrigues: pelo buraco da fechadura 500
- Sua leitura:
  Vestido de noiva (Nelson Rodrigues) 501
    Suassuna: o erudito a partir do popular 502
- Sua leitura:
  Auto da compadecida (Ariano Suassuna) 503
- Ferramenta de leitura:
  A caracterização da personagem teatral 504
- Entre textos:
  Texto 1 – "A escultura folheada" (Joaquim Cardozo) 506
  Texto 2 – *Crônica da casa assassinada* (Lúcio Cardoso) 507
  Texto 3 – *O castigo da soberba* (folheto de cordel recolhido por Leonardo Mota com o cantador Anselmo Vieira de Sousa) 507
- Vestibular e Enem 508

Unidade 18 – Tendências da literatura brasileira contemporânea 509

Capítulo 54 A literatura brasileira atual – multiplicidade de recursos 510
- Sua leitura:
  Autorretrato (Robert Mapplethorpe) 510
  "Soneto" (Mário Faustino) 511
    O contexto de produção 512
- Uma leitura:
  "Frio" (João Antônio) 518
    Novos caminhos literários 519
- Ler a Literatura brasileira contemporânea:
  "O segredo" (Luiz Ruffato) 521
    Três autores exemplares 522
- Sua leitura:
  Órfãos do Eldorado (Milton Hatoum) 523
- Ferramenta de leitura:
  A condição pós-moderna 524
- Entre textos:
  Texto 1 – "Os cegos" (Charles Baudelaire) 525
  Texto 2 – *As ilusões perdidas* (Honoré de Balzac) 525
- Vestibular 526

Unidade 19 – Panorama das literaturas africanas de língua portuguesa 527

Capítulo 55 Literaturas africanas – reconstrução de identidades 528
- Sua leitura:
  A cela (Malangatana Valente Ngwenya) 528
  "Drama na cela disciplinar" (António Cardoso) 529
    O contexto de produção 530
- Uma leitura:
  "Enterro televisivo" (Mia Couto) 534
- Ler as Literaturas africanas de língua portuguesa:
  "A noite em que prenderam Papai Noel" (José Eduardo Agualusa) 535
    Três autores exemplares 536
- Sua leitura:
  Mayombe (Pepetela) 537
- Ferramenta de leitura:
  O engajamento político da literatura 538
- Entre textos:
  Texto 1 – "Monólogo da noite" (Ribeiro Couto) 540
  Texto 2 – *Capitães da Areia* (Jorge Amado) 540
- Vestibular 541

- **Referências bibliográficas** 542
- **Siglas dos exames e das universidades** 544
- **Créditos complementares de textos** 544

Parte I — Literatura: experiências de leitura

Unidade 1 — Ao encontro da literatura — 20
- **Capítulo 1** — Por que ler literatura?, 22
- **Capítulo 2** — Literatura: gêneros e modos de leitura, 34

Unidade 2 — O Trovadorismo — 54
- **Capítulo 3** — O Trovadorismo – um mundo de cantores e cavaleiros, 56
- **Capítulo 4** — O Trovadorismo em Portugal, 62

Unidade 3 — O Humanismo — 74
- **Capítulo 5** — O Humanismo – o ser humano como medida, 76
- **Capítulo 6** — O Humanismo em Portugal, 82

Unidade 4 — O Classicismo — 92
- **Capítulo 7** — O Classicismo – o peso da tradição, 94
- **Capítulo 8** — O Classicismo em Portugal, 102

Unidade 5 — As manifestações literárias no Brasil quinhentista — 118
- **Capítulo 9** — As origens da literatura brasileira, 120

Unidade 6 — O Barroco — 134
- **Capítulo 10** — O Barroco – irregularidade e tensão, 136
- **Capítulo 11** — O Barroco em Portugal, 142
- **Capítulo 12** — O Barroco no Brasil, 148

Unidade 7 — O Arcadismo — 160
- **Capítulo 13** — O Arcadismo – uma simplicidade sofisticada, 162
- **Capítulo 14** — O Arcadismo em Portugal, 168
- **Capítulo 15** — O Arcadismo no Brasil, 174

Parte I – Literatura: experiências de leitura

UNIDADES

1. Ao encontro da literatura
2. O Trovadorismo
3. O Humanismo
4. O Classicismo
5. As manifestações literárias no Brasil quinhentista
6. O Barroco
7. O Arcadismo

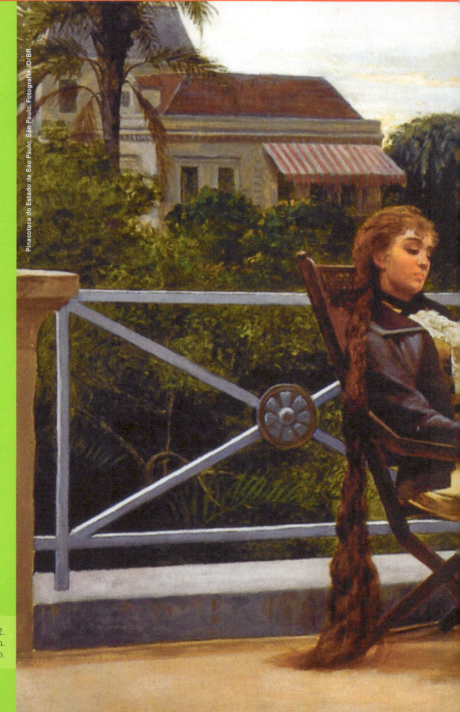

JÚNIOR, Almeida. *Leitura* (detalhe), 1892. Óleo sobre tela, 95 cm × 141 cm. Pinacoteca do Estado de São Paulo.

Nestas páginas, é reproduzida uma tela do pintor paulistano Almeida Júnior (1850-1899). Uma moça em uma paisagem rural, com postura relaxada, lê um livro. O que você imagina que ela lê? Essa cena é comum no lugar em que você vive?

Quando investigamos a maneira como a literatura foi produzida ao longo do tempo e os modos como ela circulou, encontramos cenários muito diferentes. Houve um tempo em que os textos literários eram feitos para ser cantados ou recitados. Hoje, os livros digitais têm se tornado cada vez mais comuns. Será que eles substituirão totalmente os livros em papel? E será que a maneira como entramos em contato com a literatura – por meio da oralidade, do papel ou do arquivo digital – interfere nessa experiência?

Convidamos você a embarcar em uma viagem no tempo e no espaço para conhecer um pouco sobre a história da literatura produzida em língua portuguesa. Você entrará em contato com muitos textos e saberá um pouco mais dos autores e suas obras. Descobrirá em que contexto elas foram produzidas e quem eram os leitores daquele tempo. Será que você ainda vai achar esses textos interessantes e atuais nos dias de hoje? Só lendo para saber!

UNIDADE 1

Ao encontro da literatura

Nesta unidade

1. Por que ler literatura?
2. Literatura: gêneros e modos de leitura

Na tela do pintor inglês Sir Edward John Poynter (1836-1919), a postura descontraída da leitora e a concentração em seu rosto levam a crer que ela está envolvida e entretida com o livro que tem em seu colo. Supõe-se, assim, que a leitura seja fonte de prazer e divertimento.

POYNTER, Sir Edward John. *Leitura*, 1871. Óleo sobre tela. Coleção particular.

Vamos começar pelo começo: promovendo o seu encontro com a literatura.

Nesta unidade, você vai ler diversos textos literários com o objetivo principal de observar as sensações, os sentimentos e as reflexões que eles lhe proporcionam.

Durante esse percurso, você vai ter a oportunidade de investigar quais características desses textos produzem esses efeitos nos leitores.

Também poderá investigar as possibilidades da linguagem literária, isto é, a abertura de sentidos que as imagens e os sons provocam nos textos, assim como as relações que a literatura estabelece com a realidade e com os leitores de diversas épocas.

Além disso, você vai refletir sobre as diferentes funções que a literatura pode ter na vida das pessoas.

Por fim, descobrirá um pouco mais sobre diferentes elementos dos textos literários que nos permitem classificá-los em gêneros, além de conhecer a historiografia literária e as ferramentas de leitura, duas formas de ler textos literários que nos acompanharão ao longo de toda esta coleção.

CAPÍTULO 1

Por que ler literatura?

O que você vai estudar

- Relações entre literatura, linguagem, realidade e interação.
- Funções da literatura.
- O direito à literatura.

Há muitas formas de responder à pergunta acima. A literatura, em suas diversas formas, sempre esteve presente nas práticas dos grupos sociais humanos, em diferentes culturas, em diferentes partes do mundo. Esse caráter universal do fenômeno literário já seria razão suficiente para justificar a importância de conhecê-lo, estudá-lo, analisá-lo.

No entanto, a melhor maneira de descobrir "por que ler literatura" é vivenciar a oportunidade que os textos literários oferecem ao leitor de ver e compreender a realidade de uma maneira diferente, mudando a percepção dele sobre si mesmo e sobre aquilo que o cerca. Por isso, este capítulo se inicia com um convite à **leitura**.

Sua leitura

O conto a seguir é de Lygia Fagundes Telles (1923-), escritora que se tornou mais conhecida no Brasil a partir da década de 1970. Para começar, leia o texto observando que efeitos ele provoca em você: se algo chama especialmente a sua atenção, se lhe causa estranheza, surpresa, incômodo. Em seguida, leia o texto novamente, dessa vez para responder às questões propostas na próxima página.

História de passarinho

Um ano depois os moradores do bairro ainda se lembravam do homem de cabelo ruivo que enlouqueceu e sumiu de casa.

Ele era um santo, disse a mulher abrindo os braços. E as pessoas em redor não perguntaram nada nem era preciso, perguntar o que se todos já sabiam que era um bom homem que de repente abandonou casa, emprego no cartório, o filho único, tudo. E se mandou Deus sabe para onde.

Só pode ter enlouquecido, sussurrou a mulher, e as pessoas tinham que se aproximar inclinando a cabeça para ouvir melhor. Mas de uma coisa estou certa, tudo começou com aquele passarinho, começou com o passarinho. Que o homem ruivo não sabia se era um canário ou um pintassilgo, Ô, Pai! caçoava o filho, que raio de passarinho é esse que você foi arrumar?!

O homem ruivo introduzia o dedo entre as grades da gaiola e ficava acariciando a cabeça do passarinho que por essa época era um filhote todo arrepiado, escassa a plumagem amarelo-pálido com algumas peninhas de um cinza-claro.

Não sei, filho, deve ter caído de algum ninho, peguei ele na rua, não sei que passarinho é esse.

O menino mascava chicle. Você não sabe nada mesmo, Pai, nem marca de carro, nem marca de cigarro, nem marca de passarinho, você não sabe nada.

Em verdade, o homem ruivo sabia bem poucas coisas. Mas de uma coisa ele estava certo, é que naquele instante gostaria de estar em qualquer parte do mundo, mas em qualquer parte mesmo, menos ali. Mais tarde, quando o passarinho cresceu, o homem ruivo ficou sabendo também o quanto ambos se pareciam, o passarinho e ele.

Ai!, o canto desse passarinho, queixava-se a mulher. Você quer mesmo me atormentar, Velho. O menino esticava os beiços tentando fazer rodinhas com a fumaça do cigarro que subia para o teto, Bicho mais chato, Pai, solta ele.

Antes de sair para o trabalho, o homem ruivo costumava ficar algum tempo olhando o passarinho que desatava a cantar, as asas trêmulas ligeiramente abertas, ora pousando num pé ora noutro e cantando como se não pudesse parar nunca mais. O homem então enfiava a ponta do dedo entre as grades, era a despedida e o passarinho, emudecido, vinha meio encolhido oferecer-lhe a cabeça para a carícia. Enquanto o homem se afastava, o passarinho se atirava meio às cegas contra as grades, fugir, fugir. Algumas vezes, o homem assistiu a essas tentativas que deixavam o passarinho tão cansado, o peito palpitante, o bico ferido. Eu sei, você quer ir

22

embora, você quer ir embora, mas não pode ir, lá fora é diferente e agora é tarde demais.

A mulher punha-se então a falar, e falava uns cinquenta minutos sobre as coisas todas que quisera ter e que o homem ruivo não lhe dera, não esquecer aquela viagem para Pocinhos do Rio Verde e o trem prateado descendo pela noite até o mar. Esse mar que, se não fosse o pai (que Deus o tenha!), ela jamais teria conhecido, porque em negra hora se casara com um homem que não prestava para nada, Não sei mesmo onde estava com a cabeça quando me casei com você, Velho.

Ele continuava com o livro aberto no peito, gostava muito de ler. Quando a mulher baixava o tom de voz, ainda furiosa (mas sem saber mais a razão de tanta fúria), o homem ruivo fechava o livro e ia conversar com o passarinho que se punha tão manso que se abrisse a portinhola poderia colhê-lo na palma da mão. Decorridos os cinquenta minutos das queixas, e como ele não respondia mesmo, ela se calava, exausta. Puxava-o pela manga, afetuosa, Vai, Velho, o café está esfriando, nunca pensei que nesta idade avançada eu fosse trabalhar tanto assim. O homem ia tomar o café. Numa dessas vezes, esqueceu de fechar a portinhola e quando voltou com o pano preto para cobrir a gaiola (era noite) a gaiola estava vazia. Ele então sentou-se no degrau de pedra da escada e ali ficou pela madrugada, fixo na escuridão. Quando amanheceu, o gato da vizinha desceu o muro, aproximou-se da escada onde estava o homem ruivo e ficou ali estirado, a se espreguiçar sonolento de tão feliz. Por entre o pelo negro do gato desprendeu-se uma pequenina pena amarelo-acinzentada que o vento delicadamente fez voar. O homem inclinou-se para colher a pena entre o polegar e o indicador. Mas não disse nada, nem mesmo quando o menino, que presenciara a cena, desatou a rir, Passarinho burro! Fugiu e acabou aí, na boca do gato!

Calmamente, sem a menor pressa, o homem ruivo guardou a pena no bolso do casaco e levantou-se com uma expressão tão estranha que o menino parou de rir para ficar olhando. Repetiria depois à Mãe, Mas ele até que parecia contente, Mãe, juro que o Pai parecia contente, juro! A mulher então interrompeu o filho num sussurro, Ele ficou louco.

Quando formou-se a roda de vizinhos, o menino voltou a contar isso tudo, mas não achou importante contar aquela coisa que descobriu de repente: o Pai era um homem alto, nunca tinha reparado antes como ele era alto. Não contou também que estranhou o andar do Pai, firme e reto, mas por que ele andava agora desse jeito? E repetiu o que todos já sabiam, que quando o Pai saiu deixou o portão aberto e não olhou para trás.

TELLES, Lygia Fagundes. *Invenção e memória*. São Paulo: Companhia das Letras, 2009. p. 95-97.

Sobre o texto

1. O conto desenrola-se em torno de uma sequência de fatos. Descreva-os brevemente.
2. Ao longo do conto, é possível perceber uma relação de afinidade bem clara entre o homem ruivo e o passarinho e, indiretamente, também entre a mãe e o filho. O que os indivíduos de cada dupla têm em comum?
3. Ao ver as tentativas do passarinho de fugir da gaiola, o homem ruivo diz: "Eu sei, você quer ir embora, você quer ir embora, mas não pode ir, lá fora é diferente e agora é tarde demais". A que o homem se refere ao dizer isso?
4. Qual é a possível relação entre a fuga do passarinho e o sumiço do homem ruivo?
5. No início do conto, a mulher, conversando com os vizinhos, diz do marido desaparecido: "Ele era um santo" e "Só pode ter enlouquecido".
    a) A maneira como a mulher agia com o marido quando eles ainda viviam juntos é condizente com essa fala? Justifique.
    b) Quanto à justificativa da mulher para a fuga do marido, o leitor pode acreditar que essa é sua opinião sincera ou deve entender que ela está escondendo algo dos vizinhos?
6. Ao olhar para o pai momentos antes da sua partida, o menino se dá conta de que ele "era um homem alto, nunca tinha reparado antes como ele era alto". O que teria provocado a mudança de percepção do menino sobre a estatura do pai?
7. O conto chama-se "História de passarinho". Dê uma explicação para esse título.
8. O homem ruivo desaparece e o leitor nada mais sabe dele. Há no texto algum indício que aponte para seu possível futuro? Explique.

Literatura e linguagem

A literatura utiliza a linguagem verbal para produzir no espectador um **efeito estético**. A palavra *estética*, diretamente ligada às manifestações artísticas, tem origem em um termo grego que se relaciona ao que é "perceptível pelos sentidos, sensível". O cinema, o teatro, a dança e a música fazem uso de outros recursos expressivos: imagens, gestos, cores e sons, associados ou não às palavras. Na literatura, a palavra está no centro da criação artística e, portanto, é a matéria-prima do escritor para produzir sentidos, efeitos, impressões, sensações.

Polissemia

Uma das características da linguagem verbal é a **polissemia**, a propriedade de produzir diferentes sentidos conforme o contexto. Por exemplo, uma palavra como *santo* pode remeter a múltiplos significados ("sagrado", "divino", "puro", "perfeito", "bondoso", "isento de culpa", "pessoa que se finge de inocente", "simples", "ingênuo", etc.). Duas palavras de sentidos aparentemente distintos podem ser usadas em relação de equivalência, como em "marca de carro" e "marca de passarinho": a ideia de "espécie", ligada ao reino animal, é substituída pela de "marca", própria das mercadorias ou produtos.

Isso também vale para trechos mais extensos de textos. O desfecho do conto "História de passarinho", por exemplo, pode ser lido de formas diversas: para alguns, o desaparecimento do homem ruivo sugere o início de uma nova vida, mais significativa; para outros, é interpretado como um ato de insanidade; para outros, ainda, considerando o que acontecera com o passarinho, o sumiço do homem caracteriza-se como um prenúncio da sua morte. Todas essas leituras são possíveis, já que o próprio conto não oferece essa resposta e, ao mesmo tempo, deixa pistas para que o leitor formule hipóteses sobre o futuro do homem ruivo.

Como a polissemia é própria da linguagem verbal, não se pode afirmar que seja exclusiva do texto literário. Sempre existe a possibilidade de um texto ter mais de uma interpretação; no entanto, esta fica amenizada em textos cujo objetivo é regular a vida em sociedade, tais como as leis.

Na literatura, a polissemia é particularmente importante para o trabalho do escritor; portanto, a abertura para diferentes interpretações é esperada e desejável. O que diferencia o escritor literário da maioria dos usuários da língua é que ele explora esse recurso da linguagem, em seu trabalho diário, de forma intencional, sistemática, planejada.

No dia a dia, os falantes também brincam com a linguagem e produzem sentidos novos e inusitados com o objetivo de fazer rir, impressionar, agredir, agradar, provocar. Revistas semanais, por exemplo, usam com frequência a polissemia no título de suas matérias para dar um toque de irreverência aos textos. Veja um exemplo.

> **Vale saber**
>
> Vários são os fatores que podem determinar a multiplicidade de sentidos de uma palavra: o contexto em que é utilizada, as variações na entonação (no caso da modalidade oral), os conhecimentos prévios do falante, sua relação com o interlocutor, etc.

Um choque nas tarifas

O governo apresenta um plano para reduzir o preço da energia, mas a interferência nos contratos assusta

O preço da eletricidade é um dos maiores paradoxos brasileiros. As empresas e as famílias pagam uma das contas de luz mais caras do mundo, mesmo que a energia tenha sido gerada a partir da fonte mais barata existente – a água. A discrepância se explica, essencialmente, pelos tributos, responsáveis por metade do valor das faturas. O governo, em mais uma iniciativa positiva no sentido de reduzir o chamado custo Brasil, detalhou na semana passada um plano que, se funcionar, deverá representar uma queda de 16,2%, em média, nas tarifas residenciais e de até 28% para as empresas. [...]

DALTRO, Ana Luiza. *Veja*, p. 78, 19 set. 2012.

Torres e linhas de transmissão de energia elétrica em Paracambi, região metropolitana do Rio de Janeiro, fotografadas em junho de 2011.

> O poder das imagens e dos sons

Em um texto literário, efeitos de sentido podem aparecer em "parcelas" da linguagem – em jogos construídos a partir dos sons das palavras, de sua forma ou seu significado. Leia este poema de Guilherme de Almeida (1890-1969).

Cigarra

Diamante. Vidraça.
Arisca, áspera asa risca
o ar. E brilha. E passa.

ALMEIDA, Guilherme de. *Encantamento, Acaso, Você, seguidos dos haicais completos.* Campinas: Ed. da Unicamp, 2002. p. 223.

■ Margens do texto

No texto literário, a forma do texto contribui para a construção do seu sentido. Procure explicar como a forma desse poema remete ao canto da cigarra (observe, para isso, o uso da pontuação, a organização das palavras e a extensão dos versos, além da repetição de determinados sons).

O primeiro verso explora a imagem da cigarra como um *diamante* e como uma *vidraça*. O uso desses dois termos para designar a cigarra produz aquilo que se chama de **metáforas**: palavras que substituem outras palavras, sugerindo relações de sentido inusitadas, possibilitando uma leitura renovada de algum objeto ou acontecimento, e criando novas formas de perceber a realidade que nos cerca.

Assim, uma das leituras possíveis do poema é a aproximação do inseto aos diamantes e a certos tipos de vidraças, por meio de uma propriedade comum: a translucidez. Um objeto translúcido permite a passagem da luz, mas impede que se enxergue de forma nítida algo que esteja atrás dele. As asas transparentes da cigarra também têm essa propriedade, além de apresentarem saliências como o diamante ou as vidraças translúcidas de superfície áspera. Essa relação de equivalência entre as palavras também pode remeter à fragilidade do inseto e do vidro.

O poema também consegue um efeito expressivo pela exploração da **sonoridade** das palavras. No segundo verso, a aproximação de palavras de sons semelhantes e sentidos distintos possibilita ao leitor "ouvir" palavras dentro de outras palavras, como no caso de *arisca*, que traz dentro de si as palavras *asa* e *risca*. Além disso, a repetição de determinadas vogais e consoantes remete ao ruído emitido pelo próprio inseto.

Ao ler e reler o poema, nota-se que um elemento aparentemente banal – uma cigarra – pode revelar uma infinidade de atributos, evidenciados pelo trabalho com a linguagem. Aspectos não perceptíveis em uma primeira leitura do poema podem ser realçados em leituras posteriores, acrescentando novos sentidos ao texto.

No que se refere à construção de imagens pelo poema, o título tem grande importância. Há casos em que o título é, de certo modo, "objetivo" e direciona a leitura para um determinado sentido. É este o caso do poema "Cigarra". Em outros, porém, o título não anuncia diretamente o tema que será tratado, como ocorre no poema a seguir. A palavra *vinheta* significa "ilustração pequena inserida no texto de um livro", mas saber disso não dá um roteiro "objetivo" para a leitura. Cabe ao leitor integrar o título e o texto do poema para construir uma imagem que faça sentido para ele.

Vinheta

Ame-se o que é, como nós,
efêmero. Todo o universo
podia chamar-se: gérbera.
Tudo, como a flor, pulsa

e arde e apodrece. Sei,
repito ensinamento já sabido
e lições não dizem mais
que margaridas e junquilhos.

Lições, há quem diga,
são inúteis, por mais belas.
Melhor, porém, acrescento,
se azuis, vermelhas, amarelas.

FERRAZ, Eucanaã. *Cinemateca.* São Paulo: Companhia das Letras, 2008. p. 57.

MARINGELLI, Francisco. *Doce ar estagnado*, 1995. Gravura em relevo (matriz de paviflex), 34,7 cm × 30,0 cm.

Nas artes plásticas, assim como na poesia, o título escolhido para a obra pode não ser simplesmente uma descrição da imagem representada. A obra apresenta-se, assim, como um objeto que desafia o observador a atribuir-lhe um sentido.

› Literatura e realidade

Assim como as demais formas de arte, a literatura cria modos de representação do mundo e do ser humano. Mesmo quando se trata de uma obra abstrata é possível estabelecer ligações entre ela e os elementos da realidade, por meio de uma leitura interpretativa.

Da mesma forma que um objeto abstrato sempre mantém alguma relação com o real, uma obra de arte que se proponha a uma representação mais realista de objetos, fenômenos, pessoas ou acontecimentos também expressa um ponto de vista e produz um efeito de sentido a partir da escolha desse modo de recriar o real. Não deixa, portanto, de ser um **simulacro**, ou seja, algo que não tem um estatuto de verdade.

› Verossimilhança

No universo da ficção, **verossímil** é aquilo que, no conjunto da obra artística, relaciona-se de modo coerente para a produção de sentidos. Diferentemente da noção de "verdade" ou de "verdadeiro", o verossímil está ligado à coerência interna da obra artística.

Vale saber

A palavra **verossimilhança** vem do latim *verisimilis*, cujo sentido se refere a algo que provavelmente poderia ter acontecido. Uma obra verossímil é aquela que, mesmo pertencendo ao universo ficcional, pode ser entendida como "possível" pelo leitor.

GONSALES, Fernando. *Níquel Náusea*. *Folha de S.Paulo*, 6 jun. 2009.

Na tirinha de Gonsales, o diálogo entre as personagens produz humor em função de uma brincadeira com o conceito de verossimilhança. Ao rejeitar a ideia da outra personagem de tomar uma "poção da invisibilidade", alegando que ela não existe, o ratinho da esquerda ignora que partiu dele mesmo a sugestão de pensar em um "mundo mágico".

› A autonomia da obra de arte

O artista coloca em sua obra experiências, crenças, valores e visões de mundo pessoais. Ainda assim, o resultado da obra de arte é sempre maior do que aquilo que motivou a sua criação. Veja o quadro do pintor dinamarquês Edvard Munch (1893-1944) ao lado.

A obra *O grito* remete a sentimentos como a angústia e a solidão. O rosto da figura central tem o aspecto de uma caveira, e as cores fortes e as linhas distorcidas contribuem para a representação visual do som de um grito que não parece perturbar as duas figuras da lateral esquerda da tela, enfatizando a impressão de isolamento daquele que "grita". Sobre o episódio que o motivou a criar essa pintura, Munch conta o seguinte:

> Eu caminhava pela estrada com dois amigos. O sol estava se pondo. De repente o céu ficou vermelho-sangue. Eu fiquei parado, tremendo de medo. E senti um grito interminável atravessar a paisagem.
>
> MUNCH, Edvard. Citado por GARIFF, David. *Os pintores mais influentes do mundo e os artistas que eles inspiraram*. Barueri: Girassol, 2008. p. 142.

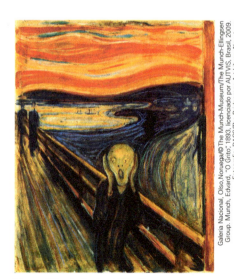

MUNCH, Edvard. *O grito*, 1893. Óleo, têmpera e pastel em cartão, 91 cm × 73,5 cm. Galeria Nacional, Oslo, Noruega.

Para o observador da tela, pouco importa que essa espécie de ataque de pânico experimentado por Munch tenha ou não sido a sua motivação. A força das imagens e dos símbolos que a pintura evoca não depende necessariamente da história pessoal do artista para se construir.

› Literatura e interação

Há, ainda, um elemento que participa de forma decisiva na existência do texto literário: o leitor. Entendida desse modo, a obra literária é um **objeto social**; existe porque alguém a escreve e outro alguém a lê. Leia um comentário do poeta e crítico literário argentino Jorge Luis Borges (1899-1986).

> [...] enquanto não abrimos um livro, esse livro, literalmente, geometricamente, é um volume, uma coisa entre as coisas. Quando o abrimos, quando o livro dá com seu leitor, ocorre o fato estético. E, cabe acrescentar, até para o mesmo leitor o mesmo livro muda, já que mudamos, já que somos (para voltar a minha citação predileta) o rio de Heráclito, que disse que o homem de ontem não é o homem de hoje e o homem de hoje não será o de amanhã. Mudamos incessantemente e é possível afirmar que cada leitura de um livro, que cada releitura, cada recordação dessa releitura renovam o texto. Também o texto é o mutável rio de Heráclito.
>
> BORGES, Jorge Luis. Sete Noites. In: *Obras completas de Jorge Luis Borges*. São Paulo: Globo, 2000. v. 3. p. 284.

■ Margens do texto

É fácil entender que os seres humanos mudam. A imagem do rio em transformação também é clara, ao se pensar que as águas se renovam constantemente. Mas, se o livro não sofre nenhuma transformação em suas letras, palavras, linhas, parágrafos, páginas, como ele pode ser o "rio mutável de Heráclito"?

De acordo com o texto, o "fato estético" – a concretização da possibilidade de um texto literário provocar sensações, impressões e novas percepções sobre a realidade – só acontece na **leitura**, no contato entre leitor e texto. Para ilustrar essa afirmação, o ensaio retoma uma referência de Heráclito de Éfeso (540 a.C.-470 a.C.). O "rio de Heráclito" sintetiza o sistema filosófico proposto por esse pensador: tudo na natureza se move e flui; portanto, um ser humano nunca pode banhar-se duas vezes em um mesmo rio, pois, assim como a água que percorre um rio nunca é a mesma, um ser humano que nele se banha também nunca é o mesmo; conforme passa o tempo, ele se modifica. Ao aproximar a relação entre leitor e texto à imagem do rio e do ser humano em permanente transformação, o ensaio de Borges atesta a constante **renovação dos textos literários**.

A literatura promove, portanto, um espaço de **interação estética** entre o autor e seu público. Interação pressupõe troca, diálogo e um conhecimento de mundo que deve ser compartilhado, em um trabalho de cooperação ativa do leitor no "preenchimento de lacunas" deixadas pelo texto. No conto "História de passarinho", por exemplo, você precisou levar em conta as pistas deixadas pelo texto para supor de que maneira a fuga do passarinho poderia ter motivado o sumiço do homem ruivo. Para isso, considerou as relações entre as personagens, entre outras coisas.

Demócrito e Heráclito viveram na Antiguidade clássica. O primeiro concebeu a **teoria atômica**. O segundo é considerado o pai da **dialética**.
As reputações de "filósofo que chora" e "filósofo que ri" advêm da literatura clássica romana, de autores como Sêneca (4 a.C.-65 d.C.), que atribuíram uma personalidade alegre e divertida a Demócrito e obscura e melancólica a Heráclito.

BRAMANTE, Donato. *O filósofo que chora (Heráclito) e o que ri (Demócrito)*, 1477. Afresco transferido para tela, 102 cm × 107 cm. Pinacoteca de Brera, Milão, Itália.

› Intertextualidade

A menção do ensaio de Borges ao rio de Heráclito possibilita uma importante constatação: a interação, na literatura, não se restringe à relação autor-obra-leitor. Cada parte desse conjunto também participa de outros conjuntos; um escritor também é um leitor. É o caso, por exemplo, de Borges, que leu Heráclito e revelou essa influência em seu ensaio. Da mesma forma, para fazer suas interpretações, o leitor mobiliza suas experiências pessoais e relaciona o que lê a outras experiências de leitura. Para um leitor que tenha lido Heráclito, a menção à metáfora do rio será mais imediatamente identificável.

A **intertextualidade**, portanto, diz respeito a esse emaranhado de textos que, de forma explícita ou implícita, dialogam na produção e na leitura de textos. Na literatura, esses diálogos passam a constituir uma tradição, em que os textos permanentemente retomam as referências do passado em movimentos de reverência, negação ou renovação. Quanto maior a experiência de leitura, maiores as possibilidades de um leitor perceber os diálogos entre um texto literário e a tradição que o antecedeu.

Uma leitura

A seguir você lerá um poema de José Paulo Paes (1926-1998). Após a leitura, observe nos boxes laterais a análise de alguns elementos que pedem a participação do leitor cooperativo. Em seguida, responda no caderno à questão do último boxe.

> Ao ler o título, o leitor cooperativo ativa sua lembrança da conhecida fábula "A cigarra e a formiga" e se pergunta sobre o significado de "& Cia.", expressão que se usa nos nomes de empresas: o que têm a cigarra e a formiga a ver com uma empresa?

Cigarra, Formiga & Cia.

Cansadas dos seus papéis fabulares, a cigarra e a formiga resolveram associar-se para reagir contra a estereotipia a que haviam sido condenadas.

Deixando de parte atividades mais lucrativas, a formiga empresou a cigarra. Gravou-lhe o canto em discos e saiu a vendê-los de porta em porta. A aura de mecenas a redimiu para sempre do antigo labéu de utilitarista sem entranhas.

Graças ao mecenato da formiga, a cigarra passou a ter comida e moradia no inverno. Já ninguém a poderia acusar de imprevidência boêmia.

O desfecho desta refábula não é róseo. A formiga foi expulsa do formigueiro por lhe haver traído as tradições de pragmatismo *à outrance* e a cigarra teve de suportar os olhares de desprezo com que o comum das cigarras costuma fulminar a comercialização da arte.

Paes, José Paulo. *Socráticas*. São Paulo: Companhia das Letras, 2001. p. 63.

> O trecho "Deixando de parte atividades mais lucrativas" dá a entender que a formiga não tem interesse material ao empresariar a cigarra. Ela é apresentada como *mecenas*, uma pessoa que ajuda financeiramente os artistas, e isso a "redime" (corrige sua falha) do tempo em que ela só se preocupava com bens materiais.

> Aqui a cigarra relembra o final triste que tem na fábula: faminta e com frio, foi bater à porta da formiga, que lhe negou ajuda, acusando-a de imprevidente por só ter cantado no verão, sem armazenar nada para o inverno.

> O leitor precisa recuperar a informação sobre os papéis desempenhados por essas duas personagens na fábula original. A palavra *estereotipia* também se refere a esses papéis: segundo a fábula, a formiga "típica" é aquela que trabalha muito; a cigarra "típica" canta durante o verão sem se preocupar em armazenar alimentos para o inverno.

> O ambiente citado no poema é o de uma sociedade mercantil e urbana, na qual há compra e venda de produtos artísticos. Esse ambiente contrasta com o cenário rural presente na fábula "A cigarra e a formiga".

Vocabulário de apoio

à outrance: (expressão francesa) "sem piedade, a qualquer preço"
aura de mecenas: comportamento de um patrocinador artístico
estereotipia: algo não original, que repete modelo conhecido; lugar-comum
fabular: que se relaciona à fábula; inventado
fulminar: destruir, censurar de forma violenta
imprevidência: descuido
labéu: má reputação
pragmatismo: atitude que defende a praticidade
redimir: livrar, salvar
utilitarista sem entranhas: que dá muita importância à utilidade das coisas, sem se preocupar se isso é correto ou não

> As fábulas são narrativas que costumam apresentar, a partir da personificação de animais, uma situação da qual se extrai uma lição de moral. Assim como a fábula "A cigarra e a formiga" ensina a importância de se pensar no futuro e se preparar para os tempos difíceis, pode-se dizer que o poema de José Paulo Paes procura ensinar uma lição ligada, possivelmente, à relação do poeta com seus empresários e com os próprios poetas. Considerando essa hipótese, explique a visão que o poema manifesta a respeito desse assunto.

Gonsales, Fernando. *Jornal de Londrina*, 23 out. 2003.

Na tira de Fernando Gonsales, a cigarra canta músicas que enaltecem o trabalho para entreter as formigas. Ela conseguiu ganhar a vida cantando, mas precisou submeter-se a uma "demanda de mercado" para ser bem-sucedida.

Sua leitura

O escritor Julio Cortázar (1914-1984) é conhecido por narrar, em histórias curtas, fatos banais da vida cotidiana a partir de uma perspectiva inusitada. Leia abaixo um de seus contos. Em seguida, responda no caderno às questões propostas.

O jornal e suas metamorfoses

Um senhor pega um bonde depois de comprar o jornal e pô-lo debaixo do braço. Meia hora depois, desce com o mesmo jornal debaixo do mesmo braço.

Mas já não é o mesmo jornal, agora é um monte de folhas impressas que o senhor abandona num banco da praça.

Mal fica sozinho na praça, o monte de folhas impressas se transforma outra vez em jornal, até que um rapaz o descobre, o lê, e o deixa transformado num monte de folhas impressas.

Mal fica sozinho no banco, o monte de folhas impressas se transforma outra vez em jornal, até que uma velha o encontra, o lê e o deixa transformado num monte de folhas impressas. Depois, leva-o para casa e no caminho aproveita-o para embrulhar um molho de celga, que é para o que servem os jornais depois dessas excitantes metamorfoses.

CORTÁZAR, Julio. *Histórias de cronópios e de famas*. 4. ed. Trad. Gloria Rodríguez. Rio de Janeiro: Civilização Brasileira, 1983. p. 64-65.

Sobre o texto

1. Quem é a personagem principal do conto e o que há de inusitado em relação a isso?
2. Ao longo do conto, o que faz o jornal transformar-se em folhas impressas e depois transformar-se novamente em jornal?
3. Por que é irônica a afirmação de que esses processos de uso e desuso do jornal sejam "excitantes metamorfoses"?
4. O terceiro e o quarto parágrafos do conto iniciam-se praticamente com as mesmas palavras. De que maneira essa repetição reforça a ironia?
5. O jornal é um veículo de informação fundamental na vida contemporânea. Depois de passar por vários leitores, ele encontra seu fim como um objeto para embrulhar verdura. O que, portanto, confere a ele o seu valor ou, inversamente, o torna desimportante?
6. Relacione a metáfora citada por Jorge Luis Borges sobre o "rio de Heráclito" ao conto "O jornal e suas metamorfoses".
7. A obra literária oferece ao leitor a possibilidade de alterar sua visão de mundo e perceber aspectos distintos ou novos de sua realidade. Em sua opinião, qual é a mudança de perspectiva oferecida pelo conto de Julio Cortázar?

Repertório

Cronópios, famas e esperanças

Esses são os nomes das criaturas inventadas por Julio Cortázar no livro *Histórias de cronópios e de famas*.

Instruções para subir escadas, dar corda em relógios e sentir medo, além das "estranhas ocupações" de uma família, são alguns dos temas desse livro. Para Gloria Rodríguez, a tradutora da obra para o português, Julio Cortázar "[...] escolhe a arma do humor e o caminho do fantástico para denunciar um mundo onde o sentido humano se perdeu".

Escritor belga de pais argentinos, Julio Cortázar comenta: "Meu nascimento [em Bruxelas] foi produto do turismo e da diplomacia". Fotografia de 1973.

Funções da literatura

No curso de sua história, o ser humano sempre se indagou sobre o papel da arte na sociedade. Se a arte tem um compromisso de crítica ao estado de coisas ou, se inversamente, é um "fim em si mesma" (e não um meio para atingir outra finalidade), essa é uma discussão que encontra diferentes respostas a cada época, em cada meio social.

Isso também ocorre com a literatura. Uma vez que a obra literária só existe como objeto social, que se completa na leitura e interação com o leitor, a "função" da literatura é dependente daquilo a que o leitor se propõe quando busca o texto literário.

Como disse o escritor Umberto Eco (1932-), as grandes obras literárias tiveram profundo impacto na sociedade, o que extrapola sua importância para além da relação imediata entre leitor e obra. Por isso, investigar algumas das funções desempenhadas pela literatura ao longo do tempo é um modo de reconhecer o seu poder transformador.

A literatura como denúncia social

Em 1884, Émile Zola (1840-1902), publicava *Germinal*, romance que narra uma greve de trabalhadores das minas de carvão no norte da França, deflagrada pela redução de salários e pelas péssimas condições de trabalho. No trecho a seguir, Estêvão, recém-chegado à mina de Voreux, conhece Boa-Morte, que lá trabalha há mais de cinquenta anos.

> — Eu — disse ele — sou de Montsou, chamo-me Boa-Morte.
> — É apelido? — perguntou Estêvão, admirado.
> O velho teve um risinho de contentamento e, apontando para Voreux:
> — Pois é... Tiraram-me três vezes dali em pedaços, de uma vez com a pele toda tostada, de outra com terra até a goela, e da terceira com o bandulho cheio de água como uma rã... E então, quando viram que eu não queria dar a carcaça, chamaram-me Boa-Morte, por brincadeira...
> [...] Tendo tossido, com a garganta machucada por um pigarrear profundo, escarrou ao pé da fogueira, e a terra pretejou. Estêvão examinava-o e examinava o chão que ele assim manchava.
> [...]
> — Dizem-me para descansar — continuou ele —, mas eu é que não quero. Julgam-me algum idiota... hei de ir até os sessenta, para ter a pensão de cento e oitenta francos. Se eu hoje me despedisse, davam-me logo a de cento e cinquenta. Esses velhacos são vivos! Tirante as pernas, estou forte. Foi a água, com certeza, que me encharcou. Durante a extração, fica-se o tempo todo dentro dela; há dias em que não posso mexer um pé sem gemer.
> Interrompeu-o um ataque de tosse.
> [...]
> Subiu-lhe da garganta um pigarrear, e escarrou um catarro preto.
> — É sangue? — perguntou Estêvão.
> Boa-Morte, mansamente, limpava a boca com as costas da mão:
> — É carvão... Tenho tanto carvão no corpo que poderei me aquecer com ele o resto dos meus dias. [...]
>
> ZOLA, Émile. *Germinal*. Trad. Eduardo Nunes Fonseca. São Paulo: Nova Cultural, 1996. p. 18-19.

O caráter realista do texto e a crueza da descrição da personagem Boa-Morte trazem à tona as dificuldades vividas pelos mineiros e seus enfrentamentos com a classe patronal. Nesse sentido, *Germinal* funciona como um instrumento de **denúncia social**, não apenas da realidade vivenciada por aquele grupo específico de mineiros, mas também por outros grupos que vivem em condições semelhantes.

Ação e cidadania

O romance *Germinal* denuncia as precárias condições de trabalho dos mineiros do norte da França no fim do século XIX e sua forma de resistência: a greve. No Brasil, o direito à greve é previsto pela Constituição Federal e regulamentado por lei desde 1989. Perante a lei, ela é considerada legítima quando todas as tentativas de acordo entre empregadores e empregados tiverem se esgotado. No entanto, deve atender a algumas outras condições para que não seja considerada abusiva: os trabalhadores devem informar o empregador sobre a greve com 48 horas de antecedência; a greve deve ser pacífica e não pode violar nenhum direito legal. Quando os empregados desobedecem a alguma dessas regras e a greve se configura como abusiva, o empregador pode descontar do salário do empregado os dias de paralisação e até mesmo demiti-lo por justa causa.

Margens do texto

1. A personagem Boa-Morte prefere continuar trabalhando para obter uma aposentadoria de maior valor. Qual é a importância dessa postura para o efeito de denúncia social produzido pelo texto?
2. Escolha um trecho do diálogo que, em sua opinião, seja particularmente expressivo ou impactante. Registre-o no caderno e explique o que chamou sua atenção na maneira como o texto foi construído.

Pôster de divulgação da peça *Germinal*, c. 1884. Litografia.

> A literatura como investigação psicológica

Na continuação de *Germinal*, Estêvão passa a liderar a greve dos mineiros. Leia o trecho a seguir e observe a investigação feita pelo narrador sobre as motivações de alguns atos da personagem.

> Doravante, Estêvão era o chefe incontestado. [...] Ele lia sem parar, recebia maior número de cartas; tinha mesmo assinado o *Vengeur*, folha socialista da Bélgica: e este jornal, o primeiro que entrava no cortiço, atraíra-lhe da parte dos camaradas uma consideração extraordinária. Sua popularidade crescente emprestava-lhe uma deliciosa embriaguez. Ter larga correspondência, discutir a sorte dos trabalhadores aos quatro cantos da província, dar consultas a todos os mineiros da Voreux, tornar-se principalmente um centro, sentir o mundo girar em volta dele era uma contínua tumefação de orgulho para ele, o antigo maquinista, o cortador de mãos gordurentas e negras. [...] E o sonho de chefe popular embalava-o de novo: Montsou a seus pés, Paris numa miragem de nevoeiro, quem sabe? A deputação um dia, a tribuna de uma sala rica, onde se via ameaçando os burgueses, com o primeiro discurso pronunciado por um operário, num parlamento.
>
> ZOLA, Émile. *Germinal*. Trad. Eduardo Nunes Fonseca. São Paulo: Nova Cultural, 1996. p. 202-203.

Estêvão está profundamente envolvido com a causa dos mineiros, mas o narrador deixa transparecer que o jovem também alimenta sentimentos de outra natureza, como a vaidade e a ambição.

Os aspectos contraditórios do ser humano ante as adversidades da vida também aparecem de forma privilegiada na literatura, que tem, assim, a função de **investigar** as motivações humanas, diante de circunstâncias históricas concretas.

> A literatura como entretenimento

Em um romance da inglesa Agatha Christie (1890-1976), dez pessoas que não se conhecem estão hospedadas em uma ilha. Na primeira noite, após o jantar, ainda sem entender a ausência dos donos da casa, são surpreendidas por uma voz misteriosa que acusa cada uma delas da morte de uma pessoa. Na cena a seguir, após descobrir que os empregados desconhecem a identidade do dono da casa, os acusados recordam de que maneira foram convidados a ir à ilha e se dão conta de estarem envolvidos em uma estranha situação.

> — Há alguma coisa de muito singular em tudo isto. Recebi uma carta com uma assinatura pouco legível. Dizia provir de uma senhora que encontrei em certo lugar de veraneio, dois ou três anos atrás. Supus que o nome fosse Ogden ou Oliver. Conheço uma Sra. Oliver, e também uma Srta. Ogden, mas tenho plena certeza de que nunca encontrei ou fiz amizade com uma pessoa chamada Owen.
> — Tem consigo essa carta, Miss Brent? — perguntou o juiz.
> — Sim, tenho. Vou buscá-la para o senhor ver.
> Saiu da sala e um minuto mais tarde voltou com a carta.
>
> CHRISTIE, Agatha. *O caso dos dez negrinhos*. 17. ed. Trad. Leonel Vallandro. Porto Alegre-Rio de Janeiro: Globo, 1986. p. 41-42.

Na sequência, uma série de assassinatos acontecerá na ilha. O leitor perseguirá pistas dadas pelo narrador, mantendo-se alerta para tudo o que possa esclarecer o mistério: quem convidou essas pessoas para a ilha e por que estão sendo mortas? Assim, a literatura também cumpre outra função: **entreter**, ou seja, dar ao leitor a oportunidade de passar o tempo de forma agradável, prazerosa.

Repertório

Ritos de escrita

Comprometido em denunciar o processo de desumanização dos trabalhadores das minas, Émile Zola passou alguns meses experimentando de perto a vida nas minas de carvão e nas vilas operárias, de onde extraiu material para a construção de suas personagens.

Outros escritores desenvolveram processos de criação distintos. Gustave Flaubert (1821-1880), por exemplo, escrevia em seu escritório, "berrando" seus textos; Marcel Proust (1871-1922) isolou-se em um quarto fechado, escuro e à prova de som.

Os ritos ligados ao processo criativo dos escritores e artistas em geral alimentam a curiosidade do público, especialmente a partir do século XIX.

MANET, Edouard. *Retrato de Émile Zola*, 1868. Óleo sobre tela, 146,5 cm × 114 cm. Museu D'Orsay, Paris, França.

❯ Obra aberta

Os romances de Émile Zola e de Agatha Christie serviriam como exemplos de diferentes funções que a literatura pode desempenhar. É possível supor que, no ato de criação, cada escritor tenha em mente um público leitor e determinadas intenções. No entanto, o texto literário ultrapassa seu autor, atinge leitores de outras épocas e lugares e adquire novo interesse a cada tempo. Assim, não se pode dizer que a função de uma obra literária já esteja determinada no momento em que ela é escrita.

Também não é verdade que essas diferentes funções aconteçam de forma isolada em cada ato de leitura. Assim como o conto de Lygia Fagundes Telles pode iluminar um aspecto importante da natureza humana e o poema de Guilherme de Almeida pode entreter o leitor, o conto de Julio Cortázar também pode denunciar a descartabilidade que marca a sociedade contemporânea, o romance de Agatha Christie pode desvendar aspectos psicológicos aos quais não estamos atentos e a narrativa de Zola pode ser fonte de entretenimento.

Ao entrar em contato com o texto literário, o leitor passa a participar de um diálogo iniciado há tempos. Por isso, as possibilidades de interação na literatura são inesgotáveis, assim como as suas funções.

❯ A literatura como direito

Para além de funções e finalidades, a literatura é um **direito de todos**. É o que defende o crítico literário Antonio Candido (1918-) em seu texto "O direito à literatura". Antes de apresentar seus argumentos, o estudioso explica que está tomando como **literatura** "todas as criações de toque poético, ficcional ou dramático em todos os níveis de uma sociedade, em todos os tipos de cultura, [...] folclore, lenda, chiste, até as formas mais complexas e difíceis da produção escrita das grandes civilizações".

Em seguida, Candido argumenta que, entendida desta forma, a literatura é um fenômeno universal de todos os tempos e lugares, inseparável da vida dos seres humanos.

> Assim como todos sonham todas as noites, ninguém é capaz de passar as vinte e quatro horas do dia sem alguns momentos de entrega ao universo fabulado. O sonho assegura durante o sono a presença indispensável deste universo, independentemente da nossa vontade. E durante a vigília a criação ficcional ou poética, que é a mola da literatura em todos os seus níveis e modalidades, está presente em cada um de nós, analfabeto ou erudito, como anedota, causo, história em quadrinhos, noticiário policial, canção popular, moda de viola, samba carnavalesco. Ela se manifesta desde o devaneio amoroso ou econômico no ônibus até a atenção fixada na novela de televisão ou na leitura corrida de um romance.
>
> CANDIDO, Antonio. O direito à literatura. In: *Vários escritos*. Rio de Janeiro: Ouro Sobre Azul; São Paulo: Duas Cidades, 2004. p. 174-175.

O autor conclui, por fim, que a literatura é parte indispensável da "humanização" do ser humano, devendo ser entendida como um "direito incompressível", que não pode ser negado a ninguém.

Assim, o contato com a literatura é um direito fundamental ao ser humano. Por isso, ainda que um leitor não tenha grande interesse pelos textos literários, ele não pode ser privado da possibilidade de conhecê-los e de desfrutar deles – razão suficiente para que a literatura seja parte dos estudos de linguagem na escola. Negar o contato com qualquer tipo de representação artístico-literária é privar o sujeito de exercer plenamente sua humanidade.

A contribuição de Antonio Candido para os estudos da literatura é inestimável. Sua obra *Formação da literatura brasileira*, publicada em 1959 e reeditada em 2006, é referência para o entendimento sobre a maneira como, no Brasil, as relações entre autor-obra-público passam a constituir um **sistema literário** a partir de meados do século XIX, em contraposição às "manifestações literárias" que as precederam e não participavam, ainda, de uma **tradição**. Para ele, só a partir desse momento é possível efetivamente falar de uma literatura brasileira, entendida como instituição cultural e patrimônio social. Fotografia de 2004.

Sua leitura

Vinicius de Moraes (1913-1980) nasceu no Rio de Janeiro (RJ) e publicou seu primeiro livro aos 20 anos. Destacou-se no Brasil como poeta e como compositor. Leia a seguir um de seus poemas.

Dialética

É claro que a vida é boa
E a alegria, a única indizível emoção
É claro que te acho linda
Em ti bendigo o amor das coisas simples
É claro que te amo
E tenho tudo para ser feliz

Mas acontece que eu sou triste...

MORAES, Vinicius de. Disponível em: <http://www.viniciusdemoraes.com.br/pt-br/poesia/poesias-avulsas/dialetica>. Acesso em: 5 dez. 2014.

Sobre o texto

1. No primeiro verso, o eu lírico ("eu" que fala no poema) faz uma afirmação: "É claro que a vida é boa". Que ideia a palavra *claro* expressa nesse contexto?
2. Que elemento, presente no segundo verso, confirma que a vida é realmente boa?
3. A sequência do poema apresenta uma repetição em sua estrutura.
   a) Que repetição é essa?
   b) Que ideia essa repetição reforça?
   c) O último verso do poema apresenta um contraste, uma quebra de expectativa em relação aos versos anteriores. Que palavra do verso estabelece essa relação de contraste?
4. Qual das alternativas abaixo melhor justifica o sentimento de tristeza que caracteriza o eu do poema? Responda no caderno.
   a) Mesmo reconhecendo que está envolvido amorosamente, há no eu lírico uma parcela de tristeza que ele não consegue superar.
   b) O eu lírico quer uma vida que não se resuma a viver intensamente seu amor: deseja conhecer novas pessoas e vivenciar novas aventuras.
   c) O eu lírico desconfia que não é correspondido em seu sentimento amoroso e esse fato o torna uma pessoa solitária e desconfiada.
5. Leia a informação do quadro a seguir.

   > Na história da Filosofia, o termo *dialética* apresentou diferentes significados. Um dos mais conhecidos é atribuído ao filósofo Hegel, para quem a dialética é um movimento racional que nos permite superar uma contradição.

   Que relações é possível estabelecer entre o conceito de dialética e o poema de Vinicius?
6. Pensando na sua experiência de leitura do poema de Vinicius de Moraes, explique de que maneira a literatura pode contribuir para a humanização dos leitores.

Atividade de leitura do programa Prazer em Ler, em creche em Belo Horizonte (MG). Fotografia de 2010.

O que você pensa disto?

Órgãos governamentais e setores da sociedade civil vêm promovendo iniciativas de estímulo à leitura entre os jovens, na intenção de possibilitar o acesso de parte da população ao livro e à literatura. Ler como um hábito é, ainda, algo distante da realidade de muitos brasileiros.

- Para você, o "prazer de ler" é algo que pode ser ensinado? Se sim, qual o papel da escola nesse processo? Se não, como se desenvolve esse prazer?

CAPÍTULO 2
Literatura: gêneros e modos de leitura

O que você vai estudar

- Prosa e poesia.
- Elementos da narrativa.
- Gêneros literários e a trajetória do herói.
- Modos de leitura do texto literário.
- Ferramentas de leitura.

A literatura está presente no cotidiano de diversas formas. O ato de contar um causo ou anedota, o envolvimento com a novela que passa na TV, os planos para o futuro ao lado da pessoa amada são formas de contato com o universo da imaginação e da ficção, próprias da literatura. Ela também é estudada pelo ser humano em uma perspectiva científica, podendo ser abordada de diversos modos.

Sua leitura

Leia trechos de um conto do escritor brasileiro Mario de Andrade (1893-1945).

Vestida de preto

Tanto andam agora preocupados em definir o conto que não sei bem se o que vou contar é conto ou não, sei que é verdade. Minha impressão é que tenho amado sempre... Depois do amor grande por mim que brotou aos três anos e durou até os cinco mais ou menos, logo o meu amor se dirigiu para uma espécie de prima longínqua que frequentava a nossa casa. [...]

Maria foi o meu primeiro amor. Não havia nada entre nós, está claro, ela como eu nos seus cinco anos apenas, mas não sei que divina melancolia nos tomava, se acaso nos achávamos juntos e sozinhos. A voz baixava de tom, e principalmente as palavras é que se tornavam mais raras, muito simples. Uma ternura imensa, firme e reconhecida, não exigindo nenhum gesto. [...]

E só mais tarde, já pelos nove ou dez anos, é que lhe dei nosso único beijo, foi maravilhoso. [...]

Durasse aquilo uma noite grande, nada mais haveria porque é engraçado como a perfeição fixa a gente. O beijo me deixara completamente puro, sem minhas curiosidades nem desejos de mais nada, adeus pecado e adeus escuridão! Se fizera em meu cérebro uma enorme luz branca, meu ombro bem que doía no chão, mas a luz era violentamente branca, proibindo pensar, imaginar, agir. Beijando.

Tia Velha, nunca eu gostei de Tia Velha, abriu a porta com um espanto barulhento. Percebi muito bem, pelos olhos dela, que o que estávamos fazendo era completamente feio.
[...]

O estranhíssimo é que principiou, nesse acordar à força provocado por Tia Velha, uma indiferença inexplicável de Maria por mim. Mais que indiferença, frieza viva, quase antipatia. Nesse mesmo chá inda achou jeito de me maltratar diante de todos, fiquei zonzo.

Dez, treze, quatorze anos... Quinze anos. Foi então o insulto que julguei definitivo. [...]

Esse ano até fora uma bomba só. Eu entrava da aula do professor particular, quando enxerguei a saparia na varanda e Maria entre os demais. Passei bastante encabulado, todos em férias, e os livros que eu trazia na mão me denunciando, lembrando a bomba, me achincalhando em minha imperfeição de caso perdido. Esbocei um gesto falsamente alegre de bom-dia, e fui no escritório pegado, esconder os livros na escrivaninha de meu pai. Ia já voltar para o meio de todos, mas Matilde, a peste, a implicante, a deusa estúpida que Tia Velha perdia com suas preferências:

— Passou seu namorado, Maria.

— Não caso com bombeado — ela respondeu imediato, numa voz tão feia, mas tão feia, que parei estarrecido. Era a decisão final, não tinha dúvida nenhuma. Maria não gostava mais de mim. Bobo de assim parado, sem fazer um gesto, mal podendo respirar.
[...]

Foi o fim? Agora é que vem o mais esquisito de tudo, ajuntando anos pulados. Acho que até não consigo contar bem claro tudo o que sucedeu. Vamos por ordem: Pus tal firmeza em não amar Maria mais que nem meus pensamentos me traíram. De resto a mocidade raiava e eu tinha tudo a aprender. Foi espantoso o que se passou em mim. Sem abandonar meu jeito de "perdido", o cultivando mesmo, ginásio acabado, eu principiara gostando de estudar. [...]

Maria, por seu lado, parecia uma doida. Namorava com Deus e todo o mundo, aos vinte anos fica noiva de um rapaz bastante rico, noivado que durou três meses e se desfez de

34

repente, pra dias depois ela ficar noiva de outro, um diplomata riquíssimo, casar em duas semanas com alegria desmedida, rindo muito no altar e partir em busca duma embaixada europeia, com o secretário chique seu marido.

[...] Foi quando uns cinco anos depois, Maria estava pra voltar pela primeira vez ao Brasil, a mãe dela, queixosa de tamanha ausência, conversando com mamãe na minha frente, arrancou naquele seu jeito de gorda desabrida:

— Pois é, Maria gostou tanto de você, você não quis!... e agora ela vive longe de nós.

Pela terceira vez fiquei estarrecido neste conto. Percebi tudo num tiro de canhão. Percebi ela doidejando, noivando com um, casando com outro, se atordoando com dinheiro e brilho. Percebi que eu fora uma besta, sim agora que principiava sendo alguém, estudando por mim fora dos ginásios, vibrando em versos que muita gente já considerava. E percebi horrorizado, que Rose! nem Violeta, nem nada! era Maria que eu amava como louco! [...]

Bom, tinha que visitar Maria, está claro, éramos "gente grande" agora. Quando soube que ela devia ir a um banquete, pensei comigo: "ótimo, vou hoje logo depois de jantar, não encontro ela e deixo o cartão". Mas fui cedo demais. [...]

Contemplando a gravura cor-de-rosa, senti de supetão que tinha mais alguém na saleta, virei. Maria estava na porta, olhando pra mim, se rindo, toda vestida de preto. Olhem: eu sei que a gente exagera em amor, não insisto. Mas se eu já tive a sensação da vontade de Deus, foi ver Maria assim, toda de preto vestida, fantasticamente mulher. Meu corpo soluçou todinho e tornei a ficar estarrecido.

— Ao menos diga boa-noite, Juca...

"Boa-noite, Maria, eu vou-me embora"... meu desejo era fugir, era ficar e ela ficar mas, sim, sem que nos tocássemos sequer. Eu sei, eu juro que sei que ela estava se entregando a mim, me prometendo tudo, me cedendo tudo quanto eu queria, naquele se deixar olhar, sorrindo leve, mãos unidas caindo na frente do corpo, toda vestida de preto. Um segundo, me passou na visão devorá-la numa hora estilhaçada de quarto de hotel, foi horrível. Porém, não havia dúvida: Maria despertava em mim os instintos da perfeição. Balbuciei afinal um boa-noite muito indiferente, e as vozes amontoadas vinham do hol, dos outros que chegavam.

Foi este o primeiro dos quatro amores eternos que fazem de minha vida uma grave condensação interior. Sou falsamente um solitário. Quatro amores me acompanham, cuidam de mim, vêm conversar comigo. Nunca mais vi Maria, que ficou pelas Europas, divorciada afinal, hoje dizem que vivendo com um austríaco interessado em feiras internacionais. Um aventureiro qualquer. Mas dentro de mim, Maria... bom: acho que vou falar banalidade.

ANDRADE, Mario de. *Contos novos*. 15. ed. Belo Horizonte-Rio de Janeiro: Villa Rica, 1993. p. 23-29.

Sobre o texto

1. Por que os acontecimentos vividos por Juca na infância e na adolescência se tornam tão importantes a ponto de ele decidir narrá-los?

2. O conto destaca três momentos cruciais da relação entre Juca e Maria. Que momentos são esses e por quais transformações as personagens passaram ao longo do tempo?

3. O nome *Maria* tem um efeito expressivo no conto, considerando o conflito entre o amor puro e o amor carnal vivido por Juca em relação à prima. Explique essa afirmação.

4. Releia o fragmento a seguir.

    > Tanto andam agora preocupados em definir o conto que não sei bem se o que vou contar é conto ou não, sei que é verdade.

    - O narrador coloca a "verdade" acima da preocupação com as formas da escrita de ficção. Deve-se entender que "verdade" é o compromisso de narrar com rigor os fatos da vida real? Explique.

5. Localize no conto o trecho que justifica o título. Em sua opinião, que sentidos podem ser associados ao vestido preto de Maria, considerando o tema do conto? Justifique.

6. Ao final do conto, o narrador se cala ao avaliar que diria uma "banalidade".
    a) Qual seria possivelmente a sua afirmação a respeito de Maria?
    b) Qual é o efeito obtido com essa interrupção?

Em verso e em prosa

O conto que você acaba de ler é um texto escrito em prosa. **Prosa** e **poesia** são as duas formas possíveis de construção de um texto literário. Leia um poema do escritor José Paulo Paes (1926-1998) a esse respeito.

Poesia e prosa

Pode-se escrever em prosa ou em verso.
Quando se escreve em prosa, a gente enche a linha do caderno até o fim, antes de passar para a outra linha.
E assim por diante até o fim da página.
Em poesia não: a gente muda de linha antes do fim, deixando um espaço em branco antes de ir para a linha seguinte.
Essas linhas incompletas se chamam de versos.
Acho que o espaço em branco é para o leitor poder ficar pensando.
Pensando bem no que o poeta acabou de dizer.
Algumas vezes, lendo um verso, a gente tem de voltar aos versos de trás para entender melhor o que ele quer dizer.
Principalmente quando há uma rima, isto é, uma palavra com o mesmo som de outra lida há pouco.
Então a gente vai procurá-la para ver se é isso mesmo.
A prosa é como trem, vai sempre em frente.
A poesia é como o pêndulo dos relógios de parede de antigamente, que ficava balançando de um lado para outro.
Embora balançasse sempre no mesmo lugar, o pêndulo não marcava sempre a mesma hora.
Avançava de minuto a minuto, registrando a passagem das horas: 1, 2, 3, até 12.
Também a poesia vai marcando, na passagem da vida, cada minuto importante dela.
De tanto ir e vir de um verso a outro, de uma rima a outra, a gente acaba decorando um poema e guardando-o na memória.
[...]

PAES, José Paulo. *Vejam como eu sei escrever*. São Paulo: Ática, 2008. p. 16-19.

A primeira diferença entre poesia e prosa apontada no poema é a forma: a prosa se organiza em **parágrafos**, com linhas ininterruptas; a poesia, em **versos**, conjuntos de sílabas ou sons que têm uma extensão definida e formam unidades rítmicas e melódicas. Esses versos, por sua vez, compõem **estrofes**.

No entanto, seria insuficiente dizer que a poesia é um texto escrito em versos. Outro ponto importante é a maneira como a **polissemia** se manifesta nos textos em prosa e nos poemas. Na poesia, o sentido metafórico está em partes menores da linguagem: uma única palavra ou verso pode condensar grande efeito expressivo. Na prosa, o sentido metafórico vai-se construindo ao longo do texto.

Por exemplo, no conto de Mario de Andrade, a interpretação do vestido preto de Maria depende de sua ligação com outros elementos – a relação entre Juca e Maria e as transformações pelas quais as personagens passam ao longo da narrativa.

A poesia, especialmente, explora a **sonoridade** das palavras, que também pode estar presente na prosa; mas, se fosse possível estabelecer uma escala contínua entre a prosa e a poesia, esse aspecto estaria mais próximo da poesia.

A **narratividade** – desenvolvimento de uma ação no tempo e no espaço – não é uma característica exclusiva da prosa. Ela está presente também em muitos poemas.

Nas obras literárias não é o autor que se dirige ao leitor, mas, sim, o **eu lírico** (na poesia) e o **narrador** (na prosa).

Margens do texto

Segundo o poema, o "espaço em branco" do verso poético "é para o leitor poder ficar pensando". Lembre-se da maneira como se encerra a narrativa de "Vestida de preto" e explique de que forma a prosa também pode deixar "espaços em branco" para o pensamento do leitor.

Repertório

"Eu sou trezentos, sou trezentos-e-cincoenta"

"Vestida de preto" é o primeiro dos nove textos que compõem o livro *Contos novos*, publicado dois anos depois da morte de seu autor. Bacharel em Ciências e Letras, o paulistano Mario de Andrade foi poeta, cronista, contista, ensaísta, crítico de arte, professor, músico e chefe do Departamento de Cultura de São Paulo, além de ter prestado serviço militar como voluntário e ter sido ordenado padre por uma ordem religiosa católica. Personalidade marcante e irrequieta, Mario escreveu, a respeito da complexa natureza humana, os conhecidos versos que dão título a este boxe.

SEGALL, Lasar. *Mário na rede*, 1929. Ponta-seca, 25,5 cm × 32 cm. Museu Lasar Segall-Iphan-Minc, São Paulo.

> A sonoridade do poema

Três recursos se destacam para conferir sonoridade aos poemas: o ritmo, o metro e a rima.

Ritmo

O ritmo se constrói com a alternância de **sons fracos e fortes**. No exemplo a seguir, trecho de um poema de Gonçalves Dias (1823-1864), as sílabas destacadas soam mais fortes na fala.

I-Juca-Pirama

Meu **can**to de **mor**te,
Guer**rei**ros, ou**vi**:
Sou **fi**lho das **sel**vas,
Nas **sel**vas cres**ci**;
Guer**rei**ros, des**cen**do
Da **tri**bo tu**pi**.

DIAS, Gonçalves. I-Juca-Pirama. In: FERRAZ, Eucanaã. *Cinemateca*. São Paulo: Companhia das Letras, 2008. p. 57.

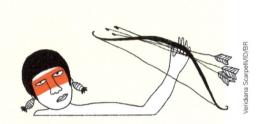

Metro

O metro é a sequência de sílabas que podem ser "medidas" em um verso (daí serem chamadas de **sílabas métricas** ou **poéticas**). A **metrificação** é um conjunto de regras relativas à medida e à organização do verso ou da estrofe (conjunto de versos).

Na poesia, a contagem das sílabas poéticas é diferente da separação de sílabas gramaticais. As vogais finais e iniciais das palavras podem se unir para formar uma única sílaba durante a leitura. Além disso, a contagem é feita até a última sílaba forte do verso, sendo desconsideradas sílabas fracas posteriores. Veja o exemplo.

Vale saber

Classificação das estrofes quanto ao número de versos:

monóstico (um verso)
dístico (dois versos)
terceto
quarteto ou quadra
quintilha
sextilha
sétima
oitava
nona
décima

Algumas medidas de versos têm nomes específicos. O primeiro verso do poema de Gonçalves Dias, por exemplo, é uma **redondilha menor** (5 sílabas poéticas). Já o verso **decassílabo**, acima, de Camões, contém 10 sílabas poéticas. Também são comuns os versos **redondilhas maiores** (7 sílabas poéticas) e os **alexandrinos** ou **dodecassílabos** (12 sílabas poéticas).

Rima

A rima pode ser **interna** ou **final**. Versos sem rimas são chamados de **brancos**. Veja as rimas neste fragmento de poema.

Mac**ia** — deve a relva luzid**ia**	rima interna
Do l**eito** — ser por certo em que me d**eito**	rima interna
Mas quem, ao pé de ti, quem poderia	
Sentir outras car**ícias**,	rima final
Tocar noutras del**ícias**	rima final
Senão em ti — em ti!	

GARRETT, Almeida. Os cinco sentidos. In: *Folhas caídas*. Disponível em: <http://www.dominiopublico.gov.br/download/texto/bv000011.pdf>. Acesso em: 14 dez. 2014.

As rimas se organizam de diversas maneiras.
- **Rimas emparelhadas** ou **paralelas** – AABB (versos rimam em pares).
- **Rimas intercaladas** ou **opostas** – ABBA (o primeiro e o quarto versos rimam, assim como o segundo e o terceiro).
- **Rimas alternadas** ou **cruzadas** – ABAB (o primeiro e o terceiro versos rimam, assim como o segundo e o quarto).
- **Rimas misturadas** – não obedecem a esquema fixo.

Elementos da narrativa

Alguns elementos contribuem para a construção dos textos narrativos. São eles a ação, o tempo, o espaço e o ponto de vista.

Ação, tempo e espaço

O elemento central da narrativa é a **ação**, sequência de acontecimentos unidos por relações de causa e efeito que formam um **enredo**. Ela se desenvolve em determinado **tempo** e **espaço**, progredindo até o seu desfecho graças a um **conflito**, a oposição entre duas forças ou personagens. Quando o conflito transcorre na mente da personagem, a ação é interior. Quando ocorre no embate entre uma personagem e uma força externa, tem-se a ação exterior.

Ponto de vista

O escritor anglo-americano Henry James (1843-1916) escreveu certa vez que há um milhão de janelas através das quais se pode contar uma história. Por isso, a escolha do **ponto de vista** ou **foco narrativo** é fundamental na construção de cada texto narrativo, tornando-o único em relação aos demais.

Há basicamente dois tipos de foco narrativo. O primeiro é o do **narrador em terceira pessoa**, que não participa dos acontecimentos. Ele é chamado de *narrador onisciente*, que sabe tudo o que acontece na história, incluindo as circunstâncias da ação bem como os pensamentos e o estado de espírito das personagens. Em alguns casos, esse tipo de narrador tece comentários sobre a vida, os costumes e o caráter das personagens envolvidas na história e passa a ser chamado de *narrador onisciente intruso*. O segundo tipo é o do **narrador em primeira pessoa**, que participa dos acontecimentos e, portanto, tem um conhecimento limitado. Ele pode ser um *narrador-protagonista*, quando é a personagem central, ou o *narrador-testemunha*, quando é uma personagem secundária.

Leia o trecho inicial do romance *Tom Jones* (1749), escrito pelo inglês Henry Fielding (1707-1754).

Cartum da revista *Punch*, v. 101, 5 dez. 1891.
Uma jovem esposa em lua de mel comenta com seu marido: "Oh, Edwin, querido! Veja, é *Tom Jones*. Papai advertiu-me que não o lesse até me casar. Finalmente chegou o dia! Compre para mim, Edwin querido". Por trás da história de amor de Tom Jones e Sophia, há uma contundente crítica à sociedade inglesa do século XVIII, com seus valores aristocráticos marcados pelo preconceito de classe.

> **Concisa descrição do fidalgo Allworthy e uma descrição mais completa da srta. Bridget Allworthy, sua irmã**
>
> Na parte ocidental deste reino habitualmente denominado Somersetshire, vivia há pouco tempo, e talvez ainda viva, um cavalheiro que tinha o nome de Allworthy, e ao qual se poderia chamar muito bem o favorito, assim da Natureza como da Fortuna; pois ambas pareciam havê-lo, à competência, abençoado e enriquecido. [...]
>
> Esse cavalheiro casara-se, quando jovem, com uma senhora sumamente formosa e digna, que ele amara apaixonadamente: e que lhe dera três filhos, todos os quais haviam morrido pequenos. Tivera também o infortúnio de enterrar a esposa muito amada, cerca de cinco anos antes do tempo em que esta história se inicia. Essa perda, por maior que fosse, suportou-a ele como homem sensato e constante, embora seja necessário confessar que falava, com frequência, um tanto fantasticamente sobre o caso [...].
>
> FIELDING, Henry. *Tom Jones*. Trad. Jorge Pádua Conceição. São Paulo: Nova Cultural, 2003. p. 14.

■ **Margens do texto**

Logo nas primeiras linhas do fragmento já se percebe que a visão do narrador sobre a história é parcial. Que trecho revela essa informação?

A construção do ponto de vista é um dos elementos mais importantes desse trecho. O narrador descreve com simpatia a figura do fidalgo Allworthy. Mas, ao mencionar certa dose de fantasia nas falas do fidalgo a respeito da morte da esposa, vê-se obrigado a "confessar" que havia algo de estranho nesse comportamento.

Gêneros literários

A primeira tentativa de sistematização das formas literárias teria sido feita pelo filósofo Aristóteles (384 a.C.-322 a.C.), por meio da observação dos elementos estáveis dos textos literários. Em sua obra *Poética*, que ficou inacabada, Aristóteles descrevia seis formas literárias e detalhava três delas: a epopeia, a tragédia e a comédia.

As categorias descritivas de Aristóteles serviram de base a outros estudiosos da literatura. Durante o Renascimento (séculos XIII a XVII), as teorias poéticas italianas incluíram a poesia **lírica** entre as formas descritas por Aristóteles. Assim, especialmente a partir do século XVIII, assumiu-se como divisão clássica da produção literária os gêneros **épico**, **lírico** e **dramático**.

O termo *gênero*, que remete à "linhagem, espécie, família, raça", nem sempre é usado com um único sentido. Nos estudos literários, ele se refere à recorrência de características que permitem agrupar as manifestações literárias.

Gênero épico

O gênero épico, em sua origem, era um longo poema narrativo, também chamado de **epopeia** ou **épica**, que contava acontecimentos protagonizados por heróis. Os versos a seguir pertencem à *Odisseia*, talvez a mais conhecida das epopeias, que narra as aventuras de Ulisses ou Odisseu, herói grego que retorna para casa após longos anos lutando na Guerra de Troia.

> **Odisseia**
>
> Musa, reconta-me os feitos do herói astucioso que muito
> peregrinou, dês que esfez as muralhas sagradas de Troia;
> muitas cidades dos homens viajou, conheceu seus costumes,
> como no mar padeceu sofrimentos inúmeros na alma,
> para que a vida salvasse e de seus companheiros a volta.
>
> HOMERO. *Odisseia*. Trad. Carlos Alberto Nunes. 5. ed. Rio de Janeiro: Ediouro, 1997. p. 23.

Gênero lírico

A poesia lírica, desde sua origem na Grécia Antiga, manifesta aspectos da **subjetividade** de um "eu" – seus comportamentos, pensamentos, sentimentos e vivências interiores. Observe como se exprime o eu lírico no poema a seguir, do moçambicano Hélder Muteia (1960-).

> **Amor adiado**
>
> [...]
> Excomungado dos teus beijos
> resta-me o singular destino
> de pingar pétala a pétala
> toda a geografia cuidadosamente recortada
> à imagem incerta das nossas veias
> e mesmo assim existir
> inventar o amor
> com dálias murchas de amargura.
> [...]
>
> MUTEIA, Hélder. *Verdades dos mitos*. Moçambique: Associação dos Escritores Moçambicanos, s. d. p. 37.

O sofrimento amoroso é um tema universal. No entanto, é o tratamento desse tema da perspectiva de um eu lírico – da maneira como ele é afetado particularmente – que caracteriza os textos líricos.

Livro aberto

As aventuras de Telêmaco, de François Fénelon Madras, 2006.

Em 1699, François Fénelon, tutor do neto do rei Luís XIV, da França, escrevia *As aventuras de Telêmaco*, em que expôs sua visão sobre a educação dos príncipes. No início do século XVIII, a obra tornou-se um *best-seller* no Brasil, considerada um verdadeiro tratado de pedagogia, porém em forma de narrativa. A trama é centrada na relação entre Telêmaco e Mentor, respectivamente filho e amigo de Ulisses (o herói da epopeia *Odisseia*). Mentor acompanhou Telêmaco na sua viagem em busca de Ulisses, que, muitos anos antes, deixara Ítaca para lutar na Guerra de Troia. Foi a relação entre Mentor e Telêmaco que deu origem à atual acepção da palavra *mentor* como alguém que orienta um jovem em processo de formação.

Vocabulário de apoio

dês: desde
esfazer: desfazer
peregrinar: viajar

Margens do texto

O poema cita uma impossibilidade amorosa ("excomungado dos teus beijos") sem explicitar a causa dessa impossibilidade. Como o eu lírico se posiciona diante desse fato?

> Gênero dramático

O gênero dramático abarca os textos criados para serem **encenados** em um palco. Em sua origem, o drama se dividia em duas vertentes: a tragédia e a comédia.

Tragédia

A tragédia, na Grécia Antiga, era inicialmente um evento festivo realizado para celebrar Dionísio, deus da música e do vinho; posteriormente, assumiu a forma teatral. Em *Poética*, Aristóteles apontou a tragédia como "a imitação de ações de caráter elevado". Para o filósofo, ela teria um efeito pedagógico de purificação do espectador por meio dos sentimentos de terror e piedade (catarse). Em geral, a tragédia apresenta a luta de um herói contra o destino que os deuses determinaram para ele. O espírito trágico, nesse sentido, estaria ligado a uma visão pessimista sobre a vida, mas com a afirmação dos valores positivos do ser humano.

Vista do Teatro de Epidauro, na Grécia. Construído no século IV a.C., com capacidade para 12 mil pessoas. Fotografia de 2005.

Comédia

A comédia também teria nascido das festividades em homenagem a Dionísio, mas com uma origem mais obscura. Para Aristóteles, ela seria "a imitação de homens inferiores". Aproximando-se da vida real, colocaria em evidência aspectos pouco nobres da natureza humana. O imprevisto da ação geraria o ridículo ou a surpresa, e pelo riso o espectador tomaria consciência de suas próprias falhas. Nesse sentido, também a comédia teria uma função educativa.

Leia o início da peça *O santo e a porca*, de Ariano Suassuna (1927-2014), escrita em 1957. No diálogo entre Eurico Árabe e sua empregada Caroba, anuncia-se a chegada de Eudoro Vicente e seu criado Pinhão. Eurico, que escondia uma fortuna dentro de uma porca de barro, atribui a visita de Eudoro a um interesse por seu dinheiro, mas o que o outro queria era permissão para se casar com a filha do avarento. Caroba aproveita-se da situação para obter vantagens.

Montagem da peça *O santo e a porca* pela companhia de teatro carioca Limite 151, com Gláucia Rodrigues, indicada para o Prêmio Shell de melhor atriz. Fotografia de 2010.

O santo e a porca

O pano abre na casa de Eurico Árabe, mais conhecido como Euricão Engole-Cobra.

CAROBA — E foi então que o patrão dele disse: "Pinhão, você sele o cavalo e vá na minha frente procurar Euricão..."

EURICÃO — Euricão, não. Meu nome é Eurico.

CAROBA — Sim, é isso mesmo. Seu Eudoro Vicente disse: "Pinhão, você sele o cavalo e vá na minha frente procurar Euriques..."

EURICÃO — Eurico!

CAROBA — "Vá procurar Euríquio..."

EURICÃO — Chame Euricão mesmo.

CAROBA — "Vá procurar Euricão Engole-Cobra..."

EURICÃO — Engole-Cobra é a mãe! Não lhe dei licença de me chamar de Engole-Cobra, não! Só de Euricão!

SUASSUNA, Ariano. *O santo e a porca* e *O casamento suspeitoso*. 10. ed. Rio de Janeiro: José Olympio, 1994. p. 10.

■ **Margens do texto**

No trecho lido, a maneira como Euricão e Caroba interagem revela um pouco do perfil de cada um e da relação entre eles. O que é possível perceber sobre esses dois aspectos?

A primeira linha do texto acima traz uma **rubrica**, uma orientação para a montagem do texto no palco. A rubrica pode conter informações sobre o cenário, a iluminação, os gestos e as atitudes das personagens. O público espectador conhecerá o texto por meio das falas e ações das personagens.

Herói e anti-herói

Com o tempo, muitas formas literárias foram sendo criadas, tornando a visão clássica sobre os gêneros, em certo sentido, limitada. Por exemplo, o conto e o romance, embora ligados à épica por seu caráter narrativo, apresentam grandes diferenças estruturais.

Uma mudança importante que confirma o "envelhecimento" da teoria clássica dos gêneros ocorreu com o **herói**, protagonista da epopeia e do teatro. Na mitologia clássica, o herói era um homem de valor que vencia os obstáculos da natureza; nas epopeias, esse ser forte e virtuoso representava a grandeza de sua nação.

Com variações, esse tipo de herói permaneceu na literatura até meados do século XIX, quando surgiu o **anti-herói**, homem que perdeu a sua força física e moral. Historicamente, seu surgimento coincidiu com a ascensão da burguesia na Europa, quando todas as classes sociais passaram a ser representadas na literatura. O anti-herói não se diferencia dos demais seres humanos de nenhuma forma. Sua única distinção é ter sido escolhido pelo autor para ganhar vida na obra literária.

Estudiosos identificam a origem do anti-herói em *D. Quixote de La Mancha*, do espanhol Miguel de Cervantes (1547-1616), obra precursora do romance moderno, que se consolidaria no século XVIII. Publicada entre 1605 e 1612, parodiava as novelas de cavalaria que narravam as aventuras de cavaleiros movidos por nobres ideais. D. Quixote era um fidalgo idoso e de juízo abalado, que pensava ser descendente dos nobres cavaleiros da Idade Média.

> [...] este fidalgo, nos intervalos que tinha de ócio (que eram os mais do ano) se dava a ler livros de cavalaria, com tanta afeição e gosto, que se esqueceu quase de todo do exercício da caça, e até da administração dos seus bens; e a tanto chegou a sua curiosidade e desatino neste ponto, que vendeu muitas courelas de semeadura para comprar livros de cavalarias que ler; com o que juntou em casa quantos pôde apanhar daquele gênero.
>
> Dentre todos eles, nenhuns lhe pareciam tão bem como os compostos pelo famoso Feliciano da Silva, porque a clareza da sua prosa e aquelas intrincadas razões suas lhe pareciam de pérolas; e mais, quando chegava a ler aqueles requebros e cartas de desafio, onde em muitas partes achava escrito: "a razão da sem-razão que à minha razão se faz, de tal maneira a minha razão enfraquece, que com razão me queixo da vossa formosura"; e também quando lia: "os altos céus que de vossa divindade divinamente com as estrelas vos fortificam, e vos fazem merecedora do merecimento que merece a vossa grandeza".
>
> CERVANTES, Miguel de. *O engenhoso fidalgo D. Quixote de La Mancha*. Trad. Viscondes de Castilho e de Azevedo. São Paulo: Logos, 1955. v. 1. p. 16.

Há grande distância entre o herói clássico – de grandes qualidades físicas e morais – e D. Quixote, personagem envelhecida e louca.

Vale saber

Paródia é uma obra que imita outra obra ou conjunto de obras com o objetivo de provocar humor, fazer uma crítica, etc. Em geral, a paródia promove a ridicularização da obra imitada, mas também pode realizar uma homenagem.

Margens do texto

O narrador faz uma paródia "dos livros de cavalaria", que fizeram Quixote enlouquecer. Que recurso foi usado pelo narrador para criar um efeito de humor na menção ao conteúdo desses livros?

Vocabulário de apoio

courela: medida agrícola antiga
intrincado: complexo
requebro: certo gênero de texto

Herói e anti-herói: Peri, herói do romance romântico de José de Alencar (1829-1877), vivido por Marcio Garcia no filme *O Guarani* (dirigido por Norma Bengell, 1997); e Macunaíma, anti-herói da obra homônima de Mario de Andrade, interpretado por Grande Otelo (na foto, à direita) na versão para o cinema do clássico modernista (direção de Joaquim Pedro de Andrade, 1969).

Sua leitura

Você vai ler um conto e um poema. O primeiro é de Moacyr Scliar (1937-2011), escritor gaúcho com intensa produção literária de contos, crônicas, ensaios e romances. O segundo é de Fernando Pessoa (1888-1935), considerado pela crítica um dos mais importantes poetas portugueses.

O vencedor: uma visão alternativa

Nos sete primeiros assaltos, Raul foi duramente castigado. Não era de espantar: estava inteiramente fora de forma. Meses de indolência e até de devassidão tinham produzido seus efeitos. O combativo boxeador de outrora, o homem que, para muitos, fora estrela do pugilismo mundial, estava reduzido a um verdadeiro trapo. O público não tinha a menor complacência com ele: sucediam-se as vaias e os palavrões.

De repente, algo aconteceu. Caído na lona, depois de ter recebido um cruzado devastador, Raul ergueu a cabeça e viu, sentada na primeira fila, sua sobrinha Dóris, filha do falecido Alberto. A menina fitava-o com os olhos cheios de lágrimas. Um olhar que trespassou Raul como uma punhalada. Algo rompeu-se dentro dele. Sentiu renascer em si a energia que fizera dele a fera do ringue. De um salto, pôs-se de pé e partiu como um touro furioso para cima do adversário. A princípio o público não se deu conta do que estava acontecendo. Mas quando os fãs perceberam que uma verdadeira ressurreição se tinha operado, passaram a incentivá-lo. Depois de uma saraivada de golpes certeiros e violentíssimos, o adversário foi ao chão. O juiz procedeu à contagem regulamentar e proclamou Raul o vencedor.

Todos aplaudiam. Todos deliravam de alegria. Menos este que conta a história. Este que conta a história era o adversário. Este que conta a história era o que estava caído. Este que conta a história era o derrotado. Ai, Deus.

SCLIAR, Moacyr. *Contos reunidos*. São Paulo: Companhia das Letras, 1995. p. 58-59.

Vocabulário de apoio

assalto: cada um dos períodos de três minutos em que se divide uma luta de boxe
complacência: gentileza, aceitação
devassidão: vida desregrada
indolência: preguiça, falta de esforço
pugilismo: boxe
saraivada: grande quantidade

Eros e Psique

... E assim vedes, meu Irmão, que as verdades que vos foram dadas no Grau de Neófito, e aquelas que vos foram dadas no Grau de Adepto Menor, são, ainda que opostas, a mesma verdade.

Do Ritual do Grau de Mestre do Átrio na Ordem Templária de Portugal

Conta a lenda que dormia
Uma Princesa encantada
A quem só despertaria
Um Infante, que viria
De além do muro da estrada.

Ele tinha que, tentado,
Vencer o mal e o bem,
Antes que, já libertado,
Deixasse o caminho errado
Por o que à Princesa vem.

A Princesa Adormecida,
Se espera, dormindo espera.
Sonha em morte a sua vida,
E orna-lhe a fronte esquecida,
Verde, uma grinalda de hera.

Longe o Infante, esforçado,
Sem saber que intuito tem,
Rompe o caminho fadado.
Ele dela é ignorado.
Ela para ele é ninguém.

Mas cada um cumpre o Destino —
Ela dormindo encantada,
Ele buscando-a sem tino
Pelo processo divino
Que faz existir a estrada.

E, se bem que seja obscuro
Tudo pela estrada fora,
E falso, ele vem seguro,
E, vencendo estrada e muro,
Chega onde em sono ela mora.

E, inda tonto do que houvera,
À cabeça, em maresia,
Ergue a mão, e encontra hera,
E vê que ele mesmo era
A Princesa que dormia.

PESSOA, Fernando. *Obra poética*. Rio de Janeiro: Nova Aguilar, 2001. p. 181.

Vocabulário de apoio

adepto: aquele que, após iniciação, torna-se partidário de uma religião
fadado: predestinado
fronte: rosto
grinalda de hera: coroa feita de ramos de planta trepadeira
infante: filho do rei sem direito ao trono
intuito: objetivo
neófito: recém-batizado ou iniciado em uma religião
ornar: enfeitar
templário: membro de ordem religiosa (cavaleiro do Templo)
tino: consciência, entendimento

Sobre os textos

1. Antes de iniciar a leitura de "O vencedor: uma visão alternativa", é provável que você tenha levantado hipóteses sobre a temática da narrativa em função do título do conto. Em um primeiro momento, o que você imaginou que seria a "visão alternativa" de um vencedor?

2. O primeiro parágrafo do conto condensa muitas informações para que o leitor se situe na narrativa. Identifique e registre no caderno os itens a seguir.
   a) Espaço.
   b) Acontecimentos da vida do protagonista anteriores ao momento da narrativa.
   c) Perfil psicológico do protagonista.
   d) Conflito que conduz a ação narrativa.

3. A figura do boxeador quase nocauteado (segundo parágrafo), observando sua sobrinha órfã em lágrimas, é um recurso bastante utilizado principalmente em filmes. Que efeito esse lugar-comum tem para o desenvolvimento da narrativa?

4. Ao chegar ao final do conto de Moacyr Scliar, é provável que o leitor se sinta surpreso com o desfecho, mesmo sabendo que deveria esperar uma "visão alternativa" sobre o vencedor. Qual elemento da narrativa é responsável por causar essa surpresa?

5. O poema "Eros e Psique" narra, em versos, a busca do Infante pela Princesa que dormia.
   a) O que confere ao poema o seu caráter narrativo? Explique.
   b) Use os seus conhecimentos sobre ritmo, metro e rima para descrever a estrutura do poema.

6. O título do poema remete ao mito grego de Eros e Psique. Leia ao lado o boxe *Repertório* a respeito dessas duas personagens mitológicas. Explique que elementos do mito foram aproveitados para a elaboração do poema.

7. De que forma podemos relacionar o Infante do poema e a figura do herói na Antiguidade clássica? Explique com elementos do texto, levando em conta o conceito de espírito trágico.

8. Na última estrofe do poema, o leitor encontra um desfecho inesperado para a narrativa.
   a) É possível afirmar que, em alguma medida, a solução do conflito proposto pelo poema transforma a figura do Infante em um anti-herói? Explique sua resposta.
   b) Embora surpreendente, o desfecho do poema recorre a uma fórmula bastante comum em narrativas fantásticas: a de transformar tudo o que havia acontecido antes em sonho. Como o texto tira proveito desse lugar-comum para criar um efeito de originalidade e expressividade?

9. Tanto no conto de Moacyr Scliar quanto no poema de Fernando Pessoa, determinados recursos de construção quebram a expectativa do leitor e conduzem a um desfecho surpreendente.
   a) Destaque uma passagem de cada texto que contribui para que o leitor espere um desfecho diferente daquele que acaba ocorrendo. Justifique sua escolha.
   b) Em sua opinião, essa quebra de expectativa pode contribuir para alterar a percepção do leitor sobre a realidade ou, ao contrário, fazê-lo sentir-se frustrado com o desfecho?

Repertório

Eros e Psique

A linda Psique despertou a inveja de Afrodite, deusa da beleza, que ordenou que seu filho Eros (o Cupido) fizesse Psique se apaixonar pelo mais feio homem que existisse. Eros, no entanto, enamorou-se de Psique.

Levada a uma montanha por ordem de Apolo (disfarce de Eros), onde supostamente seria desposada por uma serpente, Psique caiu em sono profundo e despertou em um lindo castelo. Sem revelar seu rosto, Eros tomou-a nos braços, alertando-a para jamais tentar descobrir sua identidade.

Uma noite, incentivada por suas irmãs invejosas, Psique aproximou uma lamparina do rosto adormecido de Eros. A lamparina caiu de sua mão e despertou Eros que, irado, expulsou-a do castelo.

Inconformada, Psique procurou Afrodite, que lhe impôs uma série de tarefas. Ela deveria buscar no mundo inferior a beleza da deusa Perséfone e trazê-la em uma caixa. Psique não deveria abrir a caixa, mas não resistiu. De lá saiu um sono profundo. Eros partiu em socorro da amada, aprisionou seu sono na caixa e, com a permissão de Zeus, tomou Psique como esposa.

Canova, Antonio. *Psique revivida pelo beijo de Eros*, 1793. Escultura em mármore. Museu do Louvre, Paris, França.

> Literatura: modos de leitura

Quando o leitor deseja estudar um texto literário, além de travar um contato cotidiano e espontâneo com ele, pode se apoiar em diferentes modos de leitura que se construíram ao longo do tempo. Uma forma de abordar a literatura é a **historiografia literária**.

> A historiografia literária

Essa abordagem organiza obras e autores segundo um critério cronológico, ou seja, de tempo. O que ela propõe é observar de que maneira as obras se articulam no tempo, como se relacionam com o momento histórico em que foram produzidas e como refletem, de alguma forma, a mentalidade da época em que viveram os seus autores.

Esse modo de organização destaca elementos comuns às obras produzidas em uma mesma época. Por exemplo, o impacto de determinadas descobertas científicas – como o darwinismo, surgido em meados do século XIX – manifestou-se em várias obras escritas naquele momento. Ou, ainda, o papel da religião católica no período medieval e os efeitos da chegada do europeu à América no século XV, tomados como temas centrais da literatura nesses períodos, impregnaram obras em prosa e verso.

O conjunto da produção literária de cada período histórico em que se podem identificar padrões estéticos relativamente estáveis é chamado **escola literária**.

Como outras abordagens possíveis, a historiografia literária requer alguns cuidados. O primeiro é não reduzir a literatura a mero instrumento de investigação sobre a sociedade, tomando as obras literárias como "documentos" do modo de viver e pensar do seu contexto de produção. A literatura não tem nenhum compromisso de fidelidade com as vivências do autor ou do seu grupo social.

O segundo cuidado é não reduzir a obra literária a um exemplo do modo de fazer literatura de uma época. Por mais que seja possível perceber as articulações entre as obras e ressaltar tendências de um período, cada obra merece ser apreciada na sua singularidade.

O terceiro cuidado é não perder de vista a experiência particular de cada leitor com o texto literário. Para além do significado daquele texto em relação à sua época e às leituras que dele foram feitas, cada leitor tem também o seu repertório de leituras e um modo de compreensão próprio, que deve estar sempre apoiado nos elementos oferecidos pelo texto.

> O papel da tradição

A obra literária sempre dialoga com as obras produzidas em momentos anteriores, seja para reafirmá-las, seja para negá-las ou reinventá-las. Alguns temas, gêneros e formas são recuperados e revalorizados ou descartados em nome de novas necessidades de expressão.

Para um homem letrado do século XVIII, por exemplo, um poema lírico deveria obedecer a um conjunto de "regras" que recuperavam ideais da Antiguidade clássica. Ao mesmo tempo, esse modo de pensar a literatura representava uma espécie de ruptura com formas de representação que marcaram o século XVII.

Há também obras que propõem algo totalmente original ou concretizam tendências que, até então, só se anunciavam, inaugurando uma nova tradição. É o caso, por exemplo, das obras do escritor estadunidense Edgar Allan Poe (1809-1849), primeira manifestação do chamado romance de investigação ou romance policial. A partir delas, iniciou-se uma linhagem de romances que têm algum crime como eixo da narrativa e, como protagonista, um detetive que se propõe a desvendar esse crime.

Vale saber

A abordagem historiográfica da literatura permite observar com nitidez as variações histórica e regional da língua portuguesa, pois estuda textos literários produzidos em épocas e locais diferentes.

DEGAS, Edgar. *A primeira bailarina*, 1876-1877. Pastel, 44 cm × 60 cm. Museu D'Orsay, Paris, França.

A abordagem historiográfica pode ser aplicada também à pintura, na qual uma das escolas é o Impressionismo. As telas impressionistas têm em comum a exploração dos efeitos da luz sobre o espaço.

Ferramentas de leitura

Da mesma forma que há uma história da literatura, na qual podemos identificar marcos da produção literária no decorrer do tempo, há também uma **história da leitura**, que conta como gerações de leitores comentaram, analisaram e interpretaram as obras literárias.

Esses modos de ler aproximaram-se várias vezes de outros campos do saber humano. Conceitos e noções da sociologia, da psicanálise, da geografia social, da história, da linguística, da mitologia, da filosofia e da própria teoria literária, entre outros, podem transformar-se em **ferramentas de leitura** de um texto literário. Esses conceitos funcionariam como uma espécie de "lente" através da qual o leitor analisa e/ou interpreta a obra, constituindo uma "chave" para desvendar sentidos que, sem ela, talvez tivessem permanecido ocultos.

Usar uma ferramenta de leitura não é simples nem fácil. Afinal, assim como os estudos literários construíram seus modos de entender a obra literária ao longo de séculos, as demais áreas do saber também formularam seus conceitos no interior de um sistema de pensamento próprio. Assim, o primeiro contato com uma ferramenta de leitura deve ser visto como uma tentativa de ampliação da leitura de um texto literário e, também, como um convite para que o leitor se aprofunde nesse novo campo do saber, buscando entender como ele pode se relacionar com a literatura.

Para entender melhor como fazer uso de uma ferramenta de leitura, leia o trecho de uma obra ligada aos estudos da Sociologia, em que os autores exploram o conceito de **papel social**.

> A definição do homem como pessoa implica que, no âmbito das condições sociais em que vive e antes de ter consciência de si, o homem deve sempre representar determinados papéis como semelhantes de outros. Em consequência desses papéis e em relação com os seus semelhantes, ele é o que é: filho de uma mãe, aluno de um professor, membro de uma tribo, praticante de uma profissão. [...]
> HORKHEIMER, Max; ADORNO, Theodor W. *Temas básicos da sociologia*. Trad. Álvaro Cabral. São Paulo: Cultrix-Edusp, 1973. p. 48.

O texto afirma que, para a Sociologia, o ser humano é, por definição, um ser em relação com outros. Essa relação ocorre à medida que se desempenham **papéis sociais**: um ser humano é um filho, um irmão, um patrão, um empregado, um amigo; enfim, interpreta diferentes papéis nas suas relações cotidianas. Assim, a ideia de **indivíduo** como "unidade social fundamental" é questionada, pois suporia alguém que pudesse ser compreendido de forma isolada das relações sociais.

Essa compreensão da natureza do ser humano também pode ser aplicada ao universo do trabalho. Em uma passagem do mesmo texto, Adorno e Horkheimer citam o filósofo Hegel, para quem:

> O trabalho do indivíduo para suas necessidades tanto é satisfação das suas necessidades como da dos outros; e a satisfação das suas necessidades só é conseguida em virtude do trabalho dos outros.
> HEGEL. Citado por HORKHEIMER, Max; ADORNO, Theodor W. *Temas básicos da sociologia*. Trad. Álvaro Cabral. São Paulo: Cultrix-Edusp, 1973. p. 52.

Vale saber

A **Sociologia** estuda as sociedades humanas e as leis fundamentais que regem as relações e os comportamentos sociais.

Passaporte digital

E-Dicionário de termos literários

Com cerca de 1600 verbetes, redigidos por especialistas de universidades brasileiras e portuguesas, esse dicionário disponível na internet é uma fonte ampla e esclarecedora de consulta sobre termos relacionados à literatura. É importante, ao fazer uso de um termo ou conceito, ter clareza sobre qual é o sentido atribuído a ele em cada área do conhecimento.
O conceito de gênero, por exemplo, tem significados diferentes na teoria literária e na linguística.

Disponível em: <http://www.edtl.com.pt>. Acesso em: 28 jan. 2015.

Theodor Adorno (1903-1969) foi um importante teórico das ciências humanas do século XX. Era membro da chamada Escola de Frankfurt, instituto de pesquisa que se dedicou ao estudo da cultura de massa e produziu importantes ensaios a respeito desse tema. Fotografia da década de 1960.

Agora leia um poema do escritor maranhense Ferreira Gullar (1930-).

O açúcar

O branco açúcar que adoçará meu café
nesta manhã de Ipanema
não foi produzido por mim
nem surgiu dentro do açucareiro por milagre.

Vejo-o puro
e afável ao paladar
como beijo de moça, água
na pele, flor
que se dissolve na boca. Mas este açúcar
não foi feito por mim.

Este açúcar veio
da mercearia da esquina e tampouco o fez o Oliveira,
dono da mercearia.
Este açúcar veio
de uma usina de açúcar em Pernambuco
ou no Estado do Rio
e tampouco o fez o dono da usina.

Este açúcar era cana
e veio dos canaviais extensos
que não nascem por acaso
no regaço do vale.

Em lugares distantes, onde não há hospital
nem escola,
homens que não sabem ler e morrem de fome
aos 27 anos
plantaram e colheram a cana
que viraria açúcar.

Em usinas escuras,
homens de vida amarga
e dura
produziram este açúcar
branco e puro
com que adoço meu café esta manhã em Ipanema.

GULLAR, Ferreira. *Toda poesia (1950-1980)*. São Paulo: Círculo do Livro, 1983. p. 227-228.

Nos primeiros versos, o poema apresenta uma referência espacial: Ipanema, onde se encontra o eu lírico no momento em que se prepara para adoçar o seu café. Ao longo do poema, essa referência espacial se distancia cada vez mais de Ipanema e depois retorna para lá.

Cada uma das referências espaciais se liga a uma figura humana: o eu lírico, que mora em Ipanema; o Oliveira, dono da mercearia da esquina; o dono da usina, em Pernambuco ou no Rio; os homens que plantaram a cana-de-açúcar, que moram em lugar distante e não definido; os trabalhadores das usinas escuras. Nota-se, assim, que mais do que lugares "físicos", o poema indica "lugares sociais".

Cada figura humana é caracterizada por um papel social. O elemento que os une é o açúcar, retomado diversas vezes por meio da expressão *este açúcar*. Assim, o texto se compõe de uma estrutura circular, que remete a um processo que não tem fim, que se repete no tempo.

As personagens do poema estão em diferentes etapas do "ciclo do açúcar": a produção (empresário e trabalhadores), a comercialização (Oliveira) e o consumo (eu lírico). A estrutura repetitiva do poema remete, nesse sentido, a uma visão pessimista da situação de desigualdade social que caracteriza a sociedade contemporânea.

Lido a partir da ferramenta de leitura do conceito de papel social, desenvolvido por Horkheimer e Adorno, o poema denuncia os males sociais decorrentes da exploração nas relações de trabalho. Seu efeito estético se concretiza por um trabalho expressivo com a linguagem, que constrói uma visão sobre a sociedade: uns vivem uma vida miserável para que outros possam adoçar seu café. Ao mesmo tempo em que denuncia o problema, o eu lírico faz parte dele. Apesar de consciente do processo de exploração dos trabalhadores, o eu lírico faz parte de uma parcela privilegiada da sociedade: a dos consumidores, de boa condição social.

Nesta xilogravura (técnica de gravura em relevo sobre madeira) do estadunidense radicado em Porto Rico Rafael Tufiño (1922-2008), a figura do trabalhador confunde-se com a paisagem. Seus braços e pernas têm os mesmos contornos que as folhas da cana, assim como o facão que ele empunha, e seu rosto esconde-se atrás do chapéu. Desse modo, reforça-se a ideia de uma "identidade" (ou ausência dela) construída no trabalho, de uma figura anônima que se deixa perceber apenas como parte do processo produtivo da cana-de-açúcar.

TUFIÑO, Rafael. *Cortador de cana*, 1950-51. Xilogravura, 35,5 cm × 25,4 cm. El Museo del Barrio, Nova York, EUA.

Sua leitura

Leia a seguir um poema do dramaturgo alemão Bertold Brecht (1898-1956).

Não desperdicem um só pensamento

Não desperdicem um só pensamento
Com o que não pode mudar!
Não levantem um dedo
Para o que não pode ser melhorado!
Com o que não pode ser salvo
Não vertam uma lágrima! Mas
O que existe distribuam aos famintos
Façam realizar-se o possível e esmaguem
Esmaguem o patife egoísta que lhes atrapalha os
[movimentos
Quando retiram do poço seu irmão, com as cordas
[que existem em abundância.
Não desperdicem um só pensamento com o que
[não muda!
Mas retirem toda a humanidade sofredora do poço
Com as cordas que existem em abundância!

BRECHT, Bertold. *Poemas 1913-1956*. Trad. Paulo Cesar Souza. São Paulo: Brasiliense, 1986. p. 97.

Denise Fraga na montagem da peça *A alma boa de Setsuan*, de Bertold Brecht, em 2008. No Brasil, o escritor ficou mais conhecido por suas peças e pela sua teoria sobre o "teatro épico", que, em oposição ao teatro dramático, tem por pressuposto o "efeito de distanciamento". Para Brecht, ao contrário de levar o espectador a se identificar com as personagens interpretadas, o teatro deve tornar evidentes os seus artifícios cênicos e seu caráter ideológico.

Sobre o texto

1. O poema apresenta a imagem de um "poço" de onde pode ser retirada a "humanidade sofredora". O que o poço representa no contexto do poema?
2. Esse poema foi escrito em meados do século XX.
   a) O que se pode supor sobre a realidade social daquela época?
   b) Qual é a postura do eu lírico diante dessa realidade?
3. Em sua opinião, a "denúncia" feita pelo eu lírico se aplica aos dias de hoje? Explique.
4. Em que medida o poema lido se aproxima do gênero lírico?
5. Para Brecht, a arte deve ser revolucionária, ou seja, deve levar as pessoas à reflexão e à ação transformadora. Tomando como referência essa afirmação, quem seria o suposto leitor a quem o poema de Brecht se dirigiria?

O que você pensa disto?

Ao longo deste capítulo, você tomou contato com textos literários bastante variados, alguns com claras preocupações sociais, outros mais voltados à expressão subjetiva de emoções e sentimentos individuais. O papel da arte na sociedade é um tema polêmico, que divide a opinião de artistas, críticos e público entre dois polos: a arte deve atuar como elemento transformador da realidade, mobilizando as pessoas para lutar contra as injustiças e desigualdades, ou basta ser fonte de fruição estética e entretenimento?

- E para você, a arte deve, necessariamente, ser engajada ou a "arte pela arte" também se justifica na sociedade contemporânea?

A artista francesa Dominique Gonzalez-Foerster trabalha o conceito de "nomadismo cultural". Em *Desert Park*, obra instalada no Instituto Inhotim (Brumadinho, MG), pontos de ônibus de concreto, objetos típicos da mobília urbana, perdem seu sentido ao serem deslocados para a área de floresta tropical.

Ferramenta de leitura

O ser humano em "estado de natureza"

LACRETELLE, Edouard. *Jean-Jacques Rousseau*, século XIX. Óleo sobre tela, 64 cm × 53 cm. Museu Nacional do Castelo e dos Trianons, Versalhes, França.

O filósofo franco-suíço Jean-Jacques Rousseau (1712-1778) é considerado um dos mais importantes pensadores do século XVIII. Em 1749, conquistou o primeiro lugar no concurso da Academia de Dijon, dissertando sobre a seguinte questão: "O restabelecimento das ciências e das artes terá contribuído para aprimorar os costumes?". O tema proposto pela academia reflete bem o pensamento ocidental do século XVIII. Naquela época, a cultura humanista introduzida pelo Renascimento estava no auge. Entre outras coisas, esse movimento intelectual supervalorizava o conhecimento racional e via na cultura o caminho para o desenvolvimento das potencialidades do ser humano.

No "Discurso sobre as ciências e as artes", como ficou conhecido esse seu ensaio, Rousseau surpreendeu a Academia de Dijon, ao defender que razão não era sinônimo de virtude. Para ele, o "verniz" da pessoa culta e letrada não a tornava mais virtuosa do que a pessoa rústica e simples. Pelo contrário, Rousseau argumentou que os "costumes naturais" deixavam ver mais claramente o verdadeiro caráter dos seres humanos.

Foi nesse discurso que Rousseau esboçou pela primeira vez a ideia de um ser humano "em estado de natureza", anterior à existência do pensamento racional. Essa ideia, desenvolvida posteriormente em outros escritos, daria origem ao tema central de seu sistema filosófico: o ser humano é naturalmente bom, mas a sociedade o corrompe.

Esse ser, ainda sem razão e vivendo separado de seus semelhantes, conforme o pensamento de Rousseau, tornou-se conhecido na história da filosofia como "o bom selvagem". Ele é imaginado pelo filósofo sempre próximo à natureza, sem nenhum interesse além da pura satisfação de suas necessidades, como se pode perceber neste trecho de outro ensaio:

> [...] Sua imaginação nada lhe descreve, o coração nada lhe pede. Suas módicas necessidades encontram-se com tanta facilidade ao alcance da mão e encontra-se ele tão longe do grau de conhecimento necessário para desejar alcançar outras maiores que não pode ter nem previdência, nem curiosidade. O espetáculo da natureza, por muito familiar, torna-se-lhe indiferente; é sempre a mesma ordem, são sempre as mesmas revoluções; não possui espírito para espantar-se com as maiores maravilhas e não é nele que se deve procurar a filosofia de que o homem tem necessidade para saber observar por uma vez o que sempre viu.
>
> ROUSSEAU, Jean-Jacques. *Discurso sobre a origem e os fundamentos da desigualdade entre os homens.* São Paulo: Nova Cultural, 1999. p. 66-67 (Coleção Os Pensadores, v. 2).

Sétima arte

O menino selvagem (França, 1970)
Direção de François Truffaut

Um garoto é encontrado em um bosque no sul da França, em 1798, após passar cerca de sete anos vivendo entre animais selvagens. Supostamente abandonado ou separado de sua família antes de adquirir a linguagem verbal, Victor de Aveyron (interpretado por Jean-Pierre Cargol) desconhecia os costumes humanos e não apresentava nenhum traço de sociabilidade.

A educação do menino tornou-se ponto de honra para Jean Itard, professor de surdos-mudos. O filme retrata o drama de uma criatura que, por duas vezes arrancada do seu ambiente "familiar", não encontra mais seu lugar nem entre os seres humanos, nem entre os animais.

Histórias como essas sempre despertaram o fascínio do público, trazendo à tona a discussão sobre o que, de fato, nos confere a nossa humanidade.

Victor de Aveyron (Jean-Pierre Cargol) e Jean Itard (François Truffaut) em cena do filme *O menino selvagem*. Fotografia de 1969.

Leia agora um poema de Alberto Caeiro, um dos heterônimos do português Fernando Pessoa. Em seguida, responda às questões propostas.

II

O meu olhar é nítido como um girassol.
Tenho o costume de andar pelas estradas
Olhando para a direita e para a esquerda,
E de vez em quando olhando para trás...
E o que vejo a cada momento
É aquilo que nunca antes eu tinha visto,
E eu sei dar por isso muito bem...
Sei ter o pasmo essencial
Que tem uma criança se, ao nascer,
Reparasse que nascera deveras...
Sinto-me nascido a cada momento
Para a eterna novidade do Mundo...

Creio no mundo como um malmequer,
Porque o vejo. Mas não penso nele
Porque pensar é não compreender...
O Mundo não se fez para pensarmos nele
(Pensar é estar doente dos olhos)
Mas para olharmos para ele e estarmos de acordo...

Eu não tenho filosofia: tenho sentidos...
Se falo na Natureza não é porque saiba o que ela é,
Mas porque a amo, e amo-a por isso,
Porque quem ama nunca sabe o que ama
Nem sabe por que ama, nem o que é amar...

Amar é a eterna inocência,
E a única inocência não pensar...

Pessoa, Fernando. O guardador de rebanhos. In: *Obra poética*. Rio de Janeiro: Nova Aguilar, 2001. p. 204-205.

Sobre o texto

1. No poema, o eu lírico compara a nitidez de seu olhar a um girassol. O que lhe permite aproximar esses dois elementos?
2. A atitude do eu lírico diante das coisas do mundo assemelha-se à da criança ao nascer, mas apresenta uma diferença. Que atitude é essa e no que ela se diferencia da do recém-nascido?
3. Na segunda estrofe do poema, o eu lírico contrapõe o "ver" ao "pensar" e afirma: "Pensar é estar doente dos olhos". O que ele parece querer dizer com isso?
4. A penúltima estrofe do poema expressa uma contradição. Explique-a.
5. O eu lírico do poema diz amar a natureza. Ao declarar esse sentimento, de quem ele se aproxima mais: do "bom selvagem" de Rousseau ou do próprio Rousseau? Justifique sua resposta.
6. Considerando suas respostas à questão anterior, responda: É possível ser um "homem em estado de natureza"?

Repertório

Caeiro e Morandi: um mundo pré-industrial

Alberto Caeiro observa uma natureza virgem, que não foi alterada pela industrialização, e se propõe a interagir com ela somente com os sentidos, renunciando à interação mediada pela racionalidade. Ao ignorar a industrialização e a racionalidade, o eu lírico coloca-se num mundo que já não existia mais no período em que viveu Fernando Pessoa.

Sob esse aspecto, Alberto Caeiro pode ser aproximado ao pintor italiano Giorgio Morandi (1890-1964), que, embora tenha vivido numa Europa quase plenamente industrializada, preferiu privilegiar em suas naturezas-mortas objetos produzidos artesanalmente. Por isso os objetos que ele retrata são rústicos, têm contornos indefinidos, fogem à padronização dos objetos fabricados em série. Sintomaticamente, a arte de Morandi teve pouca receptividade nos Estados Unidos, país líder da industrialização do século XX, ao passo que foi muito bem aceita no Brasil, onde a produção artesanal ainda predominava em muitas regiões até a década de 1950.

Morandi, Giorgio. *Natureza-morta*, 1939. Óleo sobre tela, 44 cm × 51,4 cm. Museu de Arte Contemporânea da USP, São Paulo.

Entre textos

As obras literárias dialogam o tempo todo com textos de outros lugares e tempos.

Um elemento explorado frequentemente pelos poetas é o mar. Ele permite vislumbrar a multiplicidade da experiência humana refletida na literatura, sendo apresentado como tema, cenário, atmosfera, reflexo de estados interiores, símbolo de vida e de morte.

Veja, a seguir, quatro textos dos séculos XIX e XX que fazem referência ao mar a partir de formas poéticas variadas, algumas delas remetendo a tradições literárias muito antigas.

TEXTO 1

Elegia para os que ficaram na sombra do mar

Noite avançada, muita chuva no mar,
Uivos, latidos de ventos soltos, desesperados,
Vozes rezando de naufragados.

Ouço que estão batendo à minha porta.

São aqueles que vivem na escuridão do mar
São aqueles que moram com a noite no fundo do mar
E com a noite e com a chuva estão batendo à minha porta:
São piratas, são guerreiros,
São soldados que voltavam das Índias,
São frades que iam para o Japão,
São soldados, são guerreiros,
São marinheiros.

São eles que passam levados pelo vento
Ao longo dos mocambos dos pescadores;
São eles que giram como grandes e estranhas mariposas
Em torno do farol.
Sim, são eles que vão a estas horas, voando
Nas asas da chuva e da noite e das ondas do mar.

São soldados, são guerreiros
São marinheiros.

CARDOZO, Joaquim. *Poesias completas*. Rio de Janeiro: Civilização Brasileira, 1971. p. 27-28.

A **elegia** é uma forma poética que tem como elemento central o lamento por uma perda. A ideia da morte e as reflexões que se podem realizar sobre ela também surgem nos seus versos. No poema do pernambucano Joaquim Cardozo (1897-1978), esse lamento não é direcionado a uma pessoa específica, mas sim àqueles que morreram no mar. Essa elegia, escrita em 1937, resgata não só a forma poética originária dos gregos, mas também o culto à memória dos navegadores, personagens centrais de epopeias criadas na Antiguidade clássica.

Vocabulário de apoio

mocambo: moradia rústica

TEXTO 2

Oceano Nox

Junto do mar, que erguia gravemente
A trágica voz rouca, enquanto o vento
Passava como o voo dum pensamento
Que busca e hesita, inquieto e intermitente,

Junto do mar sentei-me tristemente,
Olhando o céu pesado e nevoento,
E interroguei, cismando, esse lamento
Que saía das cousas, vagamente...

Que inquieto desejo vos tortura,
Seres elementares, força obscura?
Em volta de que ideia gravitais?

Mas na imensa extensão, onde se esconde
O inconsciente imortal, só me responde
Um bramido, um queixume, e nada mais...

QUENTAL, Antero de. In: MOISÉS, Massaud. *A literatura portuguesa através dos textos*. 33. ed. São Paulo: Cultrix, 2012. p. 312.

Antero de Quental (1842-1891), poeta de Açores (arquipélago português situado no Atlântico nordeste), escolheu a forma poética do soneto para retratar o diálogo interno que o eu lírico trava diante do mar (a palavra *nox* significa "noite" ou "noturno" em latim). O **soneto** é a mais conhecida das formas líricas; é composto de 14 versos decassílabos dispostos em dois quartetos e dois tercetos; sua estrutura modelar se fixou em meados do século XIV. Nesse poema de Quental, a solidão e a angústia diante do mar podem ser também a solidão e a angústia diante da ausência de sentido da vida, que nada tem a dizer em resposta aos questionamentos do eu lírico.

Vocabulário de apoio

bramido: rugido de animal
gravitar: girar em torno de algo
intermitente: que possui intervalos, interrupções
queixume: lamento

TEXTO 3

Ismália

Quando Ismália enlouqueceu,
Pôs-se na torre a sonhar...
Viu uma lua no céu,
Viu outra lua no mar.

No sonho em que se perdeu,
Banhou-se toda em luar...
Queria subir ao céu,
Queria descer ao mar...

E no desvario seu,
Na torre pôs-se a cantar...
Estava perto do céu,
Estava longe do mar...

E como um anjo pendeu
As asas para voar...
Queria a lua do céu,
Queria a lua do mar...

As asas que Deus lhe deu
Ruflaram de par em par...
Sua alma subiu ao céu,
Seu corpo desceu ao mar...

GUIMARAENS, Alphonsus de. In: *Os cem melhores poemas brasileiros do século*. Seleção de Ítalo Moriconi. Rio de Janeiro: Objetiva, 2001. p. 45-46.

Utilizando versos em redondilha maior em cinco quartetos, o mineiro Alphonsus de Guimaraens (1870-1921) escreveu "Ismália". Construído na oposição entre céu e mar, o poema remete às dualidades corpo/alma, razão/insanidade, vida/morte, sonho/realidade. Ismália aparece como um sujeito dividido entre dois desejos opostos, que por fim convergem em um desfecho trágico, em que o mar, mais uma vez, se torna um lugar de descanso eterno.

Vocabulário de apoio

desvario: loucura
pender: inclinar
ruflar: encrespar as asas para alçar voo

TEXTO 4

É doce morrer no mar

É doce morrer no mar
Nas ondas verdes do mar

A noite que ele não veio foi,
Foi de tristeza pra mim
Saveiro voltou sozinho
Triste noite foi pra mim

É doce...

Saveiro partiu de noite, foi
Madrugada, não voltou
O marinheiro bonito
Sereia do mar levou.

É doce...

Nas ondas verdes do mar, meu bem
Ele se foi afogar
Fez sua cama de noivo
No colo de Iemanjá

CAYMMI, Dorival; AMADO, Jorge. É doce morrer no mar. Intérprete: Mônica Salmaso. In: *Iaiá*. Rio de Janeiro: Biscoito Fino, 2004. 1 CD. Faixa 12.

Os versos do baiano Jorge Amado (1912-2001) musicados por seu conterrâneo Dorival Caymmi (1914-2008) cantam a perda do amor dando voz a um eu lírico feminino. Vale lembrar que, em sua origem, a poesia lírica era entoada ao som de uma lira, instrumento de cordas, marcando a união entre a música e o poema. A referência a Iemanjá, divindade do candomblé (religião afro-brasileira), e orixá das águas salgadas, acrescenta um elemento brasileiro ao tema da morte no mar, aqui tratada de forma serena e delicada.

A cantora Mônica Salmaso regravou a canção "É doce morrer no mar" em seu CD *Iaiá*, de 2004.

Vestibular e Enem

1. **(UFG-GO)** As narrativas *O fantasma de Luis Buñel*, de Maria José Silveira, *Memorial de Aires*, de Machado de Assis, e *Memorial do fim*, de Haroldo Maranhão, usam formas extraliterárias, tais como o diário, o jornal, a carta, o bilhete e o roteiro. A presença desses recursos estilísticos propicia:
   a) criar o efeito do real no texto literário.
   b) ressaltar a relevância cultural dos enredos.
   c) fortalecer o empenho ideológico dos textos.
   d) inserir a literatura no âmbito vanguardista.
   e) valorizar o caráter informativo das obras.

(PUC-MG) As questões 2 e 3 devem ser respondidas com base no texto abaixo, extraído de *O livro das ignorãças*, do poeta mato-grossense Manoel de Barros.

> ### XIX
> O rio que fazia uma volta atrás de nossa casa
> era a imagem de um vidro mole que fazia uma
> volta atrás de casa.
> Passou um homem depois e disse: Essa volta
> que o rio faz por trás de sua casa se chama
> enseada.
> Não era mais a imagem de uma cobra de vidro
> que fazia uma volta atrás da casa.
> Era uma enseada.
> Acho que o nome empobreceu a imagem.

2. No poema, não há:
   a) expressão do ponto de vista do sujeito poético.
   b) estrutura predominantemente narrativa.
   c) emprego do discurso indireto.
   d) mistura de verso e prosa.

3. O poema aborda, metalinguisticamente, a diferença entre:
   a) denotação e conotação.
   b) metáfora e metonímia.
   c) significado e significante.
   d) linguagem coloquial e norma culta.

(PUC-MG) Para responder à questão 4, leia o texto que segue, um fragmento do conto *Os dinossauros*, do escritor Ítalo Calvino.

> ### Os dinossauros
> *Permanecem misteriosas as causas da extinção dos dinossauros, que tinham evoluído e crescido durante todo o Triássico e o Jurássico, e foram por cento e cinquenta milhões de anos os dominadores incontestáveis dos continentes. Talvez fossem incapazes de se adaptar às grandes alterações do clima e das vegetações que ocorreram no Cretáceo. No fim daquela era haviam todos desaparecido.*

> Todos menos eu, precisou Qfwfq, porque fui também, em certo período, dinossauro – digamos, durante uns cinquenta milhões de anos; e não me arrependo: ser dinossauro naquela época era ter consciência de ser justo, fazendo-se respeitar. Depois a situação mudou, é inútil que lhe conte as particularidades; começaram os aborrecimentos de toda a espécie, desconfianças, erros, dúvidas, traições, pestilências. Uma nova população crescia na Terra, e era nossa inimiga. Caíam-nos em cima vindos de todos os lados e não havia modo de escapar. Andavam a dizer agora que o gosto do declínio, a paixão de sermos destruídos, faziam parte de nosso espírito de dinossauros desde o princípio. Não sei: eu nunca provei tal sentimento, se os outros o tinham, é porque já se sentiam perdidos.
> Prefiro não deixar a memória voltar à época da grande mortandade. Nunca pensei que dela pudesse escapar. A longa migração que me pôs salvo, eu realizei através de um cemitério de carcaças descarnadas, em cujo solo um cocurito, ou um chifre, ou uma lâmina da couraça, ou um frangalho de pele da escamada lembrava o antigo esplendor do ser vivente. E ao lado desses restos trabalhavam os bicos, as presas, as patas, as ventosas dos novos senhores do planeta. Quando não vi mais traços nem de vivos, nem de mortos, parei.
> Naqueles altiplanos desertos passei muitos e muitos anos. Tinha sobrevivido às emboscadas, às epidemias, à inanição, ao gelo, mas estava só. Não podia continuar lá no alto para sempre. Pus-me a caminho para descer.
>
> CALVINO, Ítalo. Os dinossauros. In: *As cosmicômicas*. São Paulo: Companhia das Letras, 1992. p. 95-113.

4. Todas as considerações sobre o conto podem ser interpretadas como corretas, exceto:
   a) O conto é introduzido por uma epígrafe de teor científico, que aborda o que virá a ser a narrativa, mas esta acaba por ignorar a sua explicação objetiva para dar uma abordagem mágica e fantástica ao fenômeno narrado.
   b) O conto tem como pano de fundo a origem do universo e o desenvolvimento dos primeiros seres terrestres. O narrador personagem é um ser cósmico, pois viveu no universo, antes mesmo da criação de qualquer planeta ou galáxia.
   c) O herói Qfwfq é um dinossauro, que se apresenta na pele de um único membro dos primeiros vertebrados terrestres.
   d) Qfwfq, como narrador, se desenha como uma testemunha ocular das teorias científicas e antropomórficas do surgimento de tudo.

5. (UEM-PR) Tendo em vista os gêneros literários, assinale o que for correto.

01) Uma das principais características do gênero lírico é a tendência à objetividade, encontrada na expressão do mundo exterior por parte de um eu lírico que dele não participa.
02) No gênero épico, verifica-se um distanciamento entre sujeito e objeto, e o mundo representado é trabalhado por meio de categorias como tempo, espaço, personagem, foco narrativo e enredo.
04) Uma vez que "drama" equivale à "ação", o gênero dramático caracteriza-se por obras feitas para serem encenadas (no caso, a encenação das ações das personagens no palco), de modo que o espetáculo é um dos elementos fundamentais desse gênero.
08) O soneto, cuja composição pressupõe o acompanhamento musical e a participação do coro, é um dos elementos expressivos do espetáculo teatral.
16) Apesar de cada gênero literário possuir características próprias, de modo que seja possível separá-los, essa separação não é precisa, havendo obras em que são notados elementos de mais de um gênero.

6. (Enem)

> Gênero dramático é aquele em que o artista usa como intermediária entre si e o público a representação. A palavra vem do grego *drao* (fazer) e quer dizer ação. A peça teatral é, pois, uma composição literária destinada à apresentação por atores em um palco, atuando e dialogando entre si. O texto dramático é complementado pela atuação dos atores no espetáculo teatral e possui uma estrutura específica, caracterizada: 1) pela presença de personagens que devem estar ligados com lógica uns aos outros e à ação; 2) pela ação dramática (trama, enredo), que é o conjunto de atos dramáticos, maneiras de ser e de agir das personagens encadeadas à unidade do efeito e segundo uma ordem composta de exposição, conflito, complicação, clímax e desfecho; 3) pela situação ou ambiente, que é o conjunto de circunstâncias físicas, sociais, espirituais em que se situa a ação; 4) pelo tema, ou seja, a ideia que o autor (dramaturgo) deseja expor, ou sua interpretação real por meio da representação.
> COUTINHO, A. *Notas de teoria literária*. Rio de Janeiro: Civilização Brasileira, 1973. Adaptado.

Considerando o texto e analisando os elementos que constituem um espetáculo teatral, conclui-se que

a) a criação do espetáculo teatral apresenta-se como um fenômeno de ordem individual, pois não é possível sua concepção de forma coletiva.
b) o cenário onde se desenrola a ação cênica é concebido e construído pelo cenógrafo de modo autônomo e independente do tema da peça e do trabalho interpretativo dos atores.
c) o texto cênico pode originar-se dos mais variados gêneros textuais, como contos, lendas, romances, poesias, crônicas, notícias, imagens e fragmentos textuais, entre outros.
d) o corpo do ator na cena tem pouca importância na comunicação teatral, visto que o mais importante é a expressão verbal, base da comunicação cênica em toda a trajetória do teatro até os dias atuais.
e) a iluminação e o som de um espetáculo cênico independem do processo de produção/recepção do espetáculo teatral, já que se trata de linguagens artísticas diferentes, agregadas posteriormente à cena teatral.

7. (PUC-RJ)

> ### Recordação
>
> Agora, o cheiro áspero das flores
> leva-me os olhos por dentro de suas pétalas.
>
> Eram assim teus cabelos;
> tuas pestanas eram assim, finas e curvas.
>
> As pedras limosas, por onde a tarde ia aderindo,
> tinham a mesma exalação de água secreta,
> de talos molhados, de pólen,
> de sepulcro e de ressurreição.
>
> E as borboletas sem voz
> dançavam assim veludosamente.
>
> Restitui-te na minha memória, por dentro das
> [flores!
> Deixa virem teus olhos, como besouros de ônix,
> tua boca de malmequer orvalhado,
> e aquelas tuas mãos dos inconsoláveis mistérios,
> com suas estrelas e cruzes,
> e muitas coisas tão estranhamente escritas
> nas suas nervuras nítidas de folha,
> — e incompreensíveis, incompreensíveis.
>
> MEIRELES, Cecília. *Obra poética*. Rio de Janeiro: José Aguilar Editora, 1972. p. 154.

O poema de Cecília Meireles caracteriza-se pela visão intimista do mundo, a presença de associações sensoriais e a aproximação do humano com a natureza. A memória é a fonte de inspiração do eu poético. A partir dessas afirmações, determine o gênero literário predominante no texto, justificando sua resposta com suas próprias palavras.

UNIDADE

2

O Trovadorismo

Nesta unidade

- 3 O Trovadorismo – um mundo de cantores e cavaleiros
- 4 O Trovadorismo em Portugal

As imagens representam o rei Luís IX (1214-1270) da França em várias situações. Na imagem superior esquerda, o rei é instruído por um monge. Ao lado, uma cena sobre seu nascimento, na qual ele aparece representado com uma auréola. No canto inferior esquerdo, Luís IX faz uma demonstração de humildade ao lavar os pés de pessoas pobres. Finalmente, no canto inferior direito, ele oferece alimento ao monge de Royaumont, enfermo de lepra. A primeira e a última cenas exemplificam a estreita relação entre a Igreja e o poder monárquico na Idade Média.

Grandes crônicas da França (detalhe de iluminura), c. 1375-1380. Têmpera sobre papel, 35 cm × 24 cm. Biblioteca Nacional, Paris, França.

A literatura apresentada nesta unidade desenvolveu-se durante o período medieval e contém vários traços que permaneceram na cultura ocidental.

A Idade Média foi um tempo de reis e cavaleiros, de princesas e guerras santas, figuras e ações que inspiraram as narrativas denominadas novelas ou romances de cavalaria.

As novelas de cavalaria – em seus três grandes ciclos (o ciclo clássico, com temas da Antiguidade; o ciclo arturiano, com o rei Arthur e seus cavaleiros; e o ciclo carolíngeo, com o rei Carlos Magno e seus pares) – difundiram o código de honra dos cavaleiros, em narrativas que idealizavam a conduta e os atos de heroísmo de suas personagens.

Foi também um período de florescimento de uma poesia lírica que forneceu a base para toda a produção literária europeia posterior, ao tornar o sentimento amoroso um dos temas preferenciais da poesia.

Essa poesia lírica manifestou-se na chamada cantiga trovadoresca: nas cantigas de amor, em que o eu lírico confessava seu amor a uma mulher, e nas cantigas de amigo, nas quais o eu lírico assumia emoções sob uma perspectiva feminina. Uma poética não lírica, de crítica social, motivou as cantigas satíricas.

CAPÍTULO 3

O Trovadorismo – um mundo de cantores e cavaleiros

O que você vai estudar

- Cruzadas e cavaleiros.
- Feudalismo.
- Poesia lírica e poesia satírica.
- Cantigas lírico-amorosas.
- Versatilidade do poeta-trovador.
- Vassalagem amorosa.

As manifestações estéticas do século XII foram fundamentais para a cultura artística e literária da Europa moderna. São dessa época a primeira poesia que narra as aventuras de cavaleiros, as primeiras construções góticas – caracterizadas pelos arcos em forma de ogiva –, e os primeiros vitrais, entre outras coisas.

Nesse momento, muitas obras literárias passaram a ser compostas nas chamadas línguas modernas (português, espanhol, francês e inglês, entre outras). Até então, as obras eram escritas em latim, língua do Império Romano. A formação das línguas modernas ocorreu com a mistura do latim com outras línguas, como a dos povos que invadiram esse Império.

Sua leitura

Os dois textos a seguir estabelecem um diálogo entre si. Produzidos a partir de uma mesma visão de mundo, eles contemplam duas faces do sentimento amoroso bastante característico da produção medieval.

O abraço amoroso

ALTSTETTEN, Konrad von. *O abraço amoroso* (detalhe), c. 1310-1340. Têmpera sobre papel, 35 cm × 25 cm. Codex Manesse. Biblioteca da Universidade de Heidelberg, Alemanha.

O Codex Manesse é um conjunto encadernado de manuscritos, que contém poemas e ilustrações. Foi produzido entre 1304 e 1340 por encomenda da família Manesse, da cidade de Zurique. Constitui a mais completa compilação de cantigas de amor germânicas da Idade Média.

Para nada serve cantar

Chantars no pot gaire valer,
si d'ins dal cor no mou lo chans;
ni chans no pot dal cor mover,
si no i es fin'amors coraus.
Per so es mos chantars cabaus
qu'en joi d'amor ai et enten
la boch'e.ls olhs e.l cor e.l sen.
[...]
En agradar et en voler
es l'amors de dos fis amans.
Nula res no i pot pro tener,
si. lh voluntatz non es egaus.
E cel es be fols naturaus
que, de so que vol, la repren
e.lh lauza so que no.lh es gen.

Mout ai be mes mo bon esper,
cant cela.m mostra bels semblans
qu'eu plus dezir e volh vezer;
francha, doussa, fin'e leiaus,
en cui lo reis seria saus.
Bel'e conhd', ab cors covinen,
m'a faih ric ome de nien.

Re mais no.n am ni sai temer;
ni ja no.m seri'afans,
sol midons vengues a plazer;
c'aicel jorns me sembla Nadaus
c'ab sos bels olhs espiritaus
m'esgarda; mas so fai tan len
c'us sols dias me dura cen!

Lo vers es fis e naturaus
e bos celui qui be l'enten;
e melher es, qui.l joi aten.

Bernartz de Ventadorn l'enten,
e.l di e.l fai, e.l joi n'aten!

[tradução]
Para nada serve cantar,
se o canto não parte do fundo do coração;
e, para que o canto venha do fundo do coração,
é necessário que aí dentro exista um verdadeiro amor.
E é por isso que minha poesia é perfeita,
pois para o gozo pleno do amor emprego
a boca, os olhos, o coração e a inteligência.
[...]
Em agradar e querer
é que reside o amor de dois amantes gentis.
Proveito algum poderá advir,
se as vontades não forem semelhantes.
E muito estúpido será, por índole,
aquele que a repreenda por aquilo que ela deseja,
ou aprecie o que a ela desagrada.

Em boas direções tenho posto as minhas esperanças,
quando ela me mostra belos sorrisos
que cada vez mais ambiciono e quero admirar;
liberal, generosa, leal e dedicada,
que a um rei haveria de fazer feliz.
Formosa, gentil, com um corpo bem proporcionado,
que de pobre que era me fez um homem rico.

Não amo, nem sei temer, que não seja a ela;
nada me seria trabalhoso,
contando que lhe proporcionasse prazer;
pois me parece Natividade o dia
em que seus olhos espirituais e belos
me contemplam; porém faz ela assim tão raras vezes comigo,
que um dia apenas me parece cem!

A canção é autêntica e sincera,
capaz de honrar àquele que a compreenda bem;
mas melhor é para aquele que aguarda as alegrias do amor.

Bernart de Ventadorn a entende,
compõe, declama e espera essa alegria suprema!

VENTADORN, Bernart de. In: SPINA, Segismundo. *A lírica trovadoresca*. 3. ed. São Paulo: Edusp, 1991. p. 133-134 (Coleção Texto & Arte).

Sobre os textos

1. Na imagem "O abraço amoroso", que significados pode ter o roseiral que compõe o cenário?

2. Na imagem, a mulher ocupa um papel importante. O que há de incomum na forma como foi representada?

3. Logo na primeira estrofe do poema "Para nada serve cantar", o eu lírico anuncia que sua poesia "é perfeita", pois para fazê-la ele emprega "a boca, os olhos, o coração e a inteligência". Explique os possíveis significados desses elementos em um poema amoroso.

4. No poema, o eu lírico descreve a amada sob diferentes aspectos.
   a) Agrupe os aspectos descritos em duas categorias: características físicas e características psicológicas.
   b) O que se pode concluir sobre a opinião que o eu lírico tem da amada?

5. Compare a mulher retratada na imagem com aquela descrita no poema e diga qual a característica comum a ambas.

❯ O contexto de produção

Os séculos que compõem a chamada Idade Média apresentam aspectos bastante diferentes entre si. Ocorreram fatos muito diversos no período, tais como a dissolução da estrutura de poder herdada do Império Romano, a ascensão da Igreja católica, o feudalismo e o ressurgimento do modo de produção mercantil.

❯ O contexto histórico

A Idade Média teve início com a queda do Império Romano em 476 d.C., devido à invasão de povos, em sua maioria germânicos, considerados **bárbaros** (denominação das populações que não falavam o latim). Os povos germânicos se estabeleceram em várias regiões do continente europeu, misturando-se às populações que antes estavam sob a influência romana.

Entre os séculos IX e X surgiram os primeiros **feudos**, um sistema de organização econômica e social que protegia as povoações assentadas em torno de terras produtivas. De um lado, essa forma de ocupação da terra garantia a proteção militar dos trabalhadores rurais (chamados servos) contra invasões e saques; de outro, porém, tornava mais poderoso o senhor feudal, que oferecia essa proteção. Esses senhores estabeleciam com seus protegidos um pacto de obediência denominado **vassalagem**.

A ilustração ao lado retrata Albrecht von Rapperswil (vestido de amarelo), nobre suíço que viveu entre os séculos XIII e XIV, disputando um torneio de cavalaria. A imagem e três canções atribuídas a Rapperswil, que também era um trovador, fazem parte do Codex Manesse.

ALTSTETTEN, Konrad von. *Albrecht von Rapperswil no torneio*, c. 1310-1340. Têmpera sobre papel, 35 cm × 25 cm. Codex Manesse. Biblioteca da Universidade de Heidelberg, Alemanha.

Entre os séculos XI e XIII, travaram-se as lutas das **Cruzadas**, guerras religiosas que opunham os cristãos europeus aos muçulmanos. A justificativa inicial era reconquistar Jerusalém, considerada Terra Santa pelos cristãos, mas as Cruzadas envolveram muitos outros aspectos, como a intenção de apoderar-se do controle de importantes rotas de comércio, então dos muçulmanos.

❯ O contexto cultural

Foi no contexto das Cruzadas que o **cavaleiro** se consolidou como figura marcante do imaginário medieval, principalmente no norte da Europa. O cavaleiro foi se configurando como a personificação dos valores da nobreza feudal. Além da coragem e da bravura indispensáveis a um guerreiro, deveria ser fiel, ter amor servil e ser gentil – o que dá origem ao sentido até hoje utilizado da palavra *cavalheirismo*. O código de honra dos cavaleiros medievais também contemplava o compromisso com normas de conduta, tais como a proteção de fracos e indefesos, embora isso nem sempre fosse praticado.

As Cruzadas, que mobilizaram multidões durante mais de dois séculos, também são uma das marcas da importância social e política da Igreja católica na Idade Média, que se reflete claramente na cultura.

A fim de propagar a doutrina cristã, a Igreja católica foi uma grande produtora e fomentadora da arte, que se manifestava das mais variadas formas: na decoração de igrejas ou mosteiros, na construção de vitrais, na pintura de imagens bíblicas para uma população iletrada, na definição de estilos arquitetônicos, na cópia manuscrita de obras da cultura antiga e na criação das primeiras formas musicais cantadas por monges e coros de leigos.

Sétima arte

***Cruzada* (EUA, 2005)**
Direção de Ridley Scott

No século XIII, após perder o filho e a esposa em condições trágicas, o jovem ferreiro Balian descobre que é filho de um nobre cavaleiro. Decide acompanhar seu pai até Jerusalém em busca de redenção e lá protagoniza uma luta para defender a Terra Santa de uma investida muçulmana. Baseada em fatos e personagens reais, a narrativa épica retrata o período das Cruzadas com bastante liberdade. Ainda assim, ajuda o espectador a reconstruir a atmosfera em que viveram os cavaleiros medievais.

Cena do filme *Cruzada*, mostrando os cavaleiros em ação.

> ## O contexto literário

A literatura produzida no período medieval distribui-se em dois grandes grupos de obras: as **novelas de cavalaria** e a **poesia trovadoresca** (ou **Trovadorismo**). Os cavaleiros portadores de elevados ideais são os protagonistas das novelas de cavalaria, que foram produzidas no norte da Europa e traduzidas para o português. Essas novelas serão estudadas no próximo capítulo. Na língua portuguesa, a originalidade literária manifestou-se na poesia trovadoresca, detalhada a seguir.

O sistema literário do Trovadorismo

Uma característica importante da literatura do período medieval é sua relação com a música. A poesia lírica que se desenvolveu nessa época era feita para ser cantada.

Os **trovadores**, produtores dessa poesia, levavam sua arte tanto para a corte quanto para as áreas rurais. Tinham como característica principal a versatilidade: cada trovador era cantor, poeta, muitas vezes dançarino e até ator. Produziam, assim, diversas formas de entretenimento. Trabalhando para gerar um efeito de surpresa, encantamento e divertimento em seu público, sobretudo em ocasiões especiais como as feiras, os trovadores também funcionavam como elos entre comunidades distantes, levando notícias que mal atravessariam os limites do feudo sem a sua intervenção.

Tematicamente, a produção poética do período possuía basicamente duas frentes: a lírica e a satírica.

Na **poesia lírica** os valores sentimentais prevalecem. A relação amorosa explorada pela poesia trovadoresca apresenta o eu lírico na posição de "servo amoroso" da amada, chamada de Senhora. Nesse tipo de relacionamento amoroso, conhecido como **amor cortês**, o eu lírico submete-se completamente às vontades e aos desejos de sua amada.

Na **poesia satírica**, o eu lírico debocha de comportamentos sociais generalizados ou ataca uma pessoa específica da comunidade, devidamente identificada no poema.

Essa produção literária era ouvida (lembremos de sua relação com a música) por nobres, sobretudo nas cortes, e plebeus, nos espaços públicos. Ocorria de a poesia ser cantada por vários trovadores, às vezes acompanhada de danças. Nesse sentido, a *performance* da poesia ultrapassava a simples recitação.

Acredita-se que apenas uma pequena parte das cantigas da época é conhecida, pois elas eram executadas sem o compromisso de serem registradas. Muitas foram transmitidas apenas pela tradição oral, e poucos escritos restaram sobre a música que fazia parte dessa modalidade poética.

> ### Vale saber
>
> Assim como a poesia trovadoresca, a **literatura de cordel** no Brasil do século XX era inicialmente oral e, posteriormente, migrou também para a modalidade escrita. Os cordelistas, ainda hoje, recitam suas produções acompanhados de instrumentos musicais.

A figura ao lado representa dois trovadores com seus instrumentos, em um cenário simples, composto apenas de um fundo geométrico e de um banco que serve de apoio para um dos trovadores. A simplicidade do cenário faz com que a atenção se concentre na imagem dos artistas.

GUENOUN, Joëlle. *Jograis*, c. 1280. Têmpera sobre papel. Biblioteca do Monastério del Escorial, Madri, Espanha.

Uma leitura

A seguir, uma leitura possível de um poema composto no período medieval. Repare que a língua em que o poema foi escrito se assemelha bastante ao português que conhecemos e utilizamos. Trata-se do galego-português, língua falada durante a Idade Média nas regiões da Galiza (Espanha) e de Portugal.

> O início da cantiga descreve a Senhora: formosa, educada e honrada. Foi Deus que a fez, segundo o eu lírico, o que acentua sua perfeição.

Preguntar-vos quero por Deus,
Senhor fremosa, que vos fez
mesurada e de bon prez,
que pecados foron os meus
    que nunca teveste por ben
    de nunca mi fazerdes ben.

> O esquema métrico no poema é constante, obedecendo a uma estrutura regular. Essa regularidade também se deve ao fato de o poema ter sido feito para ser cantado: a constância rítmica favorece a execução do poema musicado.

Pero sempre vos soub'amar,
des aquel dia que vos vi,
mais que os meus olhos en mi,
e assin o quis Deus guisar,
    que nunca tevestes por ben
    que nunca mi fazerdes ben.

> O amor eterno e incondicional, típico da lírica amorosa do período, está representado na reiteração da ideia da "paixão à primeira vista", nos versos 1 e 2 da segunda e terceira estrofes.

1. O refrão desta cantiga indica o modo pelo qual o eu lírico se relaciona com sua amada. Como você descreveria essa relação?

Des que vos vi, sempr' o maior
ben que vos podia querer
vos quigi, a todo meu poder,
e pero quis Nostro Senhor
    que nunca tevestes por ben
    que nunca mi fazerdes ben.

2. A conclusão da cantiga se faz por meio de uma alteração no refrão que acompanha as três estrofes anteriores. Que sentido esse recurso acrescenta ao poema?

Mais, senhor, ainda con ben
se cobraria ben por ben.

D. DINIS. In: SPINA, Segismundo. *A lírica trovadoresca.* 3. ed. São Paulo: Edusp, 1991. p. 308 (Coleção Texto & Arte).

Vocabulário de apoio

de bon prez: honrada, estimada
guisar: arranjar, encaminhar, providenciar
mesurado: educado, amável
quigi: quis (querer, na 1ª pess. do sing., pret. perf. do indicativo)

Repertório

As iluminuras

A reprodução ao lado mostra uma iluminura, forma artística bastante característica da Idade Média. Ela consiste em ornamentar páginas que contenham texto ou representações pictóricas (ou ambas as expressões, como neste caso) com arabescos, miniaturas, letras capitulares, etc., às vezes utilizando materiais como ouro ou prata fundidos.

Bíblia do rei Venceslau (1389-1414). Têmpera sobre papel, 53 cm × 36,5 cm. Biblioteca Nacional da Áustria, Viena, Áustria.

Ler o Trovadorismo

Leia a seguir uma cantiga de temática amorosa, transcrita em sua língua original (galego-português) e acompanhada da tradução. Observe o que o eu lírico diz, a quem se dirige e a maneira como a cantiga é composta formalmente, anotando o que mais lhe chamar a atenção.

Mui gran temp'a, par Deus, que eu non vi
quen de beldade vence toda ren
e se xe m'ela queixasse poren,
gran dereit'é, ca eu o mereci,
e ben me pode chamar desleal
de querer eu, nen por ben nen por mal,
viver com'ora sen ela vivi.

E pois que me de viver atrevi
sen a veer, en que fiz mui mal sen,
dereito faz, se me mal talan ten,
por tal sandice qual eu cometi.
E com tal coit'e tan descomunal,
se me Deus ou sa mesura non val,
defenson outra non tenh'eu por mi.

Ca daquel dia en que m'eu parti
da mia senhor, e meu lume e meu ben,
porque o fiz, a morrer me conven,
pois vivo tanto, sen tornar ali,
u ela é. Se por én sanha tal
filhou de min e me sa mercee fal,
ai eu cativo! Eror [é] que naci.

[tradução]
Há muito tempo, meu Deus, não vejo
aquela que triunfa sobre todas as coisas pela beleza;
e se ela tem queixas de mim,
é um direito que lhe assiste, pois bem o mereço,
e até pode considerar-me desleal
por viver, sem mais nem menos,
longe dela como tenho vivido.

E uma vez que ousei viver
sem vê-la — loucura minha —,
é com razão que ela julgue mal de mim,
da insensatez que cometi.
E, vítima de uma angústia passional sem limites,
amparo nenhum terei se Deus
ou sua mesura não vier em meu socorro.

Pois desde o dia que me fui
de minha Dama — meu lume e minha vida —,
mereço a morte por havê-lo feito,
por viver tanto tempo sem retornar para o lugar
onde ela mora. E agora, se sobre minha cabeça
pesam o seu rancor e o seu desprezo,
desgraçado de mim! O meu erro é ter nascido.

D. Tristan. In: Spina, Segismundo. *A lírica trovadoresca*. 3. ed. São Paulo: Edusp, 1991. p. 311 (Coleção Texto & Arte).

Sobre o texto

1. Que tratamento o eu lírico dá à sua Senhora nos dois versos iniciais do poema?
2. O poema pode ser classificado como lírico-amoroso.
    a) Descreva o modo como o eu lírico se comporta em relação à amada.
    b) Como a amada reage ao comportamento do eu lírico?
3. Quais elementos possibilitam notar uma regularidade na forma da cantiga?
4. Na estrofe final, o eu lírico afirma que merece morrer por se afastar de sua amada. Qual é o efeito desse encerramento no contexto geral da cantiga?

O que você pensa disto?

O trovador medieval descreve a mulher amada como a própria imagem da perfeição. Ela é plena de virtudes físicas e psicológicas, por isso totalmente merecedora da vassalagem que lhe presta o trovador.

- Essa visão idealizada da pessoa amada está ainda presente na cultura de nossos dias? Para responder, recorde-se de filmes, novelas e livros que você conhece. Verifique como são caracterizadas as personagens amadas e quais os motivos para amá-las apontados pelas personagens que se apaixonam.

Embora os filmes sejam classificados em diversos gêneros (aventura, romance, comédia, etc.), é frequente a presença de um par amoroso protagonista. Isso ocorre, por exemplo, no filme *500 dias com ela*, de 2009, dirigido por Marc Webb. Nessa história, é notável a crítica à estrutura básica das comédias românticas e ao tratamento idealizado dado à pessoa amada. O par romântico é vivido por Joseph Gordon-Levitt e Zooey Deschanel.

CAPÍTULO 4

O Trovadorismo em Portugal

O que você vai estudar

- Surgimento da literatura trovadoresca em Portugal.
- Cantigas lírico-amorosas e cantigas satíricas.
- Novelas de cavalaria.

❯ O contexto de produção

O conjunto de textos escritos durante o período trovadoresco em Portugal corresponde às primeiras manifestações literárias naquele país. A literatura portuguesa inicia-se, mais precisamente, no final do século XII, com a elaboração da *Cantiga da Ribeirinha*, de Paio Soares de Taveirós. Trata-se de um texto escrito em uma língua mais antiga, denominada **galego-português**. A seguir, leia a cantiga na versão original e sua tradução.

Cantiga da Ribeirinha

No mundo non me sei parelha,
mentre me for como me vai,
ca já moiro por vós — e ai!
mia senhor branca e vermelha,
queredes que vos retraia
quando vos eu vi en saia!
Mau dia me levantei,
que vos enton non vi fea!

E, mia senhor, dês aquel di', ai!
me foi a mi mui mal,
e vós, filha de don Paai
Moniz, e ben vos semelha
d'haver eu por vós guarvaia,
pois eu, mia senhor, d'alfaia
nunca de vós houve nen hei
valia d'ũa correa.

[tradução]
Não conheço ninguém no mundo igual a mim
enquanto me acontecer o que me acontece
pois eu morro por vós — ai!
Minha Senhora alva e rosada,
quereis que vos lembre
que já vos vi na intimidade?
Mau dia aquele (que vos vi sem o manto),
pois vi que não sois feia!

E, minha Senhora, desde aquele dia, ai!,
venho sofrendo de um grande mal,
e enquanto vós, filha de D. Paio Moniz,
julgais forçoso
que eu vos cubra com a "guarvaia" [manto luxuoso],
eu, minha Senhora,
de vós nunca recebi
a coisa mais insignificante.

TAVEIRÓS, Paio Soares de. Apud MOISÉS, Massaud. *A literatura portuguesa através dos textos*. 17. ed. São Paulo: Cultrix, 1988. p. 16-17.

Nessa cantiga, o eu lírico expõe seu sofrimento amoroso dirigindo-se à amada, que pertence à nobreza (é filha de dom Paio Moniz e se veste com uma vestimenta luxuosa – guarvaia – típica das cortes e, provavelmente, de cor vermelha) e não corresponde aos apelos amorosos do trovador.

O ambiente social da corte se faz visível nas cantigas. A vida nas comunidades agrícolas também se manifesta, na forma de referências a elementos naturais como fontes, riachos, animais silvestres, etc.

Entre o campo e o castelo, entre o servo e o nobre, as cantigas incorporam diretamente alguns dos principais elementos que caracterizam o sistema social do **feudalismo**.

Cenas de amor em um jardim, entalhadas em marfim. A peça compõe uma tampa de estojo de espelho francês do início do século XIV. Esses baixos-relevos refinados, que adornavam espelhos de metal polido, representavam cenas de narrativas em voga ou episódios da vida cortesã. É o caso desta imagem, que representa, entre outros costumes da época, a coroação simbólica do amante.

Autoria desconhecida. *Cenas cortesãs*, início do século XIV. Têmpera sobre papel. Museu do Louvre, Paris, França.

> Os tipos de cantiga trovadoresca

A poesia medieval portuguesa costuma ser dividida em dois grandes grupos: as **cantigas lírico-amorosas** e as **cantigas satíricas**.

O conceito do **amor cortês** é um dos aspectos mais significativos da poesia lírico-amorosa do Trovadorismo. O tema central das cantigas lírico-amorosas era o jogo amoroso, apresentado de uma perspectiva masculina ou feminina. Essa variação deve ser destacada porque corresponde a dois tipos de poemas. Quando o eu lírico expressa uma confissão amorosa do trovador a uma mulher (a Senhora), estamos diante de uma **cantiga de amor**. Se o eu lírico manifesta emoções e expectativas da realidade feminina, assumindo a posição de uma camponesa, trata-se de uma **cantiga de amigo**.

As **cantigas satíricas** desempenhavam a função de criticar comportamentos sociais ou atitudes individuais. Dividiam-se, também, em duas modalidades: as **cantigas de escárnio** e as **cantigas de maldizer**, que serão estudadas na segunda parte deste capítulo.

> As cantigas lírico-amorosas
Cantigas de amor

Nas cantigas de amor, o trovador canta o sofrimento por não ser correspondido pela mulher amada. A Senhora representada nas cantigas tem um papel de superioridade diante daquele que a ama. Em função de um grande desejo que nunca se realiza, de um amor que não se concretiza plenamente, resta ao trovador expressar suas queixas, tema que se verifica em muitas canções.

É comum nas cantigas galego-portuguesas uma **idealização constante da figura amada**. Esse aspecto influenciou grande parte da poesia lírica produzida até os dias de hoje.

Ação e cidadania

Os trovadores eram os responsáveis pela criação e difusão da poesia medieval. Artistas com muitas habilidades apresentavam as cantigas acompanhadas, muitas vezes, não apenas de instrumentos musicais, mas também de dança e atuação. Essa característica de *performance* e prática da oralidade na apresentação da poesia ganhou outras formas. Uma delas é o **sarau**, evento bastante antigo nos países de língua portuguesa, e que ficou muito comum na sociedade burguesa do século XIX. Festa com música, dança e literatura, em que poemas são declamados para os convidados, os saraus ressurgiram nos dias atuais. Expandindo-se para além dos meios mais abastados, no século XXI eles são promovidos por ONGs ou pela própria comunidade em que se realizam – muitas vezes periférica. Esses encontros, além de incentivar o acesso à literatura e à sua produção, valorizam a cultura local.

Vi eu donas, senhor, en cas d'el-rei,
fremosas e que parecian ben
e vi donzelas muitas u andei
e, mia senhor, direi-vos uã ren:
   a mais fremosa de quantas eu vi
   long'estava de parecer assi.
[...]

[tradução]
Eu vi mulheres, Senhora, no palácio
                              [do Rei
formosas e que pareciam belas
e vi muitas donzelas por onde andei
e, minha Senhora, direi-vos uma
                                [coisa:
   a mais formosa de todas que eu vi
   estava longe de parecer com você.
[...]

SANTIAGO, Joan Airas de. In: SPINA, Segismundo. *A lírica trovadoresca*. 3. ed. São Paulo: Edusp, 1991. p. 297 (Coleção Texto & Arte).

O amor cortês estipulava uma série de regras para o comportamento masculino. Algumas delas: desapegar-se das coisas mundanas em razão de seu amor pela Senhora; ocultar o nome verdadeiro da amada com pseudônimo ou imagem; não acreditar nas intrigas que a envolvam.

LIÉDET, Loyset. *O jardim do amor*, século XV. Têmpera sobre papel. Bibliothèque de L'Arsenal, Paris, França.

Além das figuras femininas, também merecem atenção as características do eu lírico, que podem variar de cantiga para cantiga e revelam aspectos específicos da vida dos trovadores.

No caso do trecho acima, há referências aos vários lugares por onde o trovador andou – como no terceiro verso –, indicando que se trata de um **trovador andarilho** (alguém que não se fixava em um único lugar). Essa mobilidade, na época pouco comum para a maioria das pessoas, possibilitava a troca de ideias e notícias entre comunidades distantes.

63

Cantigas de amigo

Nas cantigas de amigo, o trovador assume um eu lírico feminino. Desse modo, as cantigas de amigo revelam o que os trovadores pensavam ser a **visão feminina do amor**. Nelas, a mulher se queixa da ausência de seu amante; reclama das promessas que ele lhe fez; angustia-se pela falta de informações a seu respeito.

Em várias cantigas, há diálogos nos quais uma donzela compartilha seus pensamentos com outras moças, discute com sua mãe por causa do amado ou se queixa para a natureza da impossibilidade de realização amorosa. Essa "conversa" constitui, do ponto de vista formal, uma característica específica da cantiga de amigo.

Se nas cantigas de amor temos uma vassalagem amorosa, imitando as relações sociais da corte, nas cantigas de amigo estão presentes imagens e situações da vida no campo. Veja no exemplo abaixo.

	[tradução]
Vaiamos, irmãa, vaiamos dormir [en] nas ribas do lago, u eu andar vi a las aves meu amigo.	Vamos, irmãs, vamos dormir nas margens do lago, onde a andar eu vi meu amado caçando aves.
Vaiamos, irmãa, vaiamos folgar [en] nas ribas do lago, u eu vi andar a las aves meu amigo.	Vamos, irmãs, vamos descansar nas margens do lago, onde a andar eu vi meu amado caçando aves.
En nas ribas do lago, u eu andar vi, seu arco na mãao as aves ferir, a las aves meu amigo.	Nas margens do lago, onde a andar eu vi, com seu arco nas mãos as aves ferir, meu amado caçando aves.
En nas ribas do lago, u eu vi andar, seu arco na mãao a las aves tirar, a las aves meu amigo.	Nas margens do lago, onde a andar eu vi, com seu arco nas mãos nas aves atirar, meu amado caçando aves.
Seu arco na mãao as aves ferir, a las que cantavam leixa-las guarir, a las aves meu amigo.	Com seu arco nas mãos as aves ferir, as que cantavam deixando-as partir, meu amado caçando aves.
Seu arco na mãao as aves tirar, a las que cantavam non nas quer [matar, a las aves meu amigo.	Com seu arco nas mãos atirando nas aves, não querendo matar as que cantavam, meu amado caçando aves.

Esguio, Fernando. In: Spina, Segismundo. *A lírica trovadoresca*. 3. ed. São Paulo: Edusp, 1991. p. 347 (Coleção Texto & Arte).

O tema central é facilmente percebido: uma moça quer estar perto de seu amado, que caça aves próximo do lago. Nessa paisagem rural, a moça exercita uma observação amorosa detalhista, a ponto de saber que algumas aves – as que cantam – são preservadas pelo amado.

A estrutura da cantiga apresenta elementos característicos do Trovadorismo português.
- No final de cada estrofe, aparece um **refrão** – "a las aves meu amigo".
- Há outras repetições ao longo dos versos ("Vaiamos, irmãa, vaiamos dormir" e "Vaiamos, irmãa, vaiamos folgar", por exemplo), o que garante encadeamento de ideias e ritmo musical. Esse procedimento de repetição dos versos, alterando apenas o final deles, é chamado de **paralelismo** – recurso muito utilizado nas cantigas trovadorescas.
- Concentração em uma única cena: a observação do rapaz pela moça.

Fone de ouvido

V
EMI, 1991

"Love song" é o título da faixa que abre o álbum *V*, da Legião Urbana, banda brasileira de sucesso no cenário do *rock* nacional na década de 1980. Os versos de "Love song" (canção de amor) foram compostos no século XIII por Nuno Fernando Torneol. Falam de um trovador que se encontra em "perigo de amor" e pede a ajuda de sua amada. Ouça a música e conheça a letra. Você também pode acessar o *site*: <http://legiaourbana.com.br> (acesso em: 14 dez. 2014). Essa canção e outras duas do mesmo álbum ("Metal contra as nuvens" e "A ordem dos templários") manifestam a presença da literatura medieval no trabalho da banda.

Capa do CD *V*.

Margens do texto

Nessa cantiga, a figura do amado poupa as aves que cantam de ser flechadas. Seria possível estabelecer uma analogia entre essas aves e os trovadores? Explique sua resposta.

Sua leitura

Abaixo, uma cantiga de amigo cuja autoria é atribuída a dom Dinis (1261-1325), rei de Portugal de 1279 até sua morte. Nela podemos observar a queixa de uma moça que se vê afastada de seu amado, ausente por estar cumprindo com obrigações militares.

— Ai flores, ai, flores do verde pino,
se sabedes novas do meu amigo?
   ai, Deus, e u é?

Ai flores, ai flores do verde ramo,
se sabedes novas do meu amado?
   ai, Deus, e u é?

Se sabedes novas do meu amigo,
aquel que mentiu do que pôs comigo?
   ai, Deus, e u é?

Se sabedes novas do meu amado,
aquel que mentiu do que mi á jurado?
   ai, Deus, e u é?

— Vós me preguntades polo voss'amigo?
E eu ben vos digo que é san'e vivo:
   ai, Deus, e u é?

Vós me preguntades polo voss'amado?
E eu ben vos digo que é viv'e sano
   ai, Deus, e u é?

E eu ben vos digo que é san'e vivo,
e seerá vosc'ant'o prazo saído:
   ai, Deus, e u é?

E eu ben vos digo que é viv'e sano.
e seerá vosc'ant'o prazo passado:
   ai, Deus, e u é?

D. Dinis. Apud Moisés, Massaud. *A literatura portuguesa através dos textos*. 17. ed. São Paulo: Cultrix, 1988. p. 25.

Vocabulário de apoio

aquel: aquele
e seerá vosc'ant'o prazo saído/passado: e estará com você após a conclusão do prazo do serviço militar
e u é: onde ele está
mi á jurado: me jurou
novas: notícias
pino: pinheiro
polo: pelo
pôs: combinou
san'e vivo/viv'e sano: são e vivo/vivo e são
se sabedes: você sabe

Sobre o texto

1. No primeiro verso das duas primeiras estrofes, há imagens que remetem ao cenário no qual se encontra a donzela.
   a) Que imagens são essas? Como se pode caracterizar esse cenário?
   b) A partir dos elementos naturais citados, qual posição social pode ser atribuída ao eu lírico feminino que enuncia a cantiga?

2. Por se repetir ao final de todas as estrofes, o refrão traz o tema que permeia toda a cantiga. Qual é ele?

3. A estrutura dessa cantiga permite imaginar que ela seja cantada por mais de uma pessoa, alternadamente. Ou seja, a canção poderia ser dividida em partes e, então, cada pessoa ou cada grupo ficaria responsável por cantar determinadas partes.
   a) Qual parte da cantiga poderia ser cantada em coro?
   b) Como se poderia dividir o restante da cantiga entre duas pessoas?

4. A cantiga sugere que a separação traz ao eu lírico um conflito de sentimentos.
   a) Que conflito seria esse?
   b) A partir do contexto, o que se pode supor que o amante tenha jurado?
   c) O que a voz da Natureza (as flores) sugere sobre essas juras?

Passaporte digital

Martin Codax

No *site* espanhol da Biblioteca Virtual Manuel de Cervantes há o portal Martin Codax, dedicado ao trovador galego-português de mesmo nome, autor de sete cantigas de amigo que chegaram aos nossos tempos. Um fato importante é que os versos dessas canções estão entre os poucos que foram registrados juntamente com sua música, então é possível aos músicos de hoje tocar e cantar algo bem próximo do que seria a música dos trovadores. O portal Martin Codax oferece ao público versos, gravações sonoras, partituras, informações e análises sobre as cantigas desse trovador. Uma curiosidade: o *site* é escrito em galego, língua muito próxima do português, pois também originou-se do galego-português da época dos trovadores.

Página do *site* Martin Codax. Disponível em: <http://bib.cervantesvirtual.com/bib_autor/codax/index.shtml>. Acesso em: 14 dez. 2014.

> As cantigas satíricas

Cantigas de escárnio

As cantigas de escárnio ridicularizavam, de maneira sutil ou indireta, pessoas que faziam parte das cortes e das comunidades rurais. Tais canções contribuíram para a fixação de **tipos sociais** e **situações cômicas**, como o envolvimento de determinadas mulheres em circunstâncias nada favoráveis a sua reputação, bêbados que importunavam a vida de pessoas comuns, pequenos proprietários que se comportavam como grandes senhores feudais, velhos sovinas ou mulherengos, etc.

> **Vale saber**
>
> Textos de humor dão indícios dos valores e problemas de uma determinada sociedade, além de expor características da língua utilizada.

Cantigas de maldizer

Não raras vezes, encontramos nas cantigas de maldizer a utilização de um vocabulário obsceno compondo **críticas diretas e contundentes** a pessoas. As situações amorosas entre nobres e membros do clero, o desacato a alguma pessoa e até mesmo a desqualificação de um outro trovador são alguns dos temas recorrentes trabalhados nesse tipo de cantiga.

Ai dona fea! foste-vos queixar
porque vos nunca louv' en meu
[trobar
mais ora quero fazer un cantar
en que vos loarei toda via;
e vedes como vos quero loar:
dona fea, velha e sandia!

Ai dona fea! se Deus mi perdon!
e pois havedes tan gran coraçon
que vos eu loe en esta razon,
vos quero já loar toda via;
e vedes qual será a loaçon:
dona fea, velha e sandia!

Dona fea, nunca vos eu loei
en meu trobar, pero muito trobei;
mais ora já un bon cantar farei
en que vos loarei toda via;
e direi-vos como vos loarei:
dona fea, velha e sandia!

[tradução]
Ai dona feia! fostes vos queixar
porque eu nunca vos louvei em
[minhas trovas
mas agora quero fazer uma canção
em que vos louvarei completamente;
e vede como quero vos louvar:
dona feia, velha e louca!

Ai dona feia! se Deus me perdoar!
e enfim tendes tão grande coração
que mereceis que eu vos louve,
já quero louvar-vos completamente;
e vede qual será o louvor:
dona feia, velha e louca!

Dona feia, eu nunca vos louvei
em minhas canções, porém muito
[cantei;
mas agora farei uma bela canção
em que vos louvarei completamente;
e digo como vos louvarei:
dona feia, velha e louca!

GUILHARDE, Dom Joan Garcia de. Apud MOISÉS, Massaud. *A literatura portuguesa através dos textos*. 17. ed. São Paulo: Cultrix, 1988. p. 29-30.

> ■ **Margens do texto**
>
> Que relação é possível estabelecer entre a "Senhora", bela e perfeita, das cantigas de amor e a "dona feia" dessa cantiga de maldizer?

Observando o conteúdo da cantiga, pode-se supor que a "dona fea, velha e sandia" esperava uma cantiga de amor, ou seja, uma canção que lhe saudasse os atributos físicos, morais e espirituais. O eu lírico ironiza esse desejo logo no início, prometendo um "canto" em que essa Senhora será louvada "toda via" (completamente). Contudo, o que vemos repetido a todo o momento no refrão são atributos bem distantes daqueles valorizados nas cantigas de amor.

O cuidado com a forma mostra a sensibilidade e o rigor do trovador no momento de composição: nas três estrofes, o esquema de rimas é constante (aaabab); o quarto verso repete-se, com uma pequena variação, em todas elas; por fim, há um refrão em todas as estrofes que sintetiza a crítica feroz do trovador.

Cancioneiro da Ajuda, século XIII. Têmpera sobre papel. Biblioteca do Palácio Nacional de Ajuda, Lisboa, Portugal.

Ilustração do *Cancioneiro da Ajuda*, um dos mais importantes registros do Trovadorismo português.

Sua leitura

Você vai ler uma cantiga de escárnio. Ela foi feita na segunda metade do século XIII e é dirigida a outro trovador, autor de cantigas em que o eu lírico morre por amor, tema comum na época. No próximo texto, esse lugar-comum é ridicularizado, e a crítica é feita de maneira ambígua e indireta, característica das cantigas de escárnio.

Rui Queimado morreu con amor
en seus cantares, par Sancta Maria,
por ũa dona que gran ben queria,
e, por se meter por mais trobador,
porque lh'ela non quis [o] ben fazer,
fez-s'el en seus cantares morrer,
mas ressurgiu depois ao tercer dia!

Esto fez el por ũa sa senhor
que quer gran ben, e mais vos en diria:
porque cuida que faz i mestria,
e nos cantares que fez a sabor
de morrer i e desi d'ar viver;
esto faz el que x'o pode fazer,
mas outr'omen per ren non [n] o faria.

E non há já sa morte pavor,
senon sa morte mais la temeria,
mas sabe ben, per sa sabedoria,
que viverá, dês quando morto for,
e faz-[s']en seu cantar morte prender,
desi ar viver: vede que poder
que lhi Deus deu, mais que non cuidaria.

E, se mi Deus a min desse poder,
qual oi' el há, pois morrer, de viver,
jamais morte nunca temeria.

[tradução]
Rui Queimado morreu de amor
em suas canções, por Santa Maria,
por uma Senhora a quem tão bem queria,
e para mostrar seu talento de trovador,
porque ela não o quis bem,
ele fez-se, em suas canções, morrer,
mas ressuscitou depois no terceiro dia!

Isso ele fez por uma Senhora
a quem quer tão bem, e digo mais:
por julgar ter talento nisso,
e nas canções que faz, por gosto
de morrer e depois renascer;
isso faz ele, que pode fazê-lo,
mas outro homem não o faria.

E já não tem medo de sua morte,
senão a temeria mais,
mas sabe bem, por sua sabedoria,
que viverá, desde que morto esteja,
e faz em suas canções com que a morte lhe pegue,
para então reviver: veja que poder
que Deus lhe deu, mais do que se imaginaria.

E se Deus desse a mim esse poder,
que hoje ele tem, viver depois de morrer,
jamais a morte temeria.

BURGALÊS, Pero Garcia. Apud MOISÉS, Massaud. *A literatura portuguesa através dos textos*. 17. ed. São Paulo: Cultrix, 1988. p. 28.

Sobre o texto

1. Qual é o motivo da morte do eu lírico nas canções de Rui Queimado?

2. A canção se refere, com humor, ao próprio ato de fazer canções. Com isso, joga com a metalinguagem, ou seja, faz-se uma brincadeira que se refere à própria linguagem em questão.
   a) Na cantiga, quem é Rui Queimado: um homem que escreve poemas de amor ou um homem que morre de amor?
   b) No contexto da cantiga, quem revive após morrer?
   c) Qual comparação poderia ser feita entre esse poema e os relatos de atores de novela que são abordados na rua como se fossem as personagens que interpretam?

3. O eu lírico diz que, se recebesse de Deus o poder que Rui Queimado tem, jamais temeria a morte.
   a) Isso é um elogio sincero ou irônico? Por quê?
   b) Que aspecto(s) das cantigas de Rui Queimado é(são) alvo do escárnio dessa canção?

Repertório

O escárnio na TV

O escárnio praticado pelos trovadores medievais alcançava repercussão popular por meio da circulação das cantigas em espaços públicos como mercados, praças e tavernas. De certa forma, o papel desempenhado por esses trovadores foi assumido por programas como *CQC* e *Pânico na TV*, que fazem críticas satíricas a personalidades públicas como políticos, artistas e esportistas. Programas como esses alcançam grande audiência na TV, e sua repercussão aumenta pela disponibilização de muitos quadros na internet.

❯ As novelas de cavalaria e outros textos

As **novelas de cavalaria**, também conhecidas como **romances de cavalaria**, retomavam antigas lendas de povos germânicos que se misturaram com elementos da vida social das cortes. Essas narrativas, centradas nas aventuras vividas pelos cavaleiros, eram muito apreciadas pelo público da época.

Esses assuntos já estavam presentes nos versos das chamadas **canções de gesta**. Na novela de cavalaria tais temas assumem a forma de **narrativa em prosa**.

As novelas de cavalaria possuem um caráter simbólico e místico, exaltando a figura do cavaleiro que se lançava em aventuras em nome de valores da cristandade e em defesa de donzelas (como eram chamadas as filhas solteiras de reis e fidalgos), componentes importantes dos ideais da cavalaria medieval.

Para entender essas narrativas é importante levar em conta o código de honra dos cavaleiros, em que as virtudes mais valorizadas eram a integridade do caráter, a piedade com os enfermos, a doçura com crianças e mulheres, a justiça e a valentia na guerra e a lealdade na paz. Na prática – como se verificou nas Cruzadas – poucos cavaleiros se mantiveram fiéis a todos esses preceitos. Mas isso não impediu que eles persistissem como ideais de conduta.

Nesta imagem, vê-se uma representação da conhecida Távola Redonda, que reunia os cavaleiros mais destacados da corte do rei Arthur.

BORON, Robert de. *Mesa redonda com Santo Graal*, 1450. Têmpera sobre papel. Biblioteca Nacional, Paris, França.

As novelas de cavalaria estão organizadas em três grandes ciclos.
- **Ciclo clássico**, que trata de temas da Antiguidade, tais como a Guerra de Troia e as aventuras de Alexandre, o grande.
- **Ciclo bretão** ou **arturiano**, que narra as peripécias do rei Arthur e seus cavaleiros.
- **Ciclo carolíngio**, em que a personagem principal é o rei francês Carlos Magno, além dos "doze pares de França" (os doze cavaleiros leais ao rei que constituíam sua tropa de elite).

Em Portugal, as novelas de cavalaria não tiveram a mesma importância literária das cantigas trovadorescas. Alguns dos títulos mais expressivos foram traduzidos de outras línguas, como a *Demanda do Santo Graal* e *José de Arimateia*. Sobre outro título importante, *Amadis de Gaula*, não se sabe com certeza se surgiu primeiro em Portugal ou na Espanha.

❯ Cronicões e hagiografias

Além das novelas de cavalaria, outros tipos de texto foram produzidos durante a Idade Média. Os registros de acontecimentos, importantes para documentar as linhagens de reis e outros nobres, passaram a ressaltar não somente a importância de seus reinados mas também os feitos que os deixassem reconhecidos pela posteridade. Esses textos, chamados de **cronicões** e **nobiliários**, correspondem a uma fase inicial da atividade historiográfica portuguesa, que, mais tarde, torna-se importante para o desenvolvimento do pensamento humanista em Portugal.

A influência da Igreja católica determinou também a produção das chamadas **hagiografias**, ou seja, a escrita da vida dos santos. Sua fonte primeira foram os documentos romanos e os relatos de testemunhas que presenciaram o suplício de mártires. A hagiografia foi uma das responsáveis pela difusão do cristianismo em um contexto no qual havia pouca informação escrita sobre a vida de personalidades cristãs. Inicialmente, os textos eram escritos em latim e, aos poucos, passaram a ser redigidos em línguas nacionais, atingindo um público mais amplo.

Sua leitura

A cena a seguir faz parte das aventuras e desventuras amorosas de Tristão e Isolda. O cavaleiro, que conseguira a mão da princesa para seu tio (o rei Marcos da Cornuália), bebe com ela, sem saber, uma poção amorosa. Esse "filtro amoroso" era uma artimanha preparada pela mãe da princesa para que a moça bebesse a poção na noite de núpcias e se apaixonasse pelo futuro esposo Marcos. Daí em diante, Tristão e Isolda apaixonam-se, o que traz dificuldade para ambos.

[...]
Pouco depois, vendo que Isolda ficara no navio e se recusava a tomar parte nos divertimentos na ilha, Tristão dirigiu-se ao pavilhão para saudá-la e visitá-la. Quando, sentados lado a lado, trocavam algumas palavras, ambos sentiram sede e disseram-no um ao outro. Isolda chamou Brangia e ordenou-lhe que trouxesse vinho. Esta apressou-se a alcançar o ângulo do pavilhão onde os marinheiros irlandeses haviam colocado as arcas de Isolda e do seu séquito. De uma delas retirou o precioso frasco, reconhecível entre todos, onde a rainha da Irlanda deitara o vinho ervoso. Nesse instante, o rosto da jovem iluminou-se num sorriso furtivo; tinha entre as mãos o meio mais seguro de fazer nascer o amor em Tristão e de ligá-lo para sempre a Isolda. Brangia colocou o frasco com uma taça de prata cinzelada numa mesa à qual Isolda se encostara e disse-lhe com um ar risonho: "Rainha Isolda, tomai esta bebida que foi preparada na Irlanda para o rei Marcos". Isolda não respondeu nem interferiu com a criada. Quanto a Tristão, esse julgou tratar-se de um vinho de eleição oferecido ao rei Marcos. Como homem cortês e bem-educado, deitou a poção na taça e estendeu-a a Isolda, que bebeu até se fartar. Quando ela pousou a taça ainda meio cheia, Tristão pegou nela e esvaziou-a até a última gota.

Mal os dois jovens beberam desse vinho, o amor, tormento do mundo, penetrou nos seus corações. Antes de se terem apercebido disso, curvou-os a ambos ao seu jugo. O rancor de Isolda dissipou-se e nunca mais foram inimigos. Já se sentiam ligados um ao outro pela força do desejo e, no entanto, ainda o escondiam um do outro. Por mais violenta que fosse a atração que os empurrava para o mesmo querer, ambos tremiam igualmente no temor da primeira confissão.

Quando Tristão sentiu o amor apossar-se do seu coração, recordou-se imediatamente do juramento feito ao rei Marcos, seu tio e seu suserano, e quis recuar: "Não — dizia consigo mesmo sem cessar —, deixa isso, Tristão, volta a ti, não acolhas em ti um desígnio tão desleal". Também ponderava: "Audret, Denoalen, Guenelon e Gondoïne, traidores que me acusáveis de cobiçar a terra do rei Marcos, ah!, ainda sou mais vil e não é a sua terra que cobiço. Bom tio, que me recolhestes órfão antes mesmo de reconhecer o sangue de vossa irmã, vós que me choráveis enquanto Gorvenal me levava para o barco sem remos nem vela, por que não expulsastes, logo no primeiro dia, a criança errante vinda para vos trair?" [...]

Tristão e Isolda. Trad. Maria do Anjo Braamcamp Figueiredo. 2. ed. Rio de Janeiro: Francisco Alves, 1985. p. 47-48.

Sobre o texto

1. Que sentimento Isolda nutre por Tristão antes de beber a poção? Identifique a passagem em que isso é revelado.
2. Tristão é um cavaleiro a serviço de seu tio, o rei Marcos. Após perceber "o amor apossar-se de seu coração", o que Tristão sente ao se recordar do juramento feito ao tio?
3. Que termo do primeiro parágrafo poderia ser substituído por "cavalheiro"?
4. Fidelidade a seu senhor, temor a Deus e honradez são alguns dos preceitos dos cavaleiros medievais. Tristão rompe algumas dessas regras ao se apaixonar por Isolda, donzela que ele deveria proteger e conduzir a seu tio. Esse comportamento de Tristão é compatível com os códigos de conduta do cavaleiro medieval? Explique.

O que você pensa disto?

Cena do filme *Tristão e Isolda* (EUA, 2006), dirigido por Kevin Reynolds e inspirado na novela de cavalaria que tem o mesmo título. Os papéis principais são dos atores James Franco e Sophia Myles.

A figura do cavaleiro é uma das contribuições mais marcantes da literatura medieval para o imaginário ocidental.

- Em sua opinião, existem na sociedade atual personalidades que poderiam corresponder aos protagonistas das novelas de cavalaria? Quem são elas e como agem?

Ferramenta de leitura

Representação de paisagens na poesia lírica

O crítico literário Emil Staiger (1908-1987) refletiu sobre o uso das imagens da natureza nas poesias líricas.

Leia abaixo um trecho em que ele aborda o modo como as imagens da natureza aparecem em um poema.

O suíço Emil Staiger propôs uma definição antropológica dos gêneros literários clássicos (épica, lírica e drama). Ele procurou interpretar esses gêneros como expressões de capacidades fundamentais do ser humano. Fotografia de cerca de 1920.

> [...] para o poeta lírico não existe uma substância, mas apenas acidentes, nada que perdure, apenas coisas passageiras. [...] Uma paisagem tem cores, luzes, aromas, mas nem chão, nem terra como base. Quando falamos na poesia lírica, por essa razão, em imagens, não podemos lembrar absolutamente de pinturas, mas no máximo de visões que surgem e se desfazem novamente, despreocupadas com as relações de espaço e tempo. [...]
>
> STAIGER, Emil. *Conceitos fundamentais da poética.* Rio de Janeiro: Tempo Brasileiro, 1975. p. 45.

A ideia central desse trecho está na comparação entre pintura e poesia.

Em pinturas que representam a natureza, o observador pode ver um cenário, uma paisagem com todos seus componentes. A poesia lírica, ao contrário, dá apenas alguns elementos a partir do quais a imaginação do leitor possa funcionar.

Leia alguns fragmentos de uma cantiga de amigo do século XIII.

> [...]
>
> Levad', amigo, que dormide'-las frias manhãas;
> todalas aves do mundo d'amor cantavan:
>   leda m'and'eu!
>
> [...]
>
> Todalas aves do mundo d'amor cantavan;
> do meu amor e do voss' i enmentavam:
>   leda m'and'eu!
>
> [...]
>
> Do meu amor e do voss'i enmentavan;
> vós lhi tolhestes os ramos en que pousavam:
>   leda m'and'eu!
>
> Vós lhi tolhestes os ramos en que siian
> e lhi secastes as fontes en que bevian:
>   leda m'and'eu!
>
> [...]

> [tradução]
>
> [...]
>
> Levantai, amigo, que dormides nas frias manhãs;
> todas as aves do mundo do amor cantavam:
>   Contente estou!
>
> [...]
>
> Todas as aves do mundo do amor cantavam:
> do meu amor e do vosso na mente traziam:
>   Contente estou!
>
> [...]
>
> Do meu amor e do vosso na mente traziam;
> vós lhes cortastes os ramos em que pousavam;
>   Contente estou!
>
> Vós lhe cortastes os ramos em que se sentavam
> e lhes secastes as fontes em que bebiam:
>   Contente estou!
>
> [...]

TORNEOL, Nuno Fernandes. Apud MOISÉS, Massaud. *A literatura portuguesa através dos textos.* 17. ed. São Paulo: Cultrix, 1988. p. 23-24.

Sobre o texto

- Nessa cantiga de amigo ocorre uma alteração de cenários: no início, os pássaros cantam alegres; depois, já não têm lugar para pousar ou beber.
    a) Que relação é possível estabelecer entre essa alteração e os sentimentos do eu lírico?
    b) A que trecho(s) da citação de Staiger pode ser relacionado esse "sumiço" dos pássaros?

Entre textos

A chamada "vassalagem amorosa", tão presente nas cantigas de amor medievais, é um tema recorrente ao longo da história da literatura. A lírica amorosa surgida nos séculos XII e XIII na Europa recuperou e deu forma a um ideal do processo amoroso e da figura amada, que pode ser identificado em poemas de várias épocas, até mesmo bem anteriores ao Trovadorismo. Vejamos alguns possíveis diálogos entre textos produzidos em diferentes períodos.

TEXTO 1

Tua frieza aumenta meu desejo:
Fecho os meus olhos para te esquecer,
Mas quanto mais procuro não te ver,
Quanto mais fecho os olhos mais te vejo.

Humildemente, atrás de ti rastejo,
Humildemente, sem te convencer,
Antes sentindo para mim crescer
Dos teus desdéns o frígido cortejo.

Sei que jamais hei de possuir-te, sei
Que *outro*, feliz, ditoso como um rei,
Enlaçará teu virgem corpo em flor.

Meu coração no entanto não se cansa:
Amam metade os que amam com esp'rança,
Amar sem esp'rança é o verdadeiro amor.

CASTRO, Eugénio de. Apud MOISÉS, Massaud. *A literatura portuguesa através dos textos*. 17. ed. São Paulo: Cultrix, 1988. p. 351.

Neste soneto do poeta português Eugénio de Castro (1869-1944), há um problema amoroso enfrentado pelo eu lírico: o desprezo ou pouco apreço da amada. Um sentimento de melancolia, resultado do amor não correspondido, faz surgir a descrença na possibilidade de ver realizado o encontro amoroso. A vassalagem amorosa é evidente na atitude de "humildade" do eu lírico ante a sua amada.

TEXTO 2

igual à maçã, doce e vermelha,
no mais alto ramo suspensa:
— esquecida, lá no alto, pelos colhedores?
não: que eles não conseguiram alcançar

FONTES, Joaquim Brasil. *Eros, tecelão de mitos:* a poesia de Safo de Lesbos. São Paulo: Estação Liberdade, 1991. p. 413.

Este pequeno fragmento da poeta Safo de Lesbos, que viveu entre os séculos VII e VI a.C., pertence à literatura grega clássica, portanto muito anterior às cantigas trovadorescas. Nele podemos destacar a forma como o elemento ausente (a mulher) é comparado a um elemento da paisagem. A maçã (assim como a mulher) não foi esquecida pelos colhedores: por estar no alto, é mais elevada que as outras maçãs, indicando que é também a mais especial delas. A elevação do ser amado à condição de diferente dos demais é algo também presente na poesia medieval. Além, é claro, do tema da vassalagem amorosa, sugerido pela distância dos amantes ou pretendentes em relação à amada (no fragmento, representados pelos colhedores que não conseguem alcançar a maçã).

TEXTO 3

Amor cortês

Uma vida é pouca
Para tantos joelhos

ALVIM, Maria Lúcia. *Vivenda (1959-1989)*. São Paulo: Duas Cidades, 1989. p. 51.

Neste pequeno poema, o amor cortês é revisitado pela literatura contemporânea. Os dois versos trazem uma síntese da postura do amante que se ajoelha em frente ao ser amado. A ironia do texto, construída a partir do título, está na ideia de que uma única vida não é suficiente para os amores aos quais será dedicado o amor — ou seja, não há um amor eterno, mas muitos amores, aos quais seremos devotados, diante dos quais nos ajoelharemos.

Vestibular

1. **(UFPA)** Leia a cantiga de amigo transcrita abaixo.

> Levad' [levantai], amigo, que dormides [dormis]
>   as manhãas frias;
> Toda-las aves do mundo d'amor dizian:
>   leda m'and'eu! [alegre ando eu]
> [...]
> Toda-las aves do mundo d'amor cantavan;
>   do meu amor e do voss'i enmentavan: [recordavam]
>   leda m'and'eu! [alegre ando eu]
>
> Do meu amor e do voss'en ment'avian; [guardavam na mente]
> vós lhi tolhestes [cortastes] os ramos en que
>   siian: [eu as via]
>   leda m'and'eu! [alegre ando eu]
>
> Do meu amor e do voss'i enmentavan;
> vós lhi tolhestes [cortastes] os ramos en
>   que pousavam:
>   leda m'and'eu. [alegre ando eu]
>
> Vós lhi tolhestes [cortastes] os ramos em que siian
> e lhis secastes as fontes en que bevian:
>   leda m'and'eu. [alegre ando eu]
>
> Vós lhi tolhestes [cortastes] os ramos en que
>   pousavam
> e lhis secastes as fontes u [onde] se banhavan:
>   leda m'and'eu. [alegre ando eu]
>
> TORNEOL, Nuno Fernandes. Alba. In: CORREIA, Natália. *Cantares dos trovadores galego-portugueses*. Lisboa: Estampa, 1988. p. 203.

Sobre essa cantiga de amigo, é correto afirmar:

a) Apesar de abandonada, a moça conserva lembranças alegres da época em que seu amor era correspondido.
b) A natureza, a quem o poeta dirige seus lamentos, assume, em todas as estrofes, o papel da amiga confidente e solidária.
c) O poeta, ao cantar suas desilusões amorosas, descreve com detalhes o tormento causado pela indiferença do objeto do seu amor.
d) Sempre triste e distante, o trovador confessa o seu sentimento e revela sua obediência às leis da vassalagem amorosa, próprias à sua época.
e) O tema da paixão não correspondida dissolve-se em um clima geral de espiritualidade platônica, pelo fato de ser um relacionamento entre pessoas de níveis sociais diferentes.

2. **(Unama-PA)** Leia o texto a seguir para responder à questão.

> Eu sou apenas alguém
> Ou até mesmo ninguém
> Talvez alguém invisível
> Que a admira a distância
> Sem a menor esperança (...)
> Dono de um amor sublime
> Mas culpado por querê-la
> Como quem a olha na vitrine
> Mas jamais poderá tê-la (...)
> Eu sei de todas as suas tristezas
> E alegrias
> Mas você nada sabe (...)
> Nem sequer que eu existo.
>
> Legião Urbana

Os fragmentos da letra da música contemporânea do grupo Legião Urbana demonstram que a barreira geográfica e temporal não impede que os temas universais presentes nos poemas sejam recorrentes em outros textos e em outros autores em diferentes épocas e lugares. Nesse caso, por exemplo, o grupo Legião Urbana encontra inspiração na:

a) crença de que a ciência e a metafísica roubam a naturalidade do homem, presente nos poemas modernistas de Alberto Caeiro.
b) morbidez latente evidenciada na poesia simbolista de Alphonsus de Guimaraens.
c) sátira conservadora e preconceituosa que se manifesta na poesia barroca de Gregório de Matos.
d) coita e vassalagem amorosa presentes nas cantigas de amor do trovadorismo português.

(IFSP) Leia a cantiga para responder às questões de números 3 e 4.

Cantiga de amor
Afonso Fernandes

> Senhora minha, desde que vos vi,
> lutei para ocultar esta paixão
> que me tomou inteiro o coração;
> mas não o posso mais e decidi
> que saibam todos o meu grande amor,
> a tristeza que tenho, a imensa dor
> que sofro desde o dia em que vos vi.
>
> Já que assim é, eu venho-vos rogar
> que queirais pelo menos consentir
> que passe a minha vida a vos servir (...)
>
> <www.caestamosnos.org/efemerides/118>. Adaptado.

3. Observando-se a última estrofe, é possível afirmar que o apaixonado:
   a) se sente inseguro quanto aos próprios sentimentos.
   b) se sente confiante em conquistar a mulher amada.
   c) se declara surpreso com o amor que lhe dedica a mulher amada.
   d) possui o claro objetivo de servir sua amada.
   e) conclui que a mulher amada não é tão poderosa quanto parecia a princípio.

4. Uma característica desse fragmento, também presente em outras cantigas de amor do Trovadorismo, é:
   a) a certeza de concretização da relação amorosa.
   b) a situação de sofrimento do eu lírico.
   c) a coita de amor sentida pela senhora amada.
   d) a situação de felicidade expressa pelo eu lírico.
   e) o bem-sucedido intercâmbio amoroso entre pessoas de camadas distintas da sociedade.

5. (UFPA) Das estrofes abaixo, a que apresenta traços da estética do Trovadorismo é:
   a) "Leva na cabeça o pote,
      O testo nas mãos de prata,
      Cinta de fina escarlata,
      Sainha de chamalote;
      Traz a vasquinha de cote,
      Mais branca que a neve pura:
      Vai fermosa, e não segura."
   b) "Se sabedes novas do meu amigo,
      aquel que mentiu do que pôs comigo?
      Ai, Deus, e u é?
      Se sabedes novas do meu amado,
      aquel que mentiu do que mi á jurado?
      Ai, Deus, e u é?"
   c) "Competir não pretendo
      Contigo, ó cristalino
      Tejo, que mansamente vais correndo
      Meu ingrato destino
      Me nega a prateada majestade,
      Que os muros banha da maior cidade."
   d) "A cada canto um grande conselheiro
      Que nos quer governar cabana e vinha;
      Não sabem governar sua cozinha,
      E podem governar o mundo inteiro."
   e) "Deus, ó Deus!... Quando a morte à luz me roube
      ganhe um momento o que perderam anos
      saiba morrer o que viver não soube."

6. (Uepa)

   "A literatura do amor cortês, pode-se acrescentar, contribuiu para transformar de algum modo a realidade extraliterária, atua como componente do que Elias (1994)* chamou de **processo civilizador**. Ao mesmo tempo, a realidade extraliterária penetra processualmente nessa literatura que, em parte, nasceu como forma de sonho e de evasão."

   Revista de Ciências Humanas, Florianópolis, EDUFSC, v. 41, n. 1 e 2, p. 83-110, p. 91-92, abr. e out. 2007. * Cf. ELIAS, N. O processo civilizador. Rio de Janeiro: Zahar, 1994. v. 1.

   Interprete o comentário acima e, com base nele e em seus conhecimentos acerca do lirismo medieval galego-português, marque a alternativa correta.
   a) as cantigas de amor recriaram o mesmo ambiente palaciano das cortes galegas.
   b) "a literatura do amor cortês" refletiu a verdade sobre a vida privada medieval.
   c) a servidão amorosa e a idealização da mulher foi o grande tema da poesia produzida por vilões.
   d) o amor cortês foi uma prática literária que aos poucos modelou o perfil do homem civilizado.
   e) nas cantigas medievais mulheres e homens submetem-se às maneiras refinadas da cortesia.

7. (Uepa) Assinale a frase que se refere a um momento do desenvolvimento tecnológico associável à época do Trovadorismo.
   a) "Antes da invenção da imprensa, os livros reproduziam-se pelo processo de cópia manuscrita em folhas de pergaminho." (Saraiva: 2005, p. 37)
   b) "Outras invenções e aperfeiçoamentos técnicos [...] surgem abrindo caminhos para a ciência conexamente matemática e experimental, que será um fato no final do século XVI com os trabalhos de Galileu." (Saraiva: 2005, p. 172)
   c) "Como vimos, Coimbra fica ligada, em 1864, à rede europeia do caminho de ferro (rede ferroviária)." (Saraiva: 2005, p. 797)
   d) "[...] as primeiras sínteses dos compostos orgânicos, as primeiras descobertas da bioquímica [...] tudo isso sugeria com efeito a unidade material de todos os fenômenos [...]" (Saraiva: 2005, p. 799)
   e) "A descoberta da tipografia em meados do século XV é estimulada pela existência de um público em crescimento [...]" (Saraiva: 2005, p. 172)

UNIDADE

O Humanismo

Nesta unidade

5 O Humanismo – o ser humano como medida

6 O Humanismo em Portugal

Esta cena representa o episódio do Livro do Gênesis em que é criado o primeiro ser humano: Adão.

BUONARROTI, Michelangelo. *A criação de Adão*, 1508-1512. Afresco, 280 cm × 570 cm. Capela Sistina, Vaticano.

No século XV, observou-se uma transição do pensamento religioso medieval para a revalorização da Antiguidade clássica ocorrida durante o Renascimento.

A palavra *humanismo*, que dá nome a esse contexto, está muito relacionada ao conceito de antropocentrismo (o radical de origem grega *antropo* significa "homem", "ser humano") – forma de pensamento que passou a colocar o ser humano no centro de interesse e reflexão. Os artistas e intelectuais humanistas adotaram o antropocentrismo em lugar do teocentrismo (do grego *teo*, que significa "Deus"), que fora predominante na Idade Média e tivera Deus como explicação de todas as coisas.

A imagem abaixo, *A criação de Adão,* ilustra os dois polos entre os quais o Humanismo se situa: de um lado, Deus, a figura dominante do pensamento da Idade Média; e de outro, o ser humano, privilegiado pela perspectiva humanista.

A produção literária do Humanismo descolou a poesia do acompanhamento musical e abarcou o texto historiográfico e o teatral. Em Portugal, surgiram os nomes de Garcia de Resende (poesia), Fernão Lopes (historiografia) e Gil Vicente (teatro).

CAPÍTULO 5
O Humanismo – o ser humano como medida

O que você vai estudar

- Confronto entre investigação da natureza e verdades religiosas.
- Arte e cultura no meio social.
- Recuperação dos gêneros clássicos.
- Invenção da imprensa.

Rompendo com o poder e a influência da Igreja católica sobre a produção da arte e do conhecimento, o Humanismo colocou o ser humano como a medida de todas as coisas, isto é, como o ponto a partir do qual se pretendia observar, compreender e explicar o mundo. Com isso, a verdade preestabelecida dos dogmas religiosos começou a disputar espaço com um olhar interessado na investigação do universo humano.

Sua leitura

A seguir, você lerá dois textos.

O primeiro é um soneto do poeta italiano Francesco Petrarca (1304-1374). Considerado por muitos como o "pai do Humanismo", Petrarca foi um dos primeiros escritores da época a revalorizar a cultura clássica greco-romana e desenvolveu a tal ponto o soneto que sua obra se tornou um modelo para outros escritores. Além de poeta, Petrarca foi também filósofo. Atribui-se a ele a criação da famosa expressão "Idade das Trevas", que, durante muito tempo, associou a Idade Média à ideia de pouco desenvolvimento cultural, devido principalmente aos obstáculos impostos pela Igreja à divulgação do conhecimento. Atualmente, a expressão é vista como inadequada, já que houve considerável produção de conhecimento nas universidades medievais e avanços técnicos e científicos no período, observados, por exemplo, na arquitetura.

O segundo texto é o quadro *O casamento dos Arnolfini* (1434), de Jan van Eyck, um dos mais importantes pintores do século XV na Europa. Retrata o rico comerciante italiano Giovanni Arnolfini e sua esposa, moradores de Bruges, na atual Bélgica. Inicialmente, alguns críticos de arte entenderam o quadro como o retrato de uma cerimônia de casamento, mas depois surgiu também a ideia de que ele "autenticava" para o mundo um casamento já ocorrido. Isso teria, segundo essa interpretação, a função prática de atestar para a sociedade que Giovanni nomeava sua esposa como sua procuradora durante as frequentes viagens que fazia por conta de sua profissão de comerciante. O espelho ao fundo reflete, além do casal, duas personagens à porta do quarto, que Giovanni estaria cumprimentando.

Se amor não é qual é este sentimento?
Mas se é amor, por Deus, que cousa é a tal?
Se boa por que tem ação mortal?
Se má por que é tão doce o seu tormento?

Se eu ardo por querer por que o lamento
Se sem querer o lamentar que vale?
Ó viva morte, ó deleitoso mal,
Tanto podes sem meu consentimento.

E se eu consinto sem razão pranteio.
A tão contrário vento em frágil barca,
Eu vou por alto mar e sem governo.

É tão grave de error, de ciência é parca
Que eu mesmo não sei bem o que eu anseio
E tremo em pleno estio e ardo no inverno.

PETRARCA, Francesco. *Poemas de amor de Petrarca*. Trad. Jamir Almansur Haddad. Rio de Janeiro: Ediouro, 1998. p. 63.

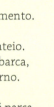

Vocabulário de apoio

ansiar: desejar
consentimento: aprovação
deleitoso: que causa deleite, gozo, delícia
error: erro
estio: verão
parca: minguada, escassa
prantear: chorar

Vale saber

Soneto é uma forma poética de catorze versos, geralmente dispostos em dois quartetos e dois tercetos.

O casamento dos Arnolfini

EYCK, Jan van. *O casamento dos Arnolfini*, 1434. Óleo sobre tela, 83,7 cm × 57 cm. Galeria Nacional, Londres, Inglaterra.

Sobre os textos

1. Em muitas cantigas de amor do Trovadorismo, o eu lírico fazia elogios à mulher amada. Isso também ocorre nesse poema de amor de Petrarca, ou seja, o eu lírico se dirige a uma mulher em especial? Justifique.

2. Nas duas primeiras estrofes, predominam as frases interrogativas.
   a) Explique qual é a relação entre essa predominância e a abordagem que o eu lírico faz do tema.
   b) O eu lírico chega a alguma conclusão clara sobre o tema? Explique.

3. A pintura de Van Eyck retrata um casal da burguesia, classe social que desponta na época, marcando a mudança do sistema feudal para o início de uma nova ordem social.
   a) O que o quadro sugere sobre a condição econômica do casal? Justifique com elementos da pintura.
   b) Tomando esse casal como representante da burguesia, qual parece ser a posição social dessa classe na época? Justifique com elementos da pintura.

4. Tanto o poema quanto a pintura demonstram uma intensa busca de conhecimento e o objetivo de se aproximar da realidade. Como isso se revela em cada obra?

❯ O contexto de produção

A compreensão de mundo na arte do Humanismo revela um momento fundamental na história da civilização ocidental: a passagem da Idade Média para a Era Moderna. Como movimento de transição, a arte humanista conviveria, então, com elementos característicos desses dois períodos.

❯ O contexto histórico

Podemos situar historicamente o Humanismo ao longo do século XV e início do século XVI. O período apresentou transformações profundas na estrutura da sociedade. As cidades passaram gradativamente a substituir os feudos como espaço onde se organizava a vida social. A divisão rígida da sociedade em clero, nobreza e plebe foi acrescida de uma classe que iria questionar essa estrutura fixa: a **burguesia**. Ligada ao comércio, ela sinalizaria os primórdios do capitalismo. Também se questionou o poder da Igreja sobre o Estado, isto é, sua capacidade de gerenciar uma sociedade que só aparentemente vivia de acordo com os ideais cristãos.

As mudanças mais claras entre a concepção medieval e a concepção moderna de mundo podem ser resumidas da seguinte maneira:

- O princípio fundamental da existência de Deus como única explicação para fatos e acontecimentos que ocorriam no mundo foi substituído pelo princípio da autonomia da razão (recuperado da Antiguidade clássica).
- A divisão do mundo em esferas superior e inferior (céu e terra) foi trocada pela observação da natureza, na tentativa de descobrir leis de funcionamento baseadas em elementos físicos e não sobrenaturais.
- A dependência da revelação divina divulgada e ensinada pela Igreja deu lugar à racionalidade humana.

❯ O contexto cultural

Em razão das mudanças promovidas pelos humanistas, o interesse cultural espiritualista e religioso típico da Idade Média foi substituído por uma **valorização da cultura clássica**, por meio da leitura e tradução da literatura greco-latina. Com isso, a produção cultural ultrapassou aos poucos os limites da Igreja e se aproximou da população em geral, abrindo campo para obras que misturavam elementos sagrados e profanos.

Particularmente, a historiografia sofreu profundas alterações: antes, a história de uma sociedade era contada de uma perspectiva regiocêntrica, isto é, os reis ocupavam o centro do relato, que se desenvolvia a partir da narração quase exclusiva de seus atos e feitos heroicos. Naquele momento ela começou a considerar os muitos outros agentes, além do rei, que faziam parte da sociedade, como as camadas populares e a burguesia.

Além disso, os historiadores passaram a se preocupar com a utilização de provas, documentos e testemunhos dos episódios relatados, substituindo a narração da fantasia historiográfica por um compromisso maior com o registro da realidade, ainda que mantendo a habilidade narrativa e certo teor ficcional.

Na área técnica, a invenção da imprensa por Gutenberg, em 1456, seria responsável por uma maior circulação de conhecimento durante o período, facilitando a produção e a divulgação das obras.

BARBARI, Jacopo de. *Retrato de Luca Pacioli*, c. 1495. Óleo sobre tela, 99 cm × 120 cm. Museu de Capodimonte, Nápoles, Itália.

Esta tela retrata Luca Pacioli, matemático italiano da ordem dos franciscanos, autor do tratado *De divina proportione*, com quem o pintor e inventor Leonardo da Vinci dialogava e relia autores clássicos.

Livro aberto

O arminho dorme, de Xosé A. Neira Cruz
Edições SM, 2008.

Na Florença do século XVI, Bianca é a filha bastarda de Cosimo I, grão-duque da Toscana pertencente à poderosa família Medici. Bianca se sente prisioneira de sua posição social e é obrigada a enfrentar um casamento de conveniência. Na mistura entre figuras históricas e personagens fictícias, a narrativa conduz o leitor à atmosfera política do berço do Renascimento, revelando as ambiciosas lutas pelo poder e a atuação dos Medici como patrocinadores de algumas das maiores obras de arte da história ocidental.

Capa do livro *O arminho dorme*.

> O contexto literário

O Humanismo marcou uma retomada da literatura em seus três gêneros clássicos – o **lírico**, o **épico** e o **dramático** –, após um longo período em que tanto a criação quanto a recepção desses gêneros estiveram vinculadas predominantemente ao ambiente da corte, das igrejas e dos conventos. Com o surgimento das cidades e com as mudanças sociais, o acesso à literatura se ampliou.

O sistema literário

A maioria dos **escritores** do período humanista foram os frequentadores dos palácios da corte, uma aristocracia letrada e intelectualizada, interessada na leitura dos clássicos greco-latinos. Além deles, a produção literária se estendeu também para a burguesia, que, embora sem pertencer à nobreza, eventualmente prestava serviços à corte e frequentava seus salões.

Poesia palaciana é o nome dado à poesia feita nos palácios pelos aristocratas da corte. Em Portugal, a vasta produção poética foi recolhida e organizada por um dos cortesãos, Garcia de Resende, sob o título de *Cancioneiro geral* (1516).

A poesia palaciana trabalha com três tipos de **formas poéticas** predominantes:

- **a esparsa** – poema de uma única estrofe que varia entre 8 e 16 versos.
- **a cantiga** – poema de duas estrofes, em que a primeira estrofe funciona como mote (tema) para a glosa (desenvolvimento) da segunda.
- **o vilancete** – semelhante à cantiga, mas com desenvolvimento organizado em mais de uma estrofe.

Durante o Humanismo surgiu também o **teatro laico popular**, que usava a sátira para fazer críticas aos costumes da época. O maior exemplo dessa nova dramaturgia, não só na literatura portuguesa, mas em toda a Europa, foi Gil Vicente, sobre quem trataremos no capítulo seguinte.

O público da literatura desse período era formado predominantemente pelas próprias classes que a produziam: nobres e burgueses. A grande novidade do Humanismo em relação à recepção de obras literárias foi a invenção da prensa tipográfica, que viabilizou uma produção de livros em maior escala e ampliou seu alcance.

A **publicação** de obras do período humanista se concentrou nas mãos de uma corte rica e então mais interessada no desenvolvimento das artes. Contudo, graças à invenção e ao aperfeiçoamento da imprensa, os custos de publicação de obras literárias diminuíram sensivelmente em relação ao preço cobrado pelos copistas, e o livro tornou-se um objeto mais acessível tanto para o consumo quanto para a produção.

O papel da tradição

Boa parte da poesia palaciana manteve, ainda, profundas relações formais e temáticas com as cantigas trovadorescas. Apesar disso, a poesia já não dependia mais da música que a acompanhava nas cantigas, uma vez que essa preocupação transferiu-se para um rico trabalho com a sonoridade da linguagem.

Dentro do muito que se inovou com recursos sonoros, destacou-se o uso de rimas e de metros regulares, principalmente da redondilha menor (verso com cinco sílabas poéticas) e da redondilha maior (verso com sete sílabas poéticas).

De modo geral, a literatura humanista se desvinculou das doutrinas da Igreja e passou a abordar temas ligados a experiências do ser humano: o amor sensual, na poesia; a história das sociedades, na prosa historiográfica; e a crítica de costumes, no teatro.

Ação e cidadania

Embora as transformações ocorridas na Europa no século XV tenham favorecido a difusão da informação, o acesso a ela ainda ficou restrito a uma elite econômica. Ao longo dos séculos, porém, a disseminação do conhecimento foi atingindo parcelas crescentes da sociedade, devido à democratização do ensino e à expansão dos meios de comunicação de massa.

Em muitos países, atualmente, o acesso à informação, especialmente por meio da educação, é um direito de todo indivíduo, sendo fundamental para o exercício da cidadania. A informação é uma forma de poder, pois possibilita uma melhor compreensão da realidade e a busca de formas de atuar nela, a fim de se obter melhores condições de vida e de diminuir a desigualdade social.

Vale saber

A **sátira** consiste no emprego do humor para criticar pessoas, costumes ou instituições sociais.

Vale saber

A **literatura de cordel** costuma se valer do **metro fixo**, principalmente a redondilha, e da **rima** como recursos de sonoridade.

Uma leitura

Você vai ler agora um poema de João Roiz de Castelo Branco (14??-1515), um dos principais poetas palacianos da antologia *Cancioneiro geral*. Repare como o texto explora a musicalidade da língua, criando um ritmo com o encadeamento das palavras.

Este poema é um exemplo de cantiga. A primeira estrofe é um mote de quatro versos, cujo tema será desenvolvido na segunda estrofe, de nove versos.

O **mote** se concentra na tristeza causada pela separação do casal. Repare como o olhar do eu lírico simboliza a dimensão de sua dor.

A **estrutura** de cantiga, somada à **temática** amorosa do sofrimento em função da distância entre os amantes, lembra a poesia trovadoresca medieval.

Cantiga sua partindo-se

Senhora, partem tão tristes
meus olhos por vós, meu bem,
que nunca tão tristes vistes
outros nenhuns por ninguém.

Tão tristes, tão saudosos,
tão doentes da partida,
tão cansados, tão chorosos,
da morte mais desejosos
cem mil vezes que da vida.
Partem tão tristes os tristes,
tão fora d'esperar bem,
que nunca tão tristes vistes
outros nenhuns por ninguém.

CASTELO BRANCO, João Roiz de. Apud MOISÉS, Massaud. *A literatura portuguesa através dos textos*. 17. ed. São Paulo: Cultrix, 1988. p. 57.

2. Que diferença existe entre o tratamento dado à mulher amada neste poema, expresso pelo vocativo *meu bem*, e nas cantigas trovadorescas?

1. Quais sentidos podem ser atribuídos ao verbo *partir* no poema? Explique sua resposta.

3. Que aspecto do poema é enfatizado pelas palavras *nunca*, *nenhuns* e *ninguém*?

A repetição da palavra *tão*, acompanhada das **aliterações** em /t/ e /d/ e da **assonância** em /i/, confere à leitura um embalo melodioso que já independe de uma música que acompanharia o texto, isto é, a musicalidade é construída dentro do próprio poema.

A **glosa** recupera os versos finais do mote, amarrando o seu desenvolvimento com a repetição e reforçando a intensidade da tristeza experimentada pelo eu lírico.

Repertório

A fonte principal

O *Cancioneiro geral*, publicado por Garcia de Resende (c. 1470-1536) em 1516, contém a maior parte da produção poética portuguesa do fim do período medieval e do início do período clássico. Estão representados mais de duzentos poetas, entre eles João Roiz de Castelo Branco e Jorge de Resende, autores de poemas reproduzidos neste capítulo.

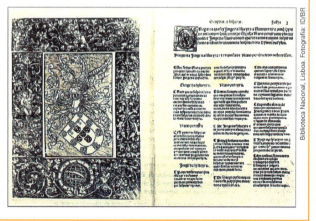

Página do *Cancioneiro geral*, compilado por Garcia de Resende. Biblioteca Nacional, Lisboa, Portugal.

Ler o Humanismo

Você vai ler, a seguir, outro poema encontrado no *Cancioneiro geral*. O poeta chama-se Jorge de Resende, e o texto selecionado também é uma cantiga.

Cantiga a uma mulher que lhe disse que não curasse de a servir, que perderia muito nisso

Quem pode tanto perder,
que mais perdido não seja,
quem vos viu e se deseja
livre de vosso poder!

E neste conhecimento,
inda que faleça amor,
o que menos vosso for,
tem menos contentamento
e na culpa maior dor.
Pois que posso eu perder,
s'isto tudo em mim sobeja,
que mais perdido não seja,
vivendo sem vosso ser?

RESENDE, Jorge de. In: RESENDE, Garcia de (Org.). *Cancioneiro geral*, v. 3. Stuttgart: Gedruckt auf Kosten des litterarischen Vereins, 1852. p. 326-327. Adaptado para o português contemporâneo.

Vocabulário de apoio

curar: ocupar, cuidar
s'isto: se isto
sobejar: exceder, sobrar, transbordar

Sobre o texto

1. Qual é a temática central do poema?
2. Essa cantiga segue, quanto à métrica, uma das medidas-padrão da poesia palaciana.
   a) Qual é essa medida?
   b) A cantiga da página anterior tem medida igual ou diferente?
3. Além do metro fixo, que outros elementos contribuem para a musicalidade da cantiga?
4. Qual ideia do mote a glosa desenvolve?
5. Explique o jogo de sentido criado pelo uso das palavras *perder* e *perdido* no mote e na glosa.
6. Pela maneira como a argumentação do poema é construída, que relação se pode estabelecer entre esse texto e o contexto cultural do Humanismo?

O que você pensa disto?

Durante o período do Humanismo, a perspectiva antropocêntrica, acompanhada dos avanços da ciência, questionou as explicações dadas pela Igreja para a realidade.

Ainda hoje, o embate entre a ciência e a religião continua. A pesquisa científica em certas áreas, como a da clonagem e a das células-tronco, enfrenta a oposição de doutrinas religiosas.

- Em que medida o confronto atual entre ciência e religião é similar àquele que ocorreu durante a fase final da Idade Média?

Em 2001, nasceu Vitória, o primeiro bovino clonado no Brasil e na América Latina. Fotografia tirada em Brasília (DF), em março de 2001.

CAPÍTULO 6

O Humanismo em Portugal

O que você vai estudar

- Portugal: início das Grandes Navegações.
- Renovação da literatura portuguesa.
- Historiografia: Fernão Lopes.
- Teatro popular: Gil Vicente.

Escola Francesa. *Batalha de Aljubarrota*, século XV. Têmpera sobre papel. Biblioteca Britânica, Londres, Inglaterra.

Iluminura representando cena da batalha de Aljubarrota (1385), que consolidou a independência de Portugal e marcou o início da dinastia de Avis (1385-1580), período de grande desenvolvimento do reino português.

O contexto de produção

Em 1383, com a morte do rei dom Fernando I, iniciou-se uma disputa pelo trono português. A sucessora natural seria dona Beatriz, filha legítima do rei. No entanto, ela era casada com dom João, rei de Castela – região que atualmente integra a Espanha. Por isso, a ascensão de Beatriz ao trono levaria à anexação de Portugal pelo reino vizinho.

Essa sucessão era apoiada pela rainha e pela alta nobreza, mas foi agressivamente rejeitada nas ruas pelo povo, pela burguesia e por alguns nobres, que queriam manter Portugal independente. Eles defendiam a ascensão de dom João de Portugal, o Mestre de Avis, filho bastardo de dom Pedro I e irmão do falecido dom Fernando.

Após um conflito que durou dois anos, os seguidores de dom João de Portugal derrotaram Castela na batalha de Aljubarrota, em 1385. Começou assim, com o reinado de dom João I, a **dinastia de Avis** – que só terminou em 1580. Esses quase dois séculos são considerados um período de ouro da história portuguesa. A dinastia de Avis fortaleceu o poder do rei, restringiu a influência da Igreja católica, promoveu a educação laica e estimulou o saber científico, especialmente nas áreas náutica e cartográfica.

Com o conhecimento desenvolvido nessa época e o apoio da burguesia que prosperava, Portugal se lançou à aventura ultramarina, expandindo seus domínios políticos, econômicos e culturais. A expansão ultramarina de Portugal iniciou-se em 1415, com a tomada da cidade marroquina de Ceuta, até então dominada pelos mouros. Seguiu-se a dominação das ilhas da Madeira (1418) e das Canárias (1432).

> ## Tendências da literatura humanista em Portugal

O Humanismo teve início na Itália e de lá propagou-se para o restante da Europa. Renovou a arte portuguesa, que desde o fim do Trovadorismo – ou seja, há quase um século – não sofria grandes mudanças.

O reflorescimento da literatura portuguesa no século XV pode ser percebido em três gêneros: o lírico, o historiográfico e o dramático.

A poesia feita nos palácios da corte – sem o acompanhamento musical típico das cantigas trovadorescas – definiu a retomada poética do período. Tratava-se da **poesia palaciana**, reunida no *Cancioneiro geral* de Garcia de Resende, comentada no capítulo 5.

Neste capítulo, abordaremos os gêneros historiográfico e dramático, nos quais dois nomes marcaram a história da literatura portuguesa: **Fernão Lopes**, na **prosa historiográfica**, e **Gil Vicente**, no **teatro**.

Fernão Lopes é considerado o responsável pelo início do Humanismo na literatura em Portugal e o primeiro historiador em língua portuguesa.

Até hoje, Gil Vicente é considerado um dos maiores gênios da dramaturgia de todos os tempos. Suas obras foram traduzidas para diversas línguas, encenadas e estudadas em vários países.

Para entender melhor a importância desses dois autores, é preciso considerar a situação de Portugal no século XV. O país estabelecia-se cada vez mais como uma nação independente, e o surgimento de um cronista habilidoso como Fernão Lopes ajudou a definir uma identidade para o país durante aquele momento decisivo, além de contribuir para o aprimoramento do texto historiográfico, até então de pouca expressividade.

Gil Vicente, por sua vez, reinventou a dramaturgia (praticamente inexistente em Portugal até o século XV), bem como colocou o indivíduo comum no centro de sua arte, criticando as bases sobre as quais aquela sociedade estava assentada.

Estátua de Gil Vicente, de Francisco de Assis Rodrigues. Situada em frente ao Teatro Nacional de Almeida Garrett, em Lisboa, é a imagem mais conhecida do dramaturgo. Fotografia de 2009.

GONÇALVES, Nuno. *Painéis de São Vicente de Fora*, c. 1495. Óleo sobre painel, 207,5 cm × 128,5 cm. Museu Nacional de Arte Antiga, Lisboa, Portugal.

As seis telas desses painéis mostram personalidades da nobreza e do clero da época. No terceiro painel, o homem de bigode, à direita, é o Infante dom Henrique, responsável pelo início das Grandes Navegações portuguesas.

❯ Fernão Lopes: o surgimento da historiografia em Portugal

As datas de nascimento e morte de Fernão Lopes são incertas. Em 1418, durante o reinado de dom João I, ele entrou para a história de Portugal ao ser nomeado guarda-mor da Torre do Tombo – o importante arquivo real português. Em 1434, escolhido por dom Duarte, filho de dom João I, tornou-se o primeiro **cronista-mor** do país, responsável por registrar a história lusitana, completando os relatos da vida dos reis.

Embora a crônica histórica já existisse antes de Fernão Lopes, em suas mãos o gênero ganhou novos contornos. O cronista foi criterioso na coleta de provas e documentos: entrevistou testemunhas, consultou arquivos de igrejas e visitou cemitérios. Selecionou e consolidou tudo isso em um relato que se distinguiu pela organização e pela clareza, dispensando as informações que não podiam ser comprovadas.

De sua obra, três crônicas se destacam: *Crônica de El-Rei dom Pedro*, *Crônica de El-Rei dom Fernando* e *Crônica de El-Rei dom João I* (inacabada). A parte principal da obra de Fernão Lopes, portanto, contempla os dois últimos reinados da primeira dinastia portuguesa – a de Borgonha, que culminou na crise de 1383-1385 –, e o primeiro reinado da dinastia de Avis, em que dom João de Portugal assumiu o trono.

Assim, em suas três crônicas principais, Fernão Lopes fez a análise e o registro de uma era portuguesa historicamente movimentada. A qualidade de sua obra ajudou a definir a identidade nacional e contribuiu para a consolidação de Portugal como nação.

❯ O registro da participação popular

Um dos aspectos mais importantes da obra de Fernão Lopes foi a inclusão da participação popular na história dos reinados portugueses. Até o surgimento desse cronista, os relatos se detinham nos fantasiosos atos heroicos de reis e outros membros da nobreza. Encomendados para dar importância aos feitos individuais dos nobres, esses textos praticamente ignoravam o papel do restante da população.

O trecho da *Crônica de El-Rei dom Fernando*, reproduzido abaixo, evidencia a diferença entre a historiografia iniciada por Fernão Lopes e a feita pelos cronistas anteriores, que provavelmente omitiriam os fatos narrados neste trecho. Dom Fernando tinha tomado como amante a mulher de um de seus vassalos, apesar de ter sido desaconselhado por alguns fidalgos próximos a ele. Como o rei não lhes deu ouvidos e continuou a se encontrar com a mulher do vassalo, os fidalgos se calaram.

O povo, então...

> Os povos do reino [...] juntavam-se em magotes, como é usança, culpando muito os atos do rei e os grandes da terra que lhos consentiam; e que pois lho eles não diziam como cumpria, que era bem que se juntassem os povos e que lho fossem assim dizer. E entre os que se principalmente disto trabalharam foram os da cidade de Lisboa, onde o rei então estava, os quais, falando nisto, foram tanto por seu feito em diante que se firmaram todos em conselho de lho dizer, elegendo logo por seu capitão e proponente um alfaiate que chamavam Fernão Vasques, homem bem razoável, jeitoso para o dizer: e juntaram-se um dia bem três mil entre mestres de todos os misteres e besteiros e homens de bem, e todos com armas se foram aos paços onde o rei pousava, fazendo grande alarido [...].

LOPES, Fernão. Crônica de El-Rei dom Fernando. In: *História e antologia da literatura portuguesa*: séculos XIII-XV. Lisboa: Fundação Calouste Gulbenkian, 2007. v. 1. p. 381. Texto adaptado para o português contemporâneo.

■ Margens do texto

O trecho narra uma manifestação popular contra o rei.
a) Por que os populares decidiram se manifestar?
b) Observe os verbos relacionados aos populares e os relacionados ao rei e responda: quem protagoniza essa cena? Justifique.

Vale saber

O cuidado com a veracidade do que se relata não garante um texto totalmente imparcial, pois o **ponto de vista** do autor é determinante na seleção e na organização dos dados.

Vocabulário de apoio

alarido: barulho, algazarra
besteiro: soldado que usava a besta, arma portátil que dispara setas
lho: contração dos pronomes *lhe + o*
magote: grupo, bando
mister: ofício, profissão
paço: palácio
usança: uso, prática

Sua leitura

Você vai ler agora um trecho da *Crônica de El-Rei dom João I*, na qual o cronista trata da relação entre os habitantes da cidade do Porto e dom João I, o Mestre de Avis, em face da invasão de Portugal conduzida pelo rei de Castela.

Deveis saber que assim que o Mestre ocupou cargo de regedor e defensor dos reinos e soube que el-rei de Castela vinha com seu poder para entrar neles, logo escreveu cartas a algumas vilas e cidades, como também a certas pessoas, notificando-lhes nelas a maneira pela qual estes reinos estavam em ponto de se perder; e como el-rei de Castela vinha para tomá-los e submeter os povos deles, agindo contra os tratados que existiam; que deviam julgar tal coisa como algo muito grave e muito estranha, e que todos deveriam acreditar que seria preferível morrer a cair na servidão tão odiosa. E que ele [o Mestre], por honra e defesa do reino e dos nativos deles, se dispusera a tomar encargo de regê-lo e defendê-lo [...].

E entre os lugares a que seu recado chegou, foi a cidade do Porto onde suas cartas não foram ouvidas em vão. Mas assim que foram vistas, com coração muito rapidamente se juntaram todos, especialmente o povo miúdo [...]

Então aqueles que chamavam arraia miúda disseram a um, por nome chamado Álvaro da Veiga, que levasse a bandeira pela vila em nome do Mestre de Avis; e ele recusou-se a levá-la, mostrando que não devia fazê-lo, o qual logo foi chamado traidor e que era da parte da Rainha, dando-lhe tantas cuteladas, e com tanta vontade, que era grande coisa de se ver. Uma vez morto este, não se fez mais nada naquele dia, mas juntaram-se todos no dia seguinte com sua bandeira estendida na praça, tendo ordenado que a levasse outro homem bom do lugar, que chamavam Afonso Eanes Pateiro; e que se não a quisesse levar que o matassem logo como o outro; Afonso Eanes soube disso por parte de alguns que eram seus amigos, e bem cedo pela manhã, antes que o convidassem para tal obra, foi à praça da cidade, onde já todos estavam reunidos para trazê-la pelo lugar, e antes que alguém lhe dissesse que a levasse, pegou a bandeira e disse em voz alta para que todos o ouvissem: *Portugal! Portugal! Pelo Mestre de Avis!*

Então Afonso Eanes montou em cima de um grande e formoso cavalo que já estava preparado, trazendo-a com muita honra por toda a cidade, acompanhado de muita gente, tanto clérigos como leigos, bradando todos numa só voz: *A bandeira real! A bandeira real! Pelo Mestre de Avis, Regedor e Defensor dos reinos de Portugal!*

[...] Todos com o mesmo empenho se dispuseram a seguir o comando do Mestre. E dessa maneira que tendes ouvido, tomaram os povos miúdos muitos castelos aos Alcaides deles, que deixamos de enumerar para não alongar, alçando a voz com estandartes pela vida, bradando todos e dizendo: *Portugal! Portugal! Pelo Mestre de Avis!* [...]

LOPES, Fernão. Crônica de El-Rei dom João I. In: *História e antologia da literatura portuguesa*: séculos XIII-XV. Lisboa: Fundação Calouste Gulbenkian, 2007. v. 1. p. 399-400. Texto adaptado para o português contemporâneo.

Sobre o texto

1. No primeiro parágrafo, o historiador narra que o Mestre de Avis enviou cartas a muitas vilas e cidades. Considerando o segundo parágrafo, explique por que, na sequência, a narrativa se fixa na cidade do Porto.

2. O cronista indica ou omite a classe social dos participantes desse episódio? Justifique com elementos do texto.

3. O texto não afirma se Afonso Eanes carregou a bandeira do Mestre de Avis por convicção ou por medo de ser morto, mas oferece evidências que podem levar a uma ou a outra interpretação.
   a) Qual acontecimento sugere que a motivação pode ter sido o medo?
   b) Que elementos da narrativa sugerem que Afonso Eanes poderia ter agido por convicção? Justifique.

4. No texto, Fernão Lopes revela que, além de seu compromisso com a verdade histórica, propõe-se a tornar sua narrativa atraente para o leitor. Transcreva, no caderno, o trecho que comprova essa afirmação e explique por que ele indica esse cuidado do cronista.

❯ Gil Vicente: nasce o teatro português

Gil Vicente (1465?-1537?) é considerado o primeiro dramaturgo de Portugal – e talvez o mais importante de todos. Antes de sua obra, pouco poderia ser dito sobre a existência de uma dramaturgia portuguesa, pois o que havia durante a Idade Média era um teatro feito de pequenas encenações relacionadas a festas religiosas.

Sua primeira apresentação artística ocorreu em 1502, nas celebrações do nascimento de dom João III, futuro rei de Portugal. Nos aposentos da rainha dona Maria, Gil Vicente recitou o *Monólogo do vaqueiro*, no qual interpretou o próprio vaqueiro. A apresentação foi tão divertida que Gil Vicente foi convidado a repeti-la durante as comemorações de Natal daquele ano. A partir daí, passou os 34 anos seguintes trabalhando para a corte portuguesa, período em que escreveu mais de quarenta peças, principalmente autos e farsas.

Embora Gil Vicente já seja um autor do século XVI, sua obra mantém ligações com a religiosidade medieval. Isso não significa que a obra vicentina seja teocêntrica. Pelo contrário, a moral cristã que aparece em sua obra funciona como base para uma sátira social mordaz, concentrada principalmente na análise de tipos humanos.

Assim, apesar do moralismo religioso medieval, Gil Vicente mostra o ser humano e seu comportamento em uma sociedade corrompida, destituída de valores morais – o que caracteriza uma visão humanista relativamente antropocêntrica do autor.

GAMEIRO, Roque. *Monólogo do vaqueiro*. Óleo sobre tela, 33 cm × 22 cm. Biblioteca Nacional, Lisboa, Portugal.

Ilustração de Roque Gameiro (1864-1935) para a peça de Gil Vicente *Monólogo do vaqueiro*, que deu início ao teatro popular em Portugal.

❯ A realidade social aliada ao riso

A obra de Gil Vicente revela a transição entre o pensamento medieval e o renascentista. Inicialmente, predominam **peças religiosas**, mas mesmo nelas o autor concentra-se pouco nos eventos sobrenaturais, como o tema dos milagres, preferindo destacar gestos virtuosos de santos que poderiam funcionar como modelos para a sociedade. Nessas peças, a temática religiosa não exclui o riso; o cômico aparece com naturalidade nas ações e falas das personagens.

No entanto, o ponto alto de sua produção ocorre posteriormente, com a criação de obras-primas como a trilogia das barcas (*Auto da barca do Inferno*, *Auto da Glória* e *Auto da barca do Purgatório*) e a *Farsa de Inês Pereira*. São produções focadas na **crítica de costumes**, em que todas as camadas sociais – do clero à plebe –, representadas por **tipos sociais** específicos, exemplificam o comportamento do ser humano. Seguindo a tradição, os autos de Gil Vicente são peças breves, com repertório e fundo moral extraídos do cristianismo. Contudo, não têm o intuito de promover a fé religiosa. A moral cristã é um instrumento para a **crítica social**. Esse mesmo caráter moralizante apresenta-se nas farsas – peças de apenas um ato –, mas nelas a crítica é mais direta e as situações retiradas do cotidiano popular são mais risíveis.

▌Repertório

Os tipos sociais na obra de Gil Vicente

As peças de Gil Vicente dificilmente se aprofundam na análise psicológica de suas personagens; ao contrário, a sátira do dramaturgo aponta para os tipos sociais que elas representam.

O elenco de tipos é grande: plebeus de toda natureza, além de comerciantes, burocratas, fidalgos, padres, bispos, velhas alcoviteiras, mães de família, criados ignorantes, agiotas, espertalhões e homens ingênuos; todos exibindo a mesma ganância e desonestidade.

Há passagens em que as personagens do cotidiano interagem com personagens míticas, tais como o Diabo e o Anjo em o *Auto da barca do Inferno*. Apesar dessa presença sobrenatural, as obras não perdem seu foco, que é a crítica dos comportamentos da época.

Sua leitura

Leia um trecho extraído da obra *Auto da barca do Inferno*, de Gil Vicente. Nessa peça, dois barqueiros – o Diabo e o Anjo – aguardam a chegada das almas que eles levarão para o inferno ou para o céu. Na cena abaixo, o barqueiro Diabo conversa com um frade.

Auto da barca do Inferno

[...]
Chega um Frade com uma Moça pela mão, e um broquel e uma espada na outra; vem cantando e dançando.
[...]
DIABO — Que é isso, Padre?
  Que vai lá?
FRADE — *Deo gratias*!
  Sou cortesão.
DIABO — Sabeis também o tordião?
FRADE — Por que não? Como ora sei!
DIABO — Pois entrai! Eu tangerei
  e faremos um serão.
  E essa dama, ela é vossa?
FRADE — Por minha a tenho eu,
  e sempre a tive de meu.
DIABO — Fizestes bem, que é formosa!
  E não vos punham lá grosa
  no vosso convento santo?
FRADE — E eles fazem outro tanto!
  Assim fui bem açoutado.
DIABO — Que cousa tão preciosa!
  Entrai, padre reverendo!
FRADE — Para onde levais gente?
DIABO — Para aquele fogo ardente
  que não temeste vivendo.
FRADE — Juro a Deus que não te entendo!
  E este hábito não me vale?
DIABO — Gentil padre mundanal,
  A Berzebu vos encomendo.
FRADE — Corpo de Deus consagrado!
  Pela fé de Jesus Cristo,
  Que eu não posso entender
      [isto!
  Eu hei-de ser condenado?
  Um padre tão namorado,
  e tanto dado à virtude!
  Assim Deus me dê saúde,
  que estou maravilhado.
DIABO — Não cureis de mais detença,
  Embarcai e partiremos:
  tomareis um par de remos.
FRADE — Não ficou isso na avença.
DIABO — Pois dada está já a sentença.
FRADE — Por Deus, essa seria ela?
  Não vai em tal caravela
  minha senhora Florença?
  Como?! Por ser namorado,
  e folgar com uma mulher,
  se há um frade de perder,
  com tanto salmo rezado?
DIABO — Ora estás bem aviado.
FRADE — Mais estás bem corrigido.
DIABO — Devoto padre e marido,
  haveis de ser cá pingado.
[...]

VICENTE, Gil. *Auto da barca do Inferno*. São Paulo: Companhia Editora Nacional, 2005. p. 43-46 (Série Lazuli – Clássicos).

Vocabulário de apoio

açoutado: açoitado (golpeado com chicote)
avença: acordo
aviado: arranjado
broquel: escudo
Deo gratias: dou graças
detença: demora
grosa: censura
mundanal: mundano, ligado ao mundo material
pingado: castigado
serão: trabalho extra, fora do expediente (mas também com o duplo sentido de sarau, em companhia do segundo sentido de "tanger")
tanger: tocar (no texto, tocar o barco, mas também com o duplo sentido de tocar um instrumento)
tordião: dança renascentista

Sobre o texto

1. O Frade chega ao encontro do Diabo de mão dada com uma mulher, dançando e cantarolando. Qual é a importância desses elementos na caracterização do Frade?

2. Na cena, o Diabo condena o Frade.
   a) O desvio de conduta que leva o Frade a ser condenado é exclusivo dele ou é generalizado na instituição à qual ele pertence? Transcreva um trecho do texto que comprove sua resposta.
   b) Relacione sua resposta anterior ao fato de a personagem ser denominada Frade, em vez de possuir um nome próprio.

3. A métrica dos versos aproxima o texto da literatura produzida na Idade Média. Explique essa afirmação.

4. Qual elemento temático desse texto o distingue da literatura medieval?

O que você pensa disto?

No trecho da peça de Gil Vicente reproduzido nesta página, a personagem Frade é utilizada para fazer uma crítica à Igreja católica da época. Nas demais passagens do *Auto da barca do Inferno*, outras personagens, representantes de diversos tipos sociais da época (o fidalgo, o burguês, etc.), também têm seu mau comportamento ético questionado. A maioria não escapa da barca do Inferno.

Hoje em dia, a imprensa frequentemente denuncia casos de desvios éticos nas mais diversas instituições.

Se Gil Vicente escrevesse esse auto nos dias de hoje, que tipos sociais provavelmente seriam suas personagens?

Ferramenta de leitura

Sátira, tragédia e epopeia

O russo Mikhail Bakhtin foi um dos principais linguistas e teóricos da literatura do século XX. É responsável pelo estudo da sátira e da cultura popular na obra de escritores como Dostoiévski e Rabelais. Fotografia de cerca de 1925.

Leia um trecho em que Mikhail Bakhtin (1895-1975) diferencia a sátira do poema épico e da tragédia no contexto da Antiguidade clássica.

> [...] São muito características da menipeia [sátira] as cenas de escândalos, de comportamento excêntrico, de discursos e declarações inoportunas, ou seja, as diversas violações da marcha universalmente aceita e comum dos acontecimentos, das normas comportamentais estabelecidas e da etiqueta, incluindo-se também as violações do discurso. Pela estrutura artística, esses escândalos diferem acentuadamente dos acontecimentos épicos e das catástrofes trágicas. [...]
>
> BAKHTIN, Mikhail. *Problemas da poética de Dostoiévski*. 4. ed. Rio de Janeiro: Forense Universitária, 2008. p. 134.

Segundo Bakhtin, no poema épico a personagem principal é um herói que realiza grandes feitos e representa um povo inteiro. Já a tragédia é um gênero teatral no qual se representam ações de um herói em luta contra um destino predeterminado, fixado pelos deuses. A tragédia e o poema épico possuem alguns pontos comuns: os protagonistas têm condição social elevada (são aristocratas); a linguagem é altamente formal; não se questiona a ordem estabelecida.

A sátira critica instituições sociais ou pessoas por meio do humor e é moralizante, ou seja, pretende que se corrijam os males apontados por ela. Em relação ao uso da linguagem, a sátira caracteriza-se pela informalidade, contrastando com o estilo altamente formal do poema épico e da tragédia.

Agora, leia outro trecho do *Auto da barca do Inferno*, de Gil Vicente.

Auto da barca do Inferno

[...]
FIDALGO — Esta barca onde vai ora, que assim está apercebida?
DIABO — Vai pera a ilha perdida, e há de partir logo essora.
FIDALGO — Pera lá vai a senhora?
DIABO — Senhor, a vosso serviço.
FIDALGO — Parece-me isso cortiço...
DIABO — Porque a vedes lá de fora.
FIDALGO — Porém, a que terra passais?
DIABO — Pera o Inferno, senhor.
FIDALGO — Terra é bem sem sabor.
[...]
FIDALGO — A estoutra barca me vou.
Dirige-se à barca da Glória:
Hou, da barca! Para onde is?
Ah, barqueiros, não me ouvis?
Respondei-me! Hou lá, hou!

[...]
ANJO — Que quereis?
FIDALGO — Que me digais, pois parti tão sem aviso, se a barca do Paraíso é esta em que navegais.
ANJO — Esta é! Que lhe buscais?
FIDALGO — Que me deixeis embarcar. Sou fidalgo de solar, é bem que me recolhais.
ANJO — Não se embarca tirania neste batel divinal.
[...]

VICENTE, Gil. *Auto da barca do Inferno*. São Paulo: Companhia Editora Nacional, 2005. p. 19, 21-22 (Série Lazuli – Clássicos).

Vocabulário de apoio

apercebido: preparado, aparelhado
batel: barco
essora: contração de *essa + hora*, agora
estoutra: contração de *esta + outra*; no contexto, refere-se à barca do Céu
fidalgo: nobre, aristocrata
pera: para

Sobre o texto

1. Explique se o modo de falar do Fidalgo é condizente com a sátira, segundo a descrição de Bakhtin.
2. Considerando-se que o Fidalgo pertence à camada social dominante na época, como se explica a desobediência do Anjo?
3. Nesse trecho, é possível perceber um propósito moralizante? Por quê?

Entre textos

Além de marcar o início da Era Moderna, o Humanismo proporcionou um enorme avanço da literatura portuguesa. De um lado, temos o início da crônica histórica, com Fernão Lopes; de outro, o nascimento do teatro popular, por meio da obra de Gil Vicente. A influência desses dois autores percorreu séculos e até os dias de hoje notamos seus ecos na literatura brasileira.

TEXTO

A fome negra

De madrugada, escuro ainda, ouviu-se o sinal de acordar. Raros ergueram-se. Tinha havido serão até a meia-noite. Então, o feitor, um homem magro, corcovado, de tamancos e beiços finos, o feitor, que ganha duzentos mil-réis e acha a vida um paraíso, o sr. Correia, entrou pelo barracão onde a manada de homens dormia com a roupa suja e ainda empapada do suor da noite passada:

— Eh! lá! rapazes, acorda! Quem não quiser, roda. Eh lá! Fora!

Houve um rebuliço na furna sem ar. Uns sacudiam os outros amedrontados, com os olhos só a brilhar na face cor de ferrugem; outros, prostrados, nada ouviam, com a boca aberta, babando.

— Ó João, olha o café.

— Olha o café e olha o trabalho! Ai, raios me partam! Era capaz de dormir até amanhã.

Mas, já na luz incerta daquele quadrilátero, eles levantavam-se, impelidos pela necessidade como as feras de uma *ménagerie* ao chicote do domador. Não lavaram o rosto, não descansaram. Ainda estremunhados, sorviam uma água quente, da cor do pó que lhes impregnava a pele, partindo o pão com escaras da mesma fuligem metálica, e poucos eram os que se sentavam, com as pernas em compasso, tristes.

Estávamos na ilha da Conceição, no trecho hoje denominado — a Fome Negra. Há ali um grande depósito de manganês e, do outro lado da pedreira que separa a ilha, um depósito de carvão. Defronte, a algumas braçadas de remo, fica a Ponta da Areia com a Cantareira, as obras do porto fechando um largo trecho coalhado de barcos. Para além, no mar tranquilo, outras ilhas surgem, onde o trabalho escorcha e esmaga centenares de homens.

[...]

RIO, João do. In: ENGEL, Magali G. et al. *Crônicas cariocas e ensino de história*. Rio de Janeiro: 7 Letras, 2008. p. 119.

Considerado um dos grandes cronistas da história da imprensa brasileira, o jornalista carioca João do Rio (1881-1921) misturava habilmente registro histórico e estilo literário, assim como Fernão Lopes (século XV) começou a fazer quatrocentos anos antes.

As crônicas de João do Rio apresentam um retrato da sociedade do Rio de Janeiro na virada do século XIX para o XX, bem como uma análise sociológica das contradições e dos absurdos dessa sociedade.

Em uma época de modernização urbana do Rio de Janeiro, então capital do país, o cronista soube perceber, por exemplo, a "Cidade Maravilhosa" como resultado de vários contrastes sociais – como no livro *A alma encantadora das ruas*. Assim, reconheciam-se, de um lado, o esnobismo e o entusiasmo da burguesia modernizadora e, de outro, um enorme grupo de marginalizados, formando um cenário complexo do centro urbano – em que ricos e pobres tinham papéis igualmente fundamentais. Trata-se de uma percepção semelhante à de Fernão Lopes quando incorporou às suas crônicas a participação do povo nos reinados.

Se o cronista português é o responsável pela transformação do gênero em algo mais próximo da História, João do Rio é um dos jornalistas que, no século XX, transformaram a crônica novamente, elevando-a à categoria de **texto literário**.

Vestibular e Enem

1. **(Mackenzie-SP)** O Humanismo foi um movimento que não pode ser definido por:
   a) ser um movimento diretamente ligado ao Renascimento, por suas características antropocentristas e individuais.
   b) ter uma visão do mundo que recupera a herança greco-romana, utilizando-a como tema de inspiração.
   c) ter valorizado o misticismo, o geocentrismo e as realizações culturais medievais.
   d) centrar-se no homem, em oposição ao teocentrismo, encarando-o como "medida comum de todas as coisas".
   e) romper os limites religiosos impostos pela Igreja às manifestações culturais.

2. **(Enem)** O Arlequim, o Pierrô, a Brighella ou a Colombina são personagens típicos de grupos teatrais da *Commedia dell'art*, que, há anos, encontram-se presentes em marchinhas e fantasias de carnaval. Esses grupos teatrais seguiam, de cidade em cidade, com faces e disfarces, fazendo suas críticas, declarando seu amor por todas as belas jovens e, ao final da apresentação, despediam-se do público com músicas e poesias. A intenção desses atores era expressar sua mensagem voltada para a:
   a) crença na dignidade do clero e na divisão entre o mundo real e o espiritual.
   b) ideologia de luta social que coloca o homem no centro do processo histórico.
   c) crença na espiritualidade e na busca incansável pela justiça social dos feudos.
   d) ideia de anarquia expressa pelos trovadores iluministas do início do século XVI.
   e) ideologia humanista com cenas centradas no homem, na mulher e no cotidiano.

3. **(Fuvest-SP)** Indique a afirmação correta sobre o *Auto da Barca do Inferno*, de Gil Vicente.
   a) A sátira é aqui demolidora e indiscriminada, não fazendo referência a qualquer exemplo de valor positivo.
   b) O moralismo vicentino localiza os vícios, não nas instituições, mas nos indivíduos que as fazem viciosas.
   c) É intricada a estruturação de suas cenas, que surpreendem o público com o inesperado de cada situação.
   d) É complexa a crítica aos costumes da época, já que o autor é o primeiro a relativizar a distinção entre o Bem e o Mal.
   e) A ênfase desta sátira recai sobre as personagens populares mais ridicularizadas e as mais severamente punidas.

4. **(PUC-SP)** Gil Vicente, criador do teatro português, realizou uma obra eminentemente popular. Seu *Auto da Barca do Inferno*, encenado em 1517, apresenta, entre outras características, a de pertencer ao teatro religioso alegórico. Tal classificação justifica-se por:

   a) ser um teatro de louvor e litúrgico em que o sagrado é plenamente respeitado.
   b) não se identificar com a postura anticlerical, já que considera a igreja uma instituição modelar e virtuosa.
   c) apresentar estrutura baseada no maniqueísmo cristão, que divide o mundo entre o Bem e o Mal, e na correlação entre a recompensa e o castigo.
   d) apresentar temas profanos e sagrados e revelar-se radicalmente contra o catolicismo e a instituição religiosa.
   e) aceitar a hipocrisia do clero e, criticamente, justificá-la em nome da fé cristã.

5. **(Unemat-MT)** "Autos" são modalidades do teatro medieval cujo assunto é basicamente religioso. No *Auto da Barca do Inferno*, de Gil Vicente, e no *Auto da Compadecida*, de Ariano Suassuna, a religião domina os temas. Assinale a alternativa correta.
   a) A concepção de religião é formal e solene durante a condenação ou salvação das almas.
   b) A relação Deus-homens se dá pelos rituais complexos.
   c) O desfecho moralizante está em desacordo com os preceitos católicos.
   d) A presença da oposição Deus × diabo divide os comportamentos humanos entre bem × mal.
   e) A abordagem religiosa exemplifica que, no julgamento final, as almas não têm salvação.

6. **(Mackenzie-SP)** Texto para a próxima questão.

> Chicó – Por que essa raiva dela?
>
> João Grilo – Ó homem sem vergonha! Você inda pergunta? Está esquecido de que ela o deixou? Está esquecido da exploração que eles fazem conosco naquela padaria do inferno? Pensam que são o cão só porque enriqueceram, mas um dia hão de pagar. E a raiva que eu tenho é porque quando estava doente, me acabando em cima de uma cama, via passar o prato de comida que ela mandava para o cachorro. Até carne passada na manteiga tinha.
>
> Para mim nada, João Grilo que se danasse. Um dia eu me vingo.
>
> Chicó – João, deixe de ser vingativo que você se desgraça. Qualquer dia você inda se mete numa embrulhada séria.
>
> SUASSUNA, Ariano. *Auto da Compadecida*.

Considere as seguintes afirmações.

I. O texto de Ariano Suassuna recupera aspectos da tradição dramática medieval, afastando-se, portanto, da estética clássica de origem greco-romana.

II. A palavra *Auto*, no título do texto, por si só sugere que se trata de peça teatral de tradição popular, aspecto confirmado pela caracterização das personagens.

III. O teor crítico da fala da personagem, entre outros aspectos, remete ao teatro humanista de Gil Vicente, autor de vários autos, como, por exemplo, o *Auto da barca do inferno*.

Assinale:
a) se todas estiverem corretas.
b) se apenas I e II estiverem corretas.
c) se apenas II estiver correta.
d) se apenas II e III estiverem corretas.
e) se todas estiverem incorretas.

7. **(PUC-SP)** Gil Vicente escreveu o *Auto da Barca do Inferno* em 1517, no momento em que eclodia na Alemanha a Reforma Protestante, com a crítica veemente de Lutero ao mau clero dominante na igreja. Nesta obra, há a figura do frade, severamente censurado como um sacerdote negligente. Indique a alternativa cujo conteúdo não se presta a caracterizar, na referida peça, os erros cometidos pelo religioso.

a) Não cumprir os votos de celibato, mantendo a concubina Florença.
b) Entregar-se a práticas mundanas, como a dança.
c) Praticar esgrima e usar armamentos de guerra, proibidos aos clérigos.
d) Transformar a religião em manifestação formal, ao automatizar os ritos litúrgicos.
e) Praticar a avareza como cúmplice do fidalgo, e a exploração da prostituição em parceria com a alcoviteira.

8. **(UEL-PR)** Em *Farsa de Inês Pereira* (1523), Gil Vicente apresenta uma donzela casadoura que se lamenta das canseiras do trabalho doméstico e imagina casar-se com um homem discreto e elegante. O trecho a seguir é a fala de Latão, um dos judeus que foi em busca do marido ideal para Inês, dirigindo-se a ela:

> Foi a coisa de maneira,
> tal friúra e tal canseira,
> que trago as tripas maçadas;
> assim me fadem boas fadas
> que me soltou caganeira...
> para vossa mercê ver
> o que nos encomendou.
>
> friúra: frieza, estado de quem está frio
> maçadas: surradas
> fadem: predizem
>
> VICENTE, Gil. *Farsa de Inês Pereira*. 22. ed. São Paulo: Brasiliense, 1989. p. 95.

Sobre o trecho, é correto afirmar:

a) Privilegia a visão racionalista da realidade por Gil Vicente, empregada pelo autor para atender às necessidades do homem do Classicismo.
b) É escrito com perfeição formal e clareza de raciocínio, pelas quais Gil Vicente é considerado um mestre renascentista.
c) Retrata uma cena grotesca em que se notam traços da cultura popular, o que não invalida a inclusão de Gil Vicente entre os autores do Humanismo.
d) Sua linguagem é característica de um período já marcado pelo Renascimento, o que se evidencia pela referência de Gil Vicente a figuras mitológicas clássicas, como as "boas fadas".
e) Revela em Gil Vicente uma visão positiva do homem de fé que se liberta da doença pelo recurso à divindade.

9. **(UFRGS-RS)** Em relação ao *Auto da Barca do Inferno*, de Gil Vicente, considere as seguintes afirmações.

I. Trata-se de um grande painel que satiriza a sociedade portuguesa de seu tempo.
II. Representa a transição da Idade Média para o Renascimento, guardando traços dos dois períodos.
III. Sugere que o Diabo, ao julgar justos e pecadores, tem poderes maiores que Deus.

Quais estão corretas?
a) Apenas I.
b) Apenas I e II.
c) Apenas I e III.
d) Apenas II e III.
e) I, II e III.

UNIDADE

4

O Classicismo

Nesta unidade

- **7** O Classicismo – o peso da tradição
- **8** O Classicismo em Portugal

RAFAEL. *Escola de Atenas*, 1510-1511. Afresco, base 770 cm. Vaticano.

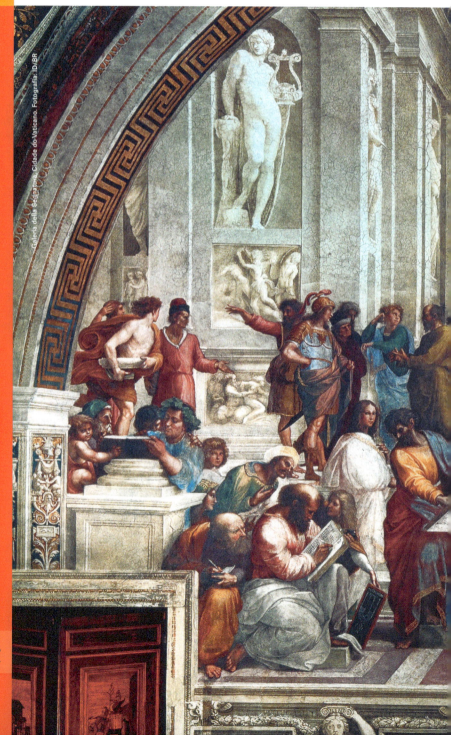

A imagem abaixo retrata filósofos de variadas épocas. No centro da pintura, estão Platão e Aristóteles. Ao seu redor vemos Pitágoras, Diógenes, Epicuro, Euclides, Heráclito e Sócrates, entre outros. O fato de eles aparecerem reunidos representa o profundo interesse com que o Renascimento se voltou para a filosofia elaborada durante a Antiguidade clássica e, de modo geral, para toda a cultura dessa época.

Prolongamento do Humanismo, o Renascimento produziu uma cultura exuberante, na qual se destacam as obras de pintura. Algumas delas sobreviveram à passagem dos séculos e moldaram o repertório visual de muitas gerações dos séculos XX e XXI.

Nesta unidade vamos estudar o Renascimento e a produção literária dessa época, que ficou conhecida pelo nome de Classicismo.

Você terá acesso a textos significativos do Classicismo, marcado pela retomada da poesia épica e por mudanças na lírica. Conhecerá a poesia dos precursores italianos Dante Alighieri (que introduziu um novo olhar lírico na poesia) e Petrarca, do também italiano Ariosto e dos portugueses Sá de Miranda e Camões (mestres da literatura clássica).

CAPÍTULO 7

O Classicismo – o peso da tradição

O que você vai estudar

- O Renascimento.
- Retomada da cultura greco-romana.
- Poesia épica: da Grécia a Portugal.
- Poesia lírica: turbulência da vida interior.

O Classicismo é uma das manifestações culturais do período do Renascimento e pode ser entendido como uma continuação do Humanismo, uma vez que aprofunda a perspectiva antropocêntrica (centrada no ser humano) na abordagem da realidade e da arte. A literatura do período tem como principal característica a recuperação de temas e formas originários da cultura greco-romana.

Sua leitura

A seguir, você analisará uma pintura e um fragmento de poema. A pintura, intitulada *O sonho do cavaleiro*, é de Rafael (1483-1520), um dos mais importantes artistas do Renascimento. O poema *Orlando Furioso* foi publicado em 1516 pelo escritor italiano Ludovico Ariosto (1474-1533).

O sonho do cavaleiro

RAFAEL. *O sonho do cavaleiro*, c. 1504. Têmpera sobre madeira, 17,1 cm × 17,3 cm. Galeria Nacional, Londres, Inglaterra.

Essa pintura retrata o general romano Cipião, o Africano, ladeado por duas deusas gregas, Minerva e Vênus. Rafael baseou-se em um relato do político romano Cícero, segundo o qual essas deusas teriam aparecido em sonho ao jovem Cipião.

Orlando Furioso

Damas, cavaleiros, armas e amores,
cortesias e audazes feitos canto,
do tempo em que o mar Mouros vingadores
passaram, para França molestar tanto,
seguindo a ira e juvenis furores
do rei de África, Agramante, porquanto
ousou vingar a morte de Troiano
em rei Carlos, imperador romano.

Direi de Orlando, simultaneamente,
o que nunca foi dito em prosa ou rima:
por amor ficou furioso e demente,
tendo antes de sensato fama opima;
se a que quase me fez o equivalente,
e o pouco engenho sem cessar me lima,
permitir que eu conserve o requerido
para levar a bom fim o prometido.

[...]

Orlando, que há muito se enamorara
de Angelica, e que pelos encantos seus
na Índia, Média e Tartária deixara
inumeráveis e imortais troféus,
com ela ao Ocidente regressara,
onde, cerca dos montes Pirenéus,
com os de França e os da Alemanha,
Carlos armara as tendas de campanha,

para que o rei Marsilio e o rei Agramante
pagassem cara a sua ousada chança;
um, porque trouxe de África adiante
o povo apto a usar espada e lança;
e o outro, por levar a Espanha avante
à destruição do reino de França.
Orlando chegou quando era exigido,
mas bem se arrependeu de lá ter ido,

pois sua dama ali lhe foi tirada:
eis como o juízo humano amiúde erra!
De Vésper a Eos, em tanta jornada
ele a defendera, em tão longa guerra,
e entre gente amiga ora lhe é furtada,
sem uso de espada e na sua terra.
O imperador, que extinguir maquinou
um grave incêndio, foi quem lha tirou.

ARIOSTO, Ludovico. *Orlando Furioso*. Trad. Margarida Periquito. Lisboa: Cavalo de Ferro, 2007. p. 47-48.

Sobre os textos

1. Na pintura de Rafael, figuram em primeiro plano o cavaleiro e as duas deusas. Liste os elementos da paisagem que aparecem em seguida, na ordem do mais próximo para o mais distante.

2. A deusa Minerva, à esquerda do cavaleiro, oferece a ele uma espada e um livro. Vênus, à direita, oferece-lhe um ramo de flores. Esses elementos representam futuros possíveis para o cavaleiro. Que tipo de atividade cada elemento sugere?

3. O eu lírico do poema apresenta, nos dois primeiros versos, as personagens e ações que serão tratadas no texto. Associe a cada um dos termos a seguir um elemento ou exemplo citado na sequência do poema.
   a) Damas
   b) Cavaleiros
   c) Amores
   d) Audazes feitos

4. O cavaleiro é a personagem comum aos dois textos. No entanto, eles se diferenciam, entre outros fatores, por sua relação com a mitologia greco-romana.
   a) Qual é o papel das divindades mitológicas na pintura?
   b) E nos versos de *Orlando Furioso*?
   c) A pintura representa uma personagem do Império Romano (Cipião), e *Orlando Furioso* se passa na Idade Média. Considerando esses contextos diferentes, levante uma hipótese para explicar o grau de importância atribuído à mitologia greco-romana em cada obra.

Vocabulário de apoio

amiúde: frequentemente
audaz: ousado
campanha: série de operações militares
Carlos: Carlos Magno, que reinou sobre uma vasta região da Europa durante a Idade Média
chança: vaidade
de Vésper a Eos: da noite para o dia (menção às deusas greco-romanas do entardecer, Vésper, e do amanhecer, Eos)
demente: louco
engenho: habilidade, inteligência
furor: fúria
limar: desgastar, corroer
maquinar: tramar em segredo
mouros: povo árabe, do norte da África
opimo: valioso
porquanto: porque, uma vez que
Troiano: Eneias, personagem originário de Troia que posteriormente fundou Roma

❯ O contexto de produção

No contexto de produção do Classicismo, circunstâncias iniciadas no período do Humanismo se acentuaram. Merecem destaque a proliferação e o fortalecimento das cidades, relacionados à ascensão econômica de uma burguesia mercantil que lá exercia suas atividades e ao aprofundamento da divisão social do trabalho. Outros fatores importantes são o desenvolvimento das ciências e as Grandes Navegações.

A seguir você verá como esses fatores se articulavam e, também, como eles se ligavam à produção cultural da época.

❯ O contexto histórico

O feudo medieval era um território autossuficiente: produzia o necessário para a subsistência de seus habitantes, gerando poucos excedentes comercializáveis. Por um lado, o comércio na sociedade medieval era ainda inexpressivo; por outro, as cidades não produziam o que consumiam, dependendo do campo e de outros países para obter alimentos. Essa situação provocou o crescimento dos fluxos comerciais, tarefa executada com eficiência pela burguesia mercantil estabelecida nas cidades.

O crescimento das atividades comerciais gerou, por sua vez, a necessidade de implantação de moedas para viabilizar as **trocas mercantis** em grande escala e deu origem ao surgimento de um sistema bancário que gerenciava o fluxo de moeda e financiava as atividades mercantis.

A divisão social do trabalho manifestava-se nas diversas **corporações de ofícios artesanais**, cuja organização interna era rigidamente hierarquizada. O mestre de ofício administrava um grande grupo de aprendizes que, após alguns anos nessa posição, tinham a possibilidade de se tornar mestres de ofício.

A necessidade de encontrar novos espaços fornecedores de produtos para atender às crescentes populações das cidades impulsionou as Grandes Navegações. Por sua vez, elas aceleraram o desenvolvimento de ciências como a astronomia, a medicina e a física, necessárias para que os europeus pudessem se lançar em busca de terras desconhecidas situadas a grande distância do Velho Continente.

❯ O contexto cultural

O Classicismo literário fez parte de um movimento cultural de grande alcance denominado **Renascimento**, que recuperou a produção cultural da Antiguidade greco-romana.

A valorização do ser humano como agente do conhecimento (**perspectiva antropocêntrica**) vinha substituir a concepção teocêntrica da Igreja católica, que presidiu a elaboração da arte durante a Idade Média.

O grande centro do Renascimento foi a Itália, com destaque especial para a cidade de Florença. Outras cidades importantes foram Urbino, Milão e Roma. Em todas elas, criaram-se obras inovadoras de pintura, escultura e arquitetura. Irradiando-se da Itália, progressivamente o Renascimento difundiu-se por vários outros países da Europa.

Observa-se, na prática artística, a adoção da divisão social do trabalho já bastante difundida nas cidades. Os aspirantes a pintor iniciavam sua carreira como aprendizes em grandes ateliês geridos por pintores já renomados. Esses pintores recebiam as encomendas de mercadores, de banqueiros, da nobreza e da corte papal. Planejavam a obra encomendada e dividiam o trabalho entre os aprendizes de seu ateliê.

■ Repertório

A racionalização do processo criativo

A partir do Renascimento, a produção artística passou a ser regida por um rigoroso planejamento, que dividia a realização do trabalho em etapas. Exemplo disso eram os procedimentos do ateliê de Perugino (c. 1445-1523) na cidade de Urbino. O quadro acabado era resultado de um processo dividido em várias fases, realizadas ora pelo mestre, ora por seus assistentes e aprendizes.

Divisão do trabalho: Andrea del Verrocchio (1435-1488) não executou esta obra sozinho; foi ajudado pelo jovem aprendiz Leonardo da Vinci (1452-1519), que pintou o anjo ajoelhado à esquerda e retocou partes da paisagem e do corpo de Cristo.

VERROCCHIO, Andrea del. *O batismo de Cristo*, c. 1470-1473. Óleo e têmpera sobre madeira, 177 cm × 151 cm. Galeria Uffizi, Florença, Itália.

Pintura renascentista: temas e circulação social

O tema predominante nas pinturas renascentistas eram as personagens e os episódios da **tradição religiosa cristã**. Cristo e a Virgem Maria eram as figuras mais recorrentes. Quase todos os grandes pintores renascentistas produziram dezenas de quadros retratando a Virgem Maria e o Menino Jesus. Interessante notar que, em muitas dessas pinturas, o próprio patrono da obra (a pessoa que a encomendara ao pintor) era retratado como participante da cena religiosa.

Os filósofos e deuses da mitologia grega também estavam muito presentes na pintura do período. Na abertura desta unidade (páginas 92-93), pode-se ver o quadro de Rafael *Escola de Atenas*, que reúne vários filósofos de épocas diferentes no mesmo ambiente. Na página 94, em outro quadro de Rafael, estão presentes as deusas gregas Vênus e Minerva.

Do ponto de vista da forma, destaca-se o grande cuidado com o **espaço de composição** (maneira como os elementos da obra são dispostos na área da tela) e com inovações técnicas como a **perspectiva** (ver abaixo o boxe *Repertório*), cujo pioneirismo se atribui a Giotto (1266-1337). Como se observa em todas as pinturas reproduzidas neste capítulo, o apuro técnico era levado a um extremo grau de minúcia pelos grandes pintores da época, refletindo o espírito racionalista muito valorizado no Renascimento.

Além de servirem como adornos domésticos, as telas eram uma forma de lisonjear personalidades poderosas da época. O papa Leão X, por exemplo, encomendou a Rafael a obra *Sagrada Família de Francisco I* para presenteá-la à rainha Cláudia da França. A posição política das duas personalidades envolvidas ilustra claramente o prestígio que os principais pintores renascentistas detinham entre os poderosos de seu tempo, frequentando, a maioria deles, os estratos superiores da sociedade.

Os clientes dos grandes pintores renascentistas eram banqueiros, comerciantes abastados, nobres e autoridades da corte papal em Roma. Eles eram conhecidos como **mecenas**.

> **Vale saber**
>
> Caio Mecenas (c. 70 a.C.-8 a.C.), conselheiro do imperador romano Otávio Augusto, patrocinou a produção de vários artistas de sua época (século I a.C.). Posteriormente, seu nome, transformado em substantivo comum (mecenas), passou a identificar os homens ricos que investem na produção de arte para obter reconhecimento e prestígio social.

O arbusto de zimbro situado atrás de Ginevra rodeia sua cabeça dando a impressão de ser uma grinalda. Esse arbusto impõe-se com força no retrato e é muito mais que um enfeite: o zimbro era um símbolo da virtude feminina, e a beleza era considerada uma expressão da virtude. No verso dessa tela, Leonardo da Vinci escreveu: "A Beleza adorna a Virtude".

DA VINCI, Leonardo. *Retrato de Ginevra de' Benci*, c. 1478-1480. Óleo e têmpera sobre madeira, 38,1 cm × 37 cm. Galeria Nacional de Arte, Washington, EUA.

Entre as qualidades deste retrato, os críticos citam seu detalhismo extremo. O véu transparente sobre o cabelo da modelo, o bordado muito elaborado do vestido, o brilho quase natural do tecido das mangas e o sombreado, sobretudo nas mãos e no rosto, que cria uma sensação dimensional bem convincente.

DA VINCI, Leonardo. *Retrato de Lisa del Giocondo (Mona Lisa)*, 1503-1506. Óleo sobre madeira, 77 cm × 53 cm. Museu do Louvre, Paris, França.

> **Repertório**
>
> ### A perspectiva
>
> A técnica conhecida como **perspectiva** possibilita a representação de objetos tridimensionais (com altura, largura e profundidade) em superfícies bidimensionais (com altura e largura). Para empregar essa técnica, o artista deve possuir sólidos conhecimentos de geometria.
>
> A utilização da pintura a óleo, iniciada pelo artista holandês Jan van Eyck (c. 1385/90-1441), foi importante para a difusão da perspectiva nas obras renascentistas. Com pincéis finos, o artista conseguia criar mais detalhes e explorava texturas mais complexas, aplicando camadas de óleo umas sobre as outras para produzir efeitos de sombra.
>
> Giotto é considerado o grande pioneiro na aplicação da perspectiva.
>
>
>
> GIOTTO. *Apresentação da Virgem*, c. 1305. Afresco, 200 cm × 185 cm. Cappella degli Scrovegni, também conhecida como Cappella Dell'Arena, Pádua, Itália.

> O contexto literário

A produção literária do Renascimento – o Classicismo – sintetizou um conjunto de ideais e formas estéticas de uma sociedade que procurava diferenciar-se de suas raízes medievais. Para isso, recuperou temas e formas da Antiguidade greco-romana, mas também introduziu o novo, criando formas até então inéditas.

O sistema literário do Classicismo

Os escritores do período do Classicismo provinham, em grande parte, das classes sociais mais favorecidas, ou mantinham com elas fortes laços de convivência e de dependência econômica. Toda casa que quisesse ser considerada elegante e, consequentemente, aceita pelos pares sociais mais abastados tinha, entre seus protegidos, escritores que eram devidamente remunerados, assim como escultores, arquitetos e pintores.

A **associação da literatura às classes dominantes** evidencia-se nas dedicatórias dos poemas épicos produzidos no período. *Orlando Furioso*, do italiano Ludovico Ariosto, é dedicado "ao Ilustríssimo e Reverendíssimo Cardeal Dom Ippolito de Este" (a família Este era uma das mais ricas e poderosas da Itália). Já *Os Lusíadas*, do poeta português Luís de Camões, é dedicado ao próprio rei de Portugal. Leia um trecho a seguir.

> [...]
> Vós, poderoso Rei, cujo alto Império
> O Sol, logo em nascendo, vê primeiro;
> Vê-o também no meio do Hemisfério,
> E, quando *dece*, o deixa derradeiro;
> Vós, que esperamos jugo e vitupério
> Do torpe Ismaelita cavaleiro,
> Do Turco Oriental e do Gentio
> Que *inda* bebe o licor do santo Rio:
>
> Inclinai por um pouco a majestade,
> Que nesse tenro gesto vos contemplo,
> Que já se mostra qual na inteira idade,
> Quando subindo ireis ao eterno Templo;
> Os olhos da real benignidade
> Ponde no chão: vereis um novo exemplo
> De amor dos pátrios feitos *valerosos*,
> Em versos *devulgado* numerosos.
>
> CAMÕES, Luís Vaz de. In: *História e antologia da literatura portuguesa*: século XVI. Lisboa: Fundação Calouste Gulbenkian, 2007. v. 2. t. 1. p. 497.

Na prática, a circulação da obra literária ocorria em situações de encontros sociais. A recitação de um poema ou a leitura de trechos em prosa eram as formas mais recorrentes de circulação da literatura, principalmente em eventos bancados por ricos mecenas em sua própria casa ou ocorridos nas cortes de reis e príncipes.

Naquela época, ainda não havia um mercado editorial constituído, com a finalidade de publicar obras destinadas a um público leitor. Como grande parte da população não sabia ler, os livros impressos eram um produto direcionado a um grupo seleto de pessoas. Além disso, a difusão da imprensa foi lenta e desigual entre os países da Europa. Em Portugal, por exemplo, ainda na segunda metade do século XVI, muitas obras circulavam somente como cópias manuscritas.

Quanto aos temas e formas, o Classicismo produziu **crônicas de viagem**, **poesia épica** e **poesia lírica**.

Repertório

O império colonial português

As primeiras navegações portuguesas foram patrocinadas pelo rei dom Henrique, que buscava um caminho marítimo para a Índia alternativo à rota do Mediterrâneo, dominada pelas cidades italianas. Esse feito foi conseguido por Vasco da Gama, na viagem de 1497-1498. Daí em diante Portugal passou a dominar o comércio dos produtos do Oriente e consolidou um império que tinha territórios na África, na Ásia e na América.

O império colonial português foi o primeiro império da Idade Moderna e também o mais duradouro. Manteve domínio sobre suas colônias africanas até a década de 1970 e sobre o Timor-Leste, na Ásia, até 2002. Na fotografia, preparativos para a celebração do décimo aniversário da independência do Timor-Leste, em 20 de maio de 2012.

Margens do texto

1. Nos quatro primeiros versos, o que diz o eu lírico sobre a extensão do império português?
2. Na segunda estrofe, há um duplo elogio ao rei de Portugal. Identifique os dois motivos de orgulho do rei.

O papel da tradição

A **poesia épica** do Classicismo recuperou as grandes epopeias greco-romanas: *Odisseia*, do grego Homero, e *Eneida*, do poeta latino Virgílio.

> Canto os combates e o herói que, por primeiro, fugindo do destino, veio das plagas de Troia para a Itália e para as praias de Lavínio. Longo tempo foi o joguete, sobre a terra e sobre o mar, do poder dos deuses superiores, por causa da ira da cruel Juno; durante muito tempo, também, sofreu os males da guerra, antes de fundar uma cidade e de transportar seus deuses para o Lácio: daí surgiu a raça latina e os pais albanos e as muralhas da soberba Roma.
> VIRGÍLIO. *Eneida*. Trad. Tassilo Orpheu Spalding. São Paulo: Cultrix, 2007. p. 11.

Margens do texto
Para a poesia épica, o herói é um ser que se coloca entre os deuses e os mortais, realizando feitos de que outros seres não seriam capazes. Com base na leitura do fragmento ao lado, que realizações de Eneias nos permitem classificá-lo como um herói?

O fragmento acima apresenta o assunto central do poema: a fuga do herói Eneias da guerra que destruiu a cidade de Troia. Vagando pelos mares ao sabor da ira da deusa Juno, Eneias aporta em uma região do Lácio, onde funda a cidade de Roma. Essa epopeia foi uma das mais importantes referências para a escrita de *Os Lusíadas*, de Luís de Camões.

A **poesia lírica** do Classicismo se baseia em um conjunto de ideias que procurava distinguir a produção poética realizada a partir do século XIII daquela que caracterizava a poesia medieval. Criado pelo poeta italiano Dante Alighieri (1265-1321), o ***dolce stil nuovo*** ("doce estilo novo") define uma nova concepção de amor, que passa a ser visto como uma virtude individual pertencente somente a corações nobres e puros. A amada, objeto de afeição do sujeito que ama, é vista como uma angélica Senhora, capaz de despertar em seu amado o sentimento de perfeição moral, nobreza, gentileza, bondade e elevação espiritual. Motivado pela beleza espiritual de sua amada Senhora, o eu lírico expressa seus sentimentos de maneira refinada e equilibrada, descartando arroubos e excessos da emoção.

Oitenta anos depois de Dante, surgiu outro poeta italiano que seria decisivo para a poesia lírica do Classicismo. Trata-se de Petrarca, que consolida a tendência de valorização da vida interior aproveitando a temática amorosa, mas agora também com uma vivência de turbulência emocional. Influenciado pelo amor, o eu lírico descreve-se como um ser dividido e angustiado; ao tentar compreender esse sentimento, constata seu caráter contraditório. Tal influência petrarquiana é nítida neste soneto do poeta português Sá de Miranda, escrito no século XVI.

DA VINCI, Leonardo. *Leda e o cisne*, c. 1505-1510. Óleo sobre madeira, 69,5 cm × 73,7 cm. Galeria Uffizi, Florença, Itália.

Esse quadro renascentista retrata uma das aventuras amorosas de Zeus, o pai dos deuses na Grécia Antiga, que costumava usar diferentes disfarces para se aproximar de mulheres. Aqui ele assume a forma de um cisne que enlaça amorosamente Leda; os filhos resultantes dessa união estão à esquerda, saindo de ovos com a casca quebrada.

> Amor que não fará? Fez-me enjeitar
> tam levemente a mim por quem me enjeita;
> castelos de esperanças e suspeita
> faz, e não sei que faz, tudo no ar.
>
> Fez-me pedras colher, fez-mas lançar;
> aperta-se a alma triste, em si encolheita;
> à força que fará, e lei estreita?
> queira ou não queira, em fim, há-de passar.
>
> Tam cego e tanto era eu, que da vontade
> tudo fiei, que tudo a través guia,
> tam grande imiga minha e da verdade!
>
> Que al se podia esperar de ũa tal guia?
> Caí onde ora jaço, oh! crueldade!
> Não sei quando é de noite, ou quando é dia.
>
> SÁ DE MIRANDA, Francisco de. In: *História e antologia da literatura portuguesa*: século XVI. Lisboa: Fundação Calouste Gulbenkian, 2007. v. 2. t. 1. p. 189.

Vocabulário de apoio
a través: ao contrário
al: outra coisa
encolheita: encolhida
enjeitar: rejeitar
fiar: acreditar, confiar
imiga: inimiga
jaço: jazo, do verbo *jazer* (estar em posição estendida e imóvel)
tam: tão
ũa: uma

Uma leitura

Observe esta análise de um poema lírico de Luís de Camões. Representante máximo do Classicismo em língua portuguesa, Camões compôs alguns dos poemas mais importantes e conhecidos desse período.

Esta ideia do amor que fere é um empréstimo da mitologia da Antiguidade clássica, segundo a qual o Cupido, deus do amor, faz os amantes se apaixonarem com uma flechada.

A recorrência do verbo *ser*, flexionado na terceira pessoa do presente do indicativo, estabelece um paralelismo entre os versos das três primeiras estrofes.

Amor é um fogo que arde sem se ver,
é ferida que dói, e não se sente;
é um contentamento descontente,
é dor que desatina sem doer.

É um não querer mais que bem querer;
é um andar solitário entre a gente;
é nunca contentar-se de contente;
é um cuidar que ganha em se perder.

É querer estar preso por vontade;
é servir a quem vence o vencedor;
é ter, com quem nos mata, lealdade.

Mas como causar pode seu favor
nos corações humanos amizade,
se tão contrário a si é o mesmo Amor?

CAMÕES, Luís Vaz de. *Sonetos de Camões*. São Paulo: Ateliê, 1998. p. 49.

A definição de amor como "fogo que arde" remete ao plano carnal, sensual, diferentemente de outras visões sobre o amor que aparecem em poemas do próprio Camões.

O amor descrito pelo eu lírico é paradoxal, contrário à lógica. As definições do amor se contradizem o tempo todo, expressando a agitação interior do eu lírico. Em função disso, o poema transforma-se em uma espécie de lamento.

1. No último terceto do soneto, as palavras dos versos estão escritas em uma ordem diferente daquela com que estamos mais acostumados. Reescreva os versos no caderno em uma ordem mais comum. Que diferença você nota entre o trecho original e a versão reescrita por você?

2. O eu lírico afirma que a contradição reside nos corações humanos. Explique qual é essa contradição.

3. A mesma palavra inicia e conclui o poema. Como você explicaria o fato de, no final, essa palavra aparecer em uma frase interrogativa?

Esta obra retrata Galateia, uma ninfa (divindade) marinha da Grécia Antiga. Os Cupidos, no alto, tentam atingir Galateia, que é perseguida por um admirador. Os críticos de arte chamam a atenção para o equilíbrio e a simetria da composição: à esquerda, uma mulher, retratada de frente, é abraçada por um homem; à direita, é o homem que aparece de frente abraçado por uma mulher.

RAFAEL. *O triunfo de Galateia*, 1512-1514. Óleo sobre tela, 300 cm × 220 cm. Villa Farnesina, Roma, Itália.

Ler o Classicismo

Leia a seguir um fragmento do Canto I do poema épico *Os Lusíadas*, de Luís de Camões, e faça no caderno as atividades propostas.

Vocabulário de apoio

alevantar: levantar, erguer-se
Alexandro: Alexandre, o Grande
cessar: parar
dilatar: ampliar, expandir
Lusitano: português
Marte: deus da guerra
Musa antiga: Calíope, musa da poesia e da eloquência
Neptuno: deus do mar
remoto: distante no espaço e/ou no tempo
sublimar: tornar sublime, grandioso; glorificar
Taprobana: antigo nome do território que hoje corresponde ao país insular asiático Sri Lanka
Trajano: imperador romano
vicioso: corrupto, degradado

Os Lusíadas

[...]
As armas e os barões assinalados,
Que, da Ocidental praia Lusitana,
Por mares nunca dantes navegados
Passaram ainda além da Taprobana,
Em perigos e guerras esforçados
Mais do que prometia a força humana,
E entre gente remota edificaram
Novo Reino, que tanto sublimaram;

E também as memórias gloriosas
Daqueles Reis que foram dilatando
A Fé, o Império, e as terras viciosas
De África e de Ásia andaram devastando,
E aqueles que por obras valerosas
Se vão da lei da Morte libertando:
Cantando espalharei por toda parte,
Se a tanto me ajudar o engenho e arte.

Cessem do sábio Grego e do Troiano
As navegações grandes que fizeram;
Cale-se de Alexandro e de Trajano
A fama das vitórias que tiveram;
Que eu canto o peito ilustre Lusitano,
A quem Neptuno e Marte obedeceram.
Cesse tudo o que a Musa antiga canta,
Que outro valor mais alto se alevanta.
[...]

CAMÕES, Luís Vaz de. In: *História e antologia da literatura portuguesa*: século XVI. Lisboa: Fundação Calouste Gulbenkian, 2007. v. 2. t. 1. p. 497.

Sobre o texto

1. Nas duas primeiras estrofes, o eu lírico de *Os Lusíadas* declara que vai cantar "os barões assinalados" e os reis de Portugal. Quais são os feitos praticados por esses sujeitos?

2. Na terceira estrofe, o eu lírico cita os heróis de duas epopeias clássicas: Ulisses (o "sábio Grego") e Eneias (o "Troiano"). Que comparação é feita entre eles e os heróis portugueses citados nas duas estrofes anteriores?

3. Releia: "E aqueles que por obras valerosas/ Se vão da lei da Morte libertando:". Explique a possível relação entre esses versos e o poema épico *Os Lusíadas*: de que maneira a literatura contribui para libertar essas personagens "da lei da Morte"?

4. Destaque semelhanças temáticas e formais entre esse fragmento de *Os Lusíadas* e os trechos de epopeias que você estudou neste capítulo: *Orlando Furioso* (página 95) e *Eneida* (página 99).

O que você pensa disto?

Os poemas épicos *Orlando Furioso* e *Os Lusíadas* têm como pano de fundo os confrontos entre povos cristãos e povos islâmicos, que ocorreram durante boa parte da Idade Média.

O islamismo é atualmente uma das religiões com maior número de adeptos. A maioria dos países islâmicos é governada por regimes políticos distintos da democracia representativa do Ocidente. Com frequência, governantes da Europa e da América se colocam como missão implantar a democracia representativa nos países islâmicos.

- É possível comparar essa atitude com o comportamento dos monarcas europeus que combatiam os povos islâmicos? Será ela uma atitude etnocêntrica e intolerante ou justificável em nome de direitos humanos fundamentais?

Manifestantes protestam na praça Tahir (Cairo, capital do Egito) contra a violência praticada pela Irmandade Muçulmana a egípcios não religiosos, seculares e cristãos coptas. Fotografia de 2012.

CAPÍTULO 8
O Classicismo em Portugal

O que você vai estudar

- Coexistência entre medida velha e medida nova.
- Sá de Miranda: poesia lírica.
- Camões: poesia lírica e poesia épica.

GAMEIRO, Roque. *A partida de Vasco da Gama para a Índia em 1497*, c. 1900. Litografia, 29 cm × 43 cm. Biblioteca Nacional de Lisboa, Portugal.

› O contexto de produção

Nos séculos XV e XVI, Portugal viveu um momento de grande glória e desenvolvimento. A riqueza e o prestígio conquistados pelas Grandes Navegações favoreceram a incorporação da **cultura clássico-renascentista**, que era difundida da Itália para o restante da Europa. Ao ingressar em Portugal, essa nova visão de mundo – ligada à experiência burguesa e mercantil – contrastava com os valores medievais defendidos pela Igreja católica e por parte substancial da aristocracia, setores ainda muito poderosos no país.

O acesso ao ouro, a escravos e às especiarias e também a posse de novas terras (como as Ilhas da Madeira e das Canárias) conferiam a Portugal um papel de destaque no conjunto das nações europeias. Seguindo seu plano de conquistas, Portugal se dirigiu ao sul do continente africano, descobrindo uma rota marítima para as Índias e para outras localidades na Ásia, em um processo crescente que culminaria com o estabelecimento de um **grande império ultramarino**, do qual o Brasil também faria parte.

Vale saber

A história da expansão do império ultramarino português é, também, a história da difusão da língua portuguesa pelo mundo, igualmente permeada por conflitos.

› A poesia épica

Relatos de viagem da época registram informações geográficas e ligadas aos costumes dos povos de diferentes pontos percorridos pelos navegadores portugueses. Neles é possível perceber um perfil do indivíduo letrado do tempo do Classicismo, preocupado com a objetividade documental, fiel à cronologia dos acontecimentos, minucioso na descrição dos povos e das paisagens.

Repare como esse perfil se revela no fragmento reproduzido na próxima página. No trecho, retirado de uma obra de Fernão Lopes de Castanheda (1500-1559), os portugueses a bordo da histórica esquadra de Vasco da Gama recebem a visita de mouros na costa africana.

História do descobrimento e conquista da Índia pelos portugueses

[...]

A gente que vinha dentro eram homens baços e de bons corpos, vestidos de panos de algodão listrados e de muitas cores, uns cingidos até o giolho e outros sobraçados como capas, e nas cabeças fotas com vivos de seda lavrados de fio de ouro, e traziam terçados mouriscos e adagas. Estes homens, como chegaram aos navios, entraram dentro mui seguramente, como que conheceram os portugueses, e assi conversaram logo com es, e falavam aravia, no que se conheceu que eram mouros. Vasco da Gama lhe mandou dar de comer, e eles comeram e beberam; e, perguntados por um Fernão Martins, que sabia aravia, que terra era aquela, disseram que era hũa ilha do senhorio dum grande rei que estava adiante, e chamava-se a ilha Moçambique, povoada de mercadores que tratavam com mouros da Índia, e que traziam prata, cravo, pimenta, gengibre, anéis de prata, com muitas pérolas, aljôfar, e rubis, e que doutra terra, que ficava atrás, lhe traziam ouro; e que, se ele quisesse entrar pera dentro do porto, que eles o meteriam, e lá veria mais largamente o que diziam. Ouvido isto por Vasco da Gama, houve conselho com os outros capitães que seria bom que entrassem, assi pera verem se era verdade o que aqueles mouros diziam, como pera tomarem pilotos que os guiassem dali por diante, pois os não tinham, e que Nicolau Coelho fosse sondar a barra: e assi se fez.

[...]

CASTANHEDA, Fernão Lopes de. *História do descobrimento e conquista da Índia pelos portugueses*. Livro I, cap. V. Disponível em: <http://alfarrabio.di.uminho.pt/vercial/castanhe.htm>. Acesso em: 19 dez. 2014.

Vocabulário de apoio

adaga: faca pontiaguda e larga
aljôfar: pérola muito pequena
aravia: língua árabe
baço: que tem a pele morena
barra: entrada de baía, trecho do litoral onde se pode aportar
cingido: usado ao redor do corpo
es: eles
fota: turbante
giolho: joelho
hũa: uma
mourisco: mouro, árabe
sobraçado: colocado em torno dos braços
terçado: espada curta e larga

Esses navegantes que abriram novos horizontes para Portugal ganharam o contorno de heróis na literatura. Com o auxílio do repertório da Antiguidade clássica, os fatos históricos foram transportados para o campo da poesia. Tempos depois das primeiras conquistas ultramarinas, o poema épico *Os Lusíadas*, de Luís de Camões (que será estudado neste capítulo), recontaria a história de Portugal fundindo mito e eventos factuais; trata-se de um dos poemas em língua portuguesa mais importantes de todos os tempos.

> A poesia lírica

Além da poesia épica de *Os Lusíadas*, uma das manifestações literárias mais importantes desse período foi a **poesia lírica**, na qual convivem características da poesia do Classicismo e da Idade Média. Escritores importantes da época incorporaram as novas formas poéticas surgidas predominantemente na Itália, como o soneto, e as **medidas longas** (com versos de 10, 11 ou 12 sílabas) que caracterizavam o "doce estilo novo".

No entanto, algumas formas típicas da literatura medieval, como a redondilha, com versos nas **medidas curtas** (de 5 ou 7 sílabas poéticas), permaneceram no repertório português. Essa convivência da **medida velha** (medieval) com a **medida nova** (classicista) às vezes ocorre nas obras de um mesmo poeta, como é o caso de Sá de Miranda, que será estudado a seguir.

A **coexistência de estilos distintos** não se deu apenas no aspecto formal, mas também nos temas abordados pela poesia lírica. Muitos poemas portugueses da época ainda manifestavam traços das cantigas dos trovadores populares da Idade Média, como o sentimentalismo e a referência a circunstâncias concretas, em contraste com o racionalismo e o idealismo típicos do espírito clássico. É preciso que se fique atento ao diálogo entre essas **diferentes fontes de influência**, pois esta será uma característica marcante do Classicismo em Portugal.

A Contrarreforma, reação católica à Reforma protestante, atuou com rigor em Portugal no século XVI, tendo proibido a circulação de obras de Camões e Sá de Miranda. Os autos de fé (rituais públicos de punição de pessoas consideradas heréticas pela Igreja) já existiam no século XV, porém tornaram-se muito mais frequentes com a Contrarreforma.

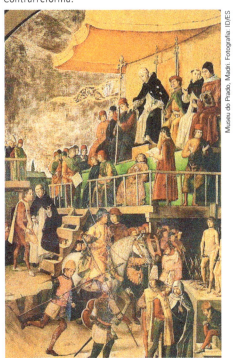

BERRUGUETE, Pedro. *Auto de fé presidido por Santo Domingo de Guzmán*, c. 1495. Óleo sobre painel, 154 cm × 92 cm. Museu do Prado, Madri, Espanha.

› Sá de Miranda: novas medidas para Portugal

Em 1526, o retorno do poeta Francisco de Sá de Miranda (1481-1558) a Portugal, depois de viajar pela Itália, é considerado o momento inicial do Classicismo português. Entusiasmado com a literatura italiana que conhecera, Sá de Miranda adotou e divulgou formas poéticas aprendidas nessa viagem, como o **soneto**, as **medidas novas**, as composições em **tercetos** e em **oitava-rima**.

Apesar da intensa ligação com os ideais renascentistas, Sá de Miranda nunca abandonou a composição de redondilhas. Seus poemas expressam as dúvidas e os impasses humanos. Esse caráter existencial de sua poesia foi aproveitado por outros poetas do Classicismo, como Camões.

Na poesia de Sá de Miranda, há uma abordagem da existência humana marcada por uma melancolia tensa e constante. Parte considerável de sua produção poética se caracteriza por momentos de profunda meditação, de questionamentos sobre os destinos humanos e sobre a impossibilidade de realização amorosa.

> **Vale saber**
>
> **Oitava-rima** é a estrofe composta de oito versos decassílabos, cujos seis primeiros versos apresentam rimas alternadas, e os dois últimos, rimas encadeadas. O esquema de rimas se escreve ABABABCC.

Comigo me desavim,
sou posto em todo perigo;
não posso viver comigo
nem posso fugir de mim.

Com dor, da gente fugia,
antes que esta assi crecesse;
agora já fugiria
de mim, se de mim pudesse.
Que meo espero ou que fim
do vão trabalho que sigo,
pois que trago a mim comigo,
tamanho imigo de mim?

SÁ DE MIRANDA, Francisco de. In: *História e antologia da literatura portuguesa*: século XVI. Lisboa: Fundação Calouste Gulbenkian, 2007. v. 2. t. 1. p. 187.

Ó meus castelos de vento
que em tal cuita me pusestes,
como me vos desfizestes!

[...]

Caístes-me tão asinha
caíram as esperanças;
isto não foram mudanças,
mas foram a morte minha.
Castelos sem fundamento,
quanto que me prometestes,
quanto que me falecestes!

SÁ DE MIRANDA, Francisco de. Disponível em: <http://alfarrabio.di.uminho.pt/vercial/miranda.htm>. Acesso em: 19 dez. 2014.

No poema da direita, por exemplo, observe a expressão do desalento do eu lírico diante da constatação da impossibilidade de realização de seus sonhos.

A imagem dos "castelos de vento" – que sugere a fragilidade dos desejos e as ambições do eu lírico no confronto com a realidade – retrata bem o aspecto cético dessa poesia, mas não se trata de um sentimentalismo desenfreado ou uma lamentação. A linguagem parece ser fruto de uma longa meditação; isso faz com que, por vezes, os versos manifestem uma reflexão, mais do que a pura expressão dos sentimentos.

O eu lírico na poesia de Sá de Miranda corresponde ao ideal do indivíduo clássico proposto pelo Renascimento: reflexivo, sóbrio e idealizador de um sentimento que ultrapasse o momentâneo em busca de algo mais duradouro, quase eterno.

> **Vocabulário de apoio**
>
> **asinha**: de repente
> **assi**: assim
> **cuita**: coita, sofrimento
> **desavir-se**: indispor-se, criar desavença
> **imigo**: inimigo
> **meo**: meio

Repertório

Difusão do soneto em Portugal

As formas métricas e estróficas que Sá de Miranda levou para Portugal no século XVI eram utilizadas na Itália desde o século XIV. Em Portugal, já circulavam sonetos e outros poemas de Petrarca entre os círculos letrados antes do retorno de Sá de Miranda. Mas foi com ele que a produção portuguesa de sonetos e de outras formas do "doce estilo novo" italiano se tornou uma prática constante dos poetas palacianos, propagando-se nos saraus promovidos e frequentados pelos círculos literários portugueses.

Sua leitura

Leia este soneto de Sá de Miranda, escrito sob a influência direta dos princípios do Classicismo renascentista, e faça as atividades propostas. Um dos pontos notáveis do poema é a construção da imagem da mulher amada e da atitude do eu lírico diante dela.

Quando eu, senhora, em vós os olhos ponho,
e vejo o que não vi nunca, nem cri
que houvesse cá, recolhe-se a alma a si
e vou tresvaliando, como em sonho.

Isto passado, quando me desponho,
e me quero afirmar se foi assi,
pasmado e duvidoso do que vi,
m'espanto às vezes, outras m'avergonho.

Que, tornando ante vós, senhora, tal,
Quando m'era mister tant' outr' ajuda,
de que me valerei, se alma não val?

Esperando por ela que me acuda,
e não me acode, e está cuidando em al,
afronta o coração, a língua é muda.

SÁ DE MIRANDA, Francisco de. In: *História e antologia da literatura portuguesa*: século XVI. Lisboa: Fundação Calouste Gulbenkian, 2007. v. 2. t. 1. p. 190.

Vocabulário de apoio

al: outra coisa
assi: assim
avergonhar-se: envergonhar-se
despor-se: tirar (os olhos da senhora), sair (do "transe")
mister: necessário
pasmado: espantado
tant' outr': tanta outra
tresvaliar: delirar, desvairar
val: vale

Sobre o texto

1. As estrofes descrevem momentos distintos vivenciados pelo eu lírico perante a sua senhora. Aponte o que acontece em cada quarteto (as duas primeiras estrofes, compostas de quatro versos).

2. Ainda no início do soneto, vemos a mistura entre a realidade e o devaneio. Qual é o verso em que se instaura essa junção entre o real e o sonho? Justifique.

3. No primeiro dos tercetos (estrofes finais do soneto, cada uma com três versos), o eu lírico busca na "alma" um auxílio, e não o obtém; no segundo, revela o resultado de sua busca infrutífera: o silêncio. A palavra *ela* faz a articulação entre um terceto e outro. A que termo se refere essa palavra?

4. Releia: "Esperando por ela que me acuda,
    e não me acode, e está cuidando em al,
    afronta o coração, a língua é muda."
   a) Qual é o significado da expressão "a língua é muda" nesse contexto? Explique sua resposta.
   b) A "língua é muda" na relação entre o eu lírico e sua amada. Mas, e na relação entre o texto e o leitor, a língua também é muda? Explique sua resposta.

5. A atitude do eu lírico em relação a sua amada é de um distanciamento respeitoso. Explique em que medida essa atitude revela o idealismo próprio da poesia clássico-renascentista.

6. A estrofe abaixo também foi escrita por Sá de Miranda. Aponte as diferenças formal e temática entre esta estrofe e o soneto que você acabou de analisar.

Vale saber

A retomada de uma palavra por outra é um exemplo de um mecanismo de **coesão textual** – conjunto de estratégias linguísticas que favorecem o encadeamento das partes de um texto.

Por má guarda dos rafeiros
perde o pastor as manadas,
que andam todas derramadas
por cima destes outeiros,
perdidas, desabrigadas.

Quando isto nos contava
assi coitado chorando,
muitas vezes suspirava;
cansado, de quando em quando
em seu bordão se encostava.

SÁ DE MIRANDA, Francisco de. In: *História e antologia da literatura portuguesa*: século XVI. Lisboa: Fundação Calouste Gulbenkian, 2007. v. 2. t. 1. p. 199.

Vocabulário de apoio

bordão: cajado, bastão usado como apoio
manada: rebanho de gado
outeiro: colina
rafeiro: cão usado para vigiar o gado no pasto

Luís de Camões lírico: o desconcerto do mundo e a transitoriedade das coisas

O poeta Luís Vaz de Camões (1524-1580) é um dos escritores mais importantes da língua portuguesa. Habilidoso no uso da medida nova e das redondilhas medievais, ele soube trabalhar, ao lado de temas de caráter universal, outros temas mais ligados ao ambiente cultural português, no qual a perspectiva de **mundo humanista** do Renascimento convivia com o peso da **tradição medieval**.

Na poesia camoniana é possível perceber aspectos desses dois repertórios. Da poesia medieval, provêm o sentimento amoroso mais concreto e a incorporação de dados sensíveis da realidade; e da arte clássico-renascentista, provém a busca da formulação de conceitos. Uma das características dos poemas camonianos que mais se aproxima da estética clássica é a utilização de contradições e contrastes para falar de momentos de plenitude passageiros, cujo desaparecimento causa um grande impacto no eu lírico.

> Doce contentamento já passado
> Em que todo meu bem já consistia,
> Quem vos levou de minha companhia
> E me deixou de vós tão apartado?
>
> Quem cuidou que se visse neste estado,
> Naquelas breves horas de alegria,
> Quando minha ventura consentia
> Que de enganos vivesse meu cuidado?
>
> CAMÕES, Luís Vaz de. *Lírica*. Rio de Janeiro: Nova Fronteira, 1992. p. 80.

Vocabulário de apoio

apartado: separado
ventura: boa sorte, felicidade

Uma das heranças legadas à Renascença pela Antiguidade greco-romana é a representação das virtudes por meio de figuras humanas. No afresco abaixo, Rafael associa a filosofia à imagem de uma mulher jovem.

RAFAEL. *Alegoria da Filosofia*, 1510. Afresco, 440 cm × 770 cm. Palácio do Vaticano.

Enquanto em outros autores a poesia lírica é um espaço de consolação ou desolação, de tristeza ou alegria, para Camões a poesia é o lugar da exposição do mundo em todas as suas dissonâncias. A razão renascentista procurava compreender as coisas para destituí-las de seu mistério; Camões falava sobre essas mesmas coisas para constatar que há no mundo um enorme desacerto. Esse aspecto, aliado ao rigor do trabalho com a linguagem, tornou os poemas líricos de Camões um modelo para as gerações que o sucederam. O poema abaixo, por exemplo, tornou-se uma referência fundamental do tema do "desconcerto do mundo".

> Quem pode ser no mundo tão quieto,
> Ou quem terá tão livre o pensamento,
> Quem tão experimentado e tão discreto,
> Tão fora, enfim, de humano entendimento
> Que, ou com público efeito, ou com secreto,
> Lhe não revolva e espante o sentimento,
> Deixando-lhe o juízo quase incerto,
> Ver e notar do mundo o desconcerto?
>
> CAMÕES, Luís Vaz de. *Lírica*. Rio de Janeiro: Nova Fronteira, 1992. p. 329.

Margens do texto

Considerando as transformações culturais pelas quais passava o indivíduo renascentista, que sentido podemos atribuir à ideia de "desconcerto do mundo" presente no poema?

Os limites da compreensão racional não conseguem abarcar, segundo o eu lírico, todas as incertezas e inconstâncias que cercam o ser humano. De certa forma, Camões já anunciava uma realidade impregnada de pontos obscuros, inalcançáveis pela razão, e percebida com angústia pelos sentimentos.

Sua leitura

Você vai ler a seguir um soneto de Camões que aborda um tema muito presente nas obras desse poeta.

Vocabulário de apoio

soer (soía): acontecer como de costume

Mudam-se os tempos, mudam-se as vontades,
muda-se o ser, muda-se a confiança;
todo o mundo é composto de mudança,
tomando sempre novas qualidades.

Continuamente vemos novidades,
diferentes em tudo da esperança;
do mal ficam as mágoas na lembrança,
e do bem (se algum houve), as saudades.

O tempo cobre o chão de verde manto,
que já coberto foi de neve fria,
e, em mim, converte em choro o doce canto.

E, afora este mudar-se cada dia,
outra mudança faz de mor espanto,
que não se muda já como soía.

CAMÕES, Luís Vaz de. In: *História e antologia da literatura portuguesa*: século XVI. Lisboa: Fundação Calouste Gulbenkian, 2007. v. 2. t. 1. p. 651.

Sobre o texto

1. Qual é o tema do poema?
2. Na segunda estrofe, o eu lírico aborda os elementos que permanecem, apesar do caráter passageiro do mundo. Essa abordagem revela uma visão pessimista ou otimista? Como essa visão se manifesta linguisticamente?
3. A terceira estrofe associa mudanças na natureza e mudanças no eu lírico.
   a) Quais são as mudanças ocorridas na natureza?
   b) Relacione os elementos naturais aos elementos da vida interior do eu lírico.
4. No último terceto, o eu lírico aponta para duas possibilidades de mudança: uma que naturalmente ocorre dia a dia e outra que já não ocorre costumeiramente. A que conclusão esse eu lírico chega a respeito do caráter transitório, passageiro das coisas do mundo?

Repertório

A natureza na literatura e na pintura

Desde o Trovadorismo, a natureza é tomada pela literatura como um meio em que se projetam estados de alma. Essa tendência se prolonga no Classicismo e se firma na produção literária posterior. São inúmeros os exemplos em que o eu lírico ou o narrador atribuem aos elementos da paisagem a tarefa de funcionar como um espelho de sua vida interior. Na pintura, pode-se supor o mesmo tipo de relação entre o "eu pictórico" e a natureza, por exemplo, no que se refere à estação do ano escolhida como tema da obra.

BRUEGEL, Pieter. *Dia sombrio*, 1565. Óleo sobre tela, 180 cm × 263 cm. Museu de História da Arte, Viena, Áustria.

Luís de Camões épico: um povo conta sua história

Tomando como eixo narrativo a viagem do navegador Vasco da Gama à Índia, Camões escreveu sua obra principal: **Os Lusíadas**, um longo poema épico. Nele, as experiências de viagens do poeta aliam-se a sua formação cultural humanista. A epopeia que narra as conquistas dos portugueses além-mar foi se conformando como ideia ao longo do tempo em que o poeta pôde entrar em contato com povos e paisagens diversas.

As crônicas de viagem produzidas na mesma época apresentam um tom de aventura ou documental. Entretanto, em *Os Lusíadas*, ao fundir mito e história, o eu lírico caracteriza os navegadores portugueses como heróis superiores aos das epopeias clássicas *Odisseia* e *Eneida*, que foram os grandes modelos do poema épico de Camões. Pode-se observar isso nesta estrofe que você já leu no capítulo 7 (página 101).

Cessem do sábio Grego e do Troiano
As navegações grandes que fizeram;
Cale-se de Alexandro e de Trajano
A fama das vitórias que tiveram;
Que eu canto o peito ilustre Lusitano,
A quem Neptuno e Marte obedeceram.
Cesse tudo o que a Musa antiga canta,
Que outro valor mais alto se alevanta.

CAMÕES, Luís Vaz de. In: *História e antologia da literatura portuguesa*: século XVI. Lisboa: Fundação Calouste Gulbenkian, 2007. v. 2. t. 1. p. 497.

Esse trecho inicial cita personagens da poesia épica da Antiguidade clássica (Ulisses, herói de *Odisseia*, e Eneias, herói de *Eneida*) para indicar a perspectiva que será adotada pelo eu lírico de *Os Lusíadas*: o "peito ilustre" do povo lusitano será elevado às dimensões mais grandiosas da cultura e da história. Aqueles que pelo mar viajaram estavam revestidos de coragem superior à dos heróis da Antiguidade, e seus atos representavam o "valor" mais alto que se levantaria.

Tendo viajado por 17 anos, Camões pôde perceber o real tamanho dos feitos daqueles que se lançaram ao mar à procura de riquezas e prestígio. Mas logo compreendeu que essa história não era a aventura de um único indivíduo; por trás do comando de Vasco da Gama havia toda a nação portuguesa. Assim, o poema não se limita a narrar a história da viagem à Índia, que corresponde, na verdade, a cerca de 30% da extensão total da obra. Ele também abarca o caráter nacional, incluindo a história de Portugal anterior à expedição de Vasco da Gama, o que é feito por meio de uma narração do próprio comandante.

O procedimento de glorificação de heróis individuais pelos feitos realizados, típico da poesia épica, em Camões adquire, portanto, aspecto singular: o herói da narrativa seria Vasco da Gama – herói individual –, mas também seria o povo lusitano – herói coletivo. Para que o poema pudesse de fato atingir esse efeito de glorificação do povo por meio de seus heróis e da história do surgimento da pátria portuguesa, fatos históricos foram misturados a passagens em que os deuses interferem no curso da ação.

A tensão da narrativa é dada pelo confronto entre os deuses Vênus e Baco. Vênus é favorável à viagem dos portugueses e intervém sempre que aparecem obstáculos para os navegantes; Baco, contrário à viagem, é quem dá origem a esses obstáculos, que podem ser uma tempestade no mar ou uma cilada armada por inimigos dos portugueses.

Repertório

Outros poemas épicos portugueses

Além de *Os Lusíadas*, no século XVI foram compostos outros poemas épicos em Portugal:

- *O primeiro cerco de Diu*, de Francisco de Andrada;
- *Santa Izabel Rainha de Portugal*, de Vasco Mouzinho de Castelbranco;
- *Naufrágio e perdição de Sepúlveda e Leonor*, de Jerônimo Corte-Real;
- *Sucesso do segundo cerco de Diu*, de Jerônimo Corte-Real;
- *Elegíada*, de Luís Pereira;
- *História de Santa Comba*, de António Ferreira.

Essa abundância se explica porque, desde o século XV, os portugueses reivindicavam que seus feitos marítimos fossem celebrados em uma epopeia. Circulando nos meios cultos por mais de um século, essa reivindicação foi atendida por vários poemas, compostos com poucos anos de distância entre si.

Fortaleza de Diu, na Índia, tematizada no poema épico *O primeiro cerco de Diu*, de Francisco de Andrada. Fotografia de 2009.

› Crítica ao ufanismo

A glorificação dos heróis portugueses é uma característica marcante em *Os Lusíadas*, porém não está presente em todos os momentos da obra. Esse tom ufanista predominante é contrabalançado por episódios que expressam críticas a personagens importantes da história de Portugal e até mesmo à expansão marítima.

Dois exemplos são os episódios do Velho do Restelo e de Inês de Castro. O primeiro questiona a expansão marítima; o segundo expõe a atitude cruel do rei dom Afonso IV e dos fidalgos portugueses, ao mandarem assassinar Inês de Castro, para evitar possíveis consequências políticas negativas para Portugal em sua relação com Castela.

A crítica se apresenta, ainda, no final de cada canto, em que o eu lírico faz comentários sobre assuntos diversos, entre os quais a ignorância de seus contemporâneos, a precariedade das conquistas materiais e o estado atual da nação portuguesa. Leia a estrofe a seguir, que faz parte do último canto do poema.

> No mais, Musa, no mais, que a Lira tenho
> Destemperada e a voz enrouquecida,
> E não do canto, mas de ver que venho
> Cantar a gente surda e endurecida.
> O favor com que mais se acende o engenho
> Não no dá a pátria, não, que está metida
> No gosto da cobiça e da rudeza
> Dhũa austera, apagada e vil tristeza.
>
> CAMÕES, Luís Vaz de. In: *História e antologia da literatura portuguesa*: século XVI. Lisboa: Fundação Calouste Gulbenkian, 2007. v. 2. t. 1. p. 536.

Margens do texto

1. O que diz o eu lírico a respeito de sua capacidade de cantar?
2. Explique a relação que o eu lírico estabelece entre sua capacidade de cantar e as condições em que se encontra sua pátria.

› Características formais de *Os Lusíadas*

O poema épico *Os Lusíadas* é composto de dez **cantos**, cada um deles com um número variável de estrofes. No interior dos cantos temos um conjunto de **episódios**, que são as ações acessórias ligadas ao eixo central da narração. As estrofes são compostas em **oitava-rima**, com versos **decassílabos heroicos** (sílabas tônicas na sexta e na décima sílabas poéticas) e **sáficos** (com acentuação na quarta, na oitava e na décima sílabas). O esquema de rimas é ABABABCC.

Os Lusíadas divide-se em cinco partes, organizadas nesta sequência:

- **Proposição** – introdução do assunto que será tratado no poema.
- **Invocação** – pedido para que as ninfas do rio Tejo deem inspiração para a composição do poema.
- **Dedicatória** – o poema é dedicado ao rei português dom Sebastião.
- **Narração** – corresponde ao desenvolvimento da narrativa.
- **Epílogo** – encerramento do poema e demonstração de desilusão do eu lírico com a pátria portuguesa.

Essa estrutura serviria, posteriormente, de referência para a criação de vários poemas épicos em língua portuguesa, como os escritos por poetas brasileiros do século XVIII.

Repertório

Os sete episódios

Os episódios de *Os Lusíadas* narram histórias secundárias entremeadas à história principal.

1. Batalha do Salado (canto III) – batalha principal da guerra dos portugueses contra os não católicos.
2. Inês de Castro (canto III) – assassinato de Inês de Castro por motivos políticos.
3. Batalha de Aljubarrota (canto IV) – batalha em que Portugal se constitui como nação.
4. Velho do Restelo (canto IV) – longa advertência feita por essa personagem no momento em que a esquadra de Vasco da Gama se prepara para partir de Lisboa rumo às Índias.
5. Gigante Adamastor (canto V) – episódio em que essa personagem incorpora as forças incontroláveis da natureza e se manifesta como uma tempestade marinha durante a viagem para as Índias.
6. Doze de Inglaterra (canto VI) – viagem de 12 cavaleiros portugueses à Inglaterra para defender a honra de 12 damas inglesas; eles derrotam os 12 cavaleiros ingleses que as haviam ultrajado.
7. São Tomé (canto X) – episódio em que São Tomé, acusado de assassinato, ressuscita o morto para que ele aponte seu verdadeiro assassino.

PINHEIRO, Columbano Bordalo. *Camões e as ninfas*, 1894. Óleo sobre tela, 246 cm × 196 cm. Museu Militar, Lisboa, Portugal.

Esta tela retrata Camões pedindo inspiração às Tágides, ninfas que moram na parte do rio Tejo que deságua em Lisboa. As ninfas, que são uma alusão às nereidas da mitologia greco-romana, são invocadas nos cantos I e VII de *Os Lusíadas*.

Sua leitura

Neste trecho de *Os Lusíadas*, Vasco da Gama, comandante da expedição portuguesa que ruma para as Índias, conta ao rei de Melinde (região situada na África) o que aconteceu quando sua esquadra se preparava para partir da praia do Restelo, em Lisboa. Após mostrar a tristeza da despedida entre marinheiros, filhos e esposas, Vasco da Gama introduz a personagem conhecida como Velho do Restelo.

Canto IV

[...]
Mas um velho, de aspeito venerando,
Que ficava nas praias, entre a gente,
Postos em nós os olhos, meneando
Três vezes a cabeça, descontente,
A voz pesada um pouco alevantando,
Que nós no mar ouvimos claramente,
Cum saber só de experiências feito,
Tais palavras tirou do experto peito:

"Ó glória de mandar, ó vã cobiça
Desta vaidade a quem chamamos Fama!
Ó fraudulento gosto, que se atiça
Cũa aura popular, que honra se chama!
Que castigo tamanho e que justiça
Fazes no peito vão que muito te ama!
Que mortes, que perigos, que tormentas,
Que crueldades neles esprimentas!

Dura inquietação d'alma e da vida,
Fonte de desemparos e adultérios,
Sagaz consumidora conhecida
De fazendas, de reinos e de impérios!
Chamam-te ilustre, chamam-te subida,
Sendo dina de infames vitupérios;
Chamam-te Fama e Glória soberana,
Nomes com quem se o povo néscio engana,

A que novos desastres determinas
De levar estes Reinos e esta gente?
Que perigos, que mortes lhe destinas,
Debaixo dalgum nome preminente?
Que promessas de reinos e de minas
De ouro, que lhe farás tão facilmente?
Que famas lhe prometerás? Que histórias?
Que triunfos? Que palmas? Que vitórias?

Mas, ó tu, gèração daquele insano
Cujo pecado e desobediência
Não somente do Reino soberano
Te pôs neste desterro e triste ausência,
Mas inda doutro estado, mais que humano,
Da quieta e da simpres inocência,
Idade de ouro, tanto te privou,
Que na de ferro e de armas te deitou:

Já que nesta gostosa vaidade
Tanto enlevas a leve fantasia,
Já que à bruta crueza e feridade
Puseste nome 'esforço e valentia',
Já que prezas em tanta quantidade
O desprezo da vida, que devia
De ser sempre estimada, pois que já
Temeu tanto perdê-la Quem a dá:

Não tens junto contigo o Ismaelita,
Com quem sempre terás guerras sobejas?
Não segue ele do Arábio a lei maldita,
Se tu pola de Cristo só pelejas?
Não tem cidades mil, terra infinita,
Se terras e riqueza mais desejas?
Não é ele por armas esforçado,
Se queres por vitórias ser louvado?

Deixas criar às portas o inimigo,
Por ires buscar outro de tão longe,
Por quem se despovoe o Reino antigo,
Se enfraqueça e se vá deitando a longe!
Buscas o incerto e incógnito perigo
Por que a Fama te exalte e te lisonje
Chamando-te senhor, com larga cópia,
Da Índia, Pérsia, Arábia e de Etiópia!

Oh! Maldito o primeiro que, no mundo,
Nas ondas vela pôs em seco lenho!
Dino da eterna pena do Profundo,
Se é justa a justa Lei que sigo e tenho!
Nunca juízo algum, alto e profundo,
Nem cítara sonora ou vivo engenho
Te dê por isso fama nem memória,
Mas contigo se acabe o nome e glória!

Trouxe o filho de Jápeto do Céu
O fogo que ajuntou ao peito humano,
Fogo que o mundo em armas acendeu,
Em mortes, em desonras (grande engano!).
Quanto milhor nos fora, Prometeu,
E quanto pera o mundo menos dano,
Que a tua estátua ilustre não tivera
Fogo de altos desejos que a movera!

Não cometera o moço miserando
O carro alto do pai, nem o ar vazio
O grande arquitector co filho, dando,
Um, nome ao mar, e o outro, fama ao rio.
Nenhum cometimento alto e nefando
Por fogo, ferro, água, calma e frio,
Deixa intentado a humana gèração.
Mísera sorte! Estranha condição!"

CAMÕES, Luís Vaz de. In: *História e antologia da literatura portuguesa*: século XVI. Lisboa: Fundação Calouste Gulbenkian, 2007. v. 2. t. 1. p. 511-512.

Vocabulário de apoio

Arábio: Maomé
aspeito: aspecto
com larga cópia: repetidamente
cũa: com uma
dando um, nome ao mar, e o outro, fama ao rio: Ícaro caiu no mar Egeu (também chamado "Icário") e Phaeton caiu no rio Pó
enlevar: maravilhar-se
experto: sábio
fazendas: bens
feridade: ferocidade
intentar: pretender
Ismaelita: os mouros
lisonjar: elogiar
menear: balançar
nefando: abominável
néscio: idiota
palmas: recompensas
pelejar: lutar
pola: pela
por armas esforçado: bom combatente
preminente: importante
Profundo: inferno
sagaz: esperto
simpres: simples
sobejo: imenso
venerando: respeitável
vitupério: insulto

Sobre o texto

1. Na primeira estrofe, o narrador apresenta o Velho do Restelo.
   a) Onde estavam Vasco da Gama e o Velho do Restelo no momento em que o episódio narrado se desenvolveu?
   b) A maneira como o narrador descreve o Velho do Restelo aponta características positivas ou negativas dessa personagem? Explique.
   c) Da segunda estrofe em diante, é o Velho do Restelo quem fala. Como o leitor toma ciência disso?

2. O Velho do Restelo cita algumas possíveis consequências negativas da expansão marítima portuguesa. Copie no caderno as alternativas em que a consequência apontada na coluna da esquerda corresponde ao que expressam os versos da coluna da direita.

Consequência negativa para Portugal	Versos do poema que expressam essa consequência
a) filhos órfãos, esposas sem marido e ruína econômica do reino	Oh! Maldito o primeiro que, no mundo,/ Nas ondas vela pôs em seco lenho!/ Dino da eterna pena do Profundo,/ Se é justa a justa Lei que sigo e tenho!
b) exposição de Portugal aos mouros do norte da África e diminuição da população portuguesa	Deixas criar às portas o inimigo,/ Por ires buscar outro de tão longe,/ Por quem se despovoe o Reino antigo,/ Se enfraqueça e se vá deitando a longe!
c) filhos órfãos, esposas sem marido e ruína econômica do reino	Dura inquietação d'alma e da vida,/ Fonte de desamparos e adultérios,/ Sagaz consumidora conhecida/ De fazendas, de reinos e de impérios!
d) exposição de Portugal aos mouros do norte da África e diminuição da população portuguesa	Trouxe o filho de Jápeto do Céu/ O fogo que ajuntou ao peito humano,/ Fogo que o mundo em armas acendeu,/ Em mortes, em desonras (grande engano!).

3. Alguns estudiosos de literatura costumam dividir a fala do Velho do Restelo em três partes, cada uma correspondendo a um tema.

Parte	Tema
I (estrofes 2, 3 e 4)	O Velho do Restelo condena a ambição humana e, mais especificamente, a expansão marítima para as Índias; apresenta algumas consequências negativas que essa expansão terá sobre Portugal.
II (estrofes 5, 6, 7, 8 e 9)	Propõe que a expansão marítima se limite ao norte da África e enumera os perigos a que Portugal estará exposto, se descuidar dos inimigos que se encontram nessa região.
III (estrofes 10 e 11)	Enumera personagens mitológicas que foram castigadas devido à própria ambição.

Qual é o possível efeito, causado aos leitores da época, da referência à mitologia na última parte da fala do Velho do Restelo?

4. Vasco da Gama e o Velho do Restelo são personagens com visões opostas a respeito da expansão marítima. Qual é a importância da figura do Velho do Restelo para a narrativa?

O que você pensa disto?

No episódio do Velho do Restelo, percebe-se o confronto entre uma visão empreendedora (Vasco da Gama) e outra conservadora (Velho do Restelo).

Trazido para os tempos atuais, esse confronto poderia ser comparado com a oposição entre a preservação do meio ambiente e o desenvolvimento econômico.

- Em sua opinião, todo desenvolvimento econômico necessariamente traz consequências negativas para o meio ambiente ou ambos podem ser atendidos simultaneamente?

Entre as obras consideradas imprescindíveis para o desenvolvimento econômico, destacam-se as usinas hidrelétricas. Na fotografia, homem indígena protesta contra a construção da Usina de Belo Monte, no Pará, em 2011. Devido aos impactos ambientais, as obras já sofreram sucessivas interrupções e retomadas.

Ferramenta de leitura

Poesia e História

Intelectuais e artistas do Renascimento dedicaram-se a estudar o repertório de ideias sobre a Literatura sistematizado por pensadores greco-latinos. Esse repertório abarcara escritos sobre a produção, a forma e a recepção da obra literária. Seguidos à risca pelos escritores do Classicismo, os conceitos ali expostos serviram como ponto de partida para a criação e a avaliação da qualidade de um texto literário.

A obra mais famosa da Antiguidade, *Poética*, escrita pelo filósofo Aristóteles (384 a.C.-322 a.C.), apresenta o conceito de arte como **imitação da realidade**. Não se trata de uma imitação direta, mas sim da criação de uma realidade que poderia ter acontecido ou existido.

> Pelo que atrás fica dito, é evidente que não compete ao poeta narrar exatamente o que aconteceu; mas sim o que poderia ter acontecido, o possível, segundo a verossimilhança ou a necessidade. 2. O historiador e o poeta não se distinguem um do outro, pelo fato de o primeiro escrever em prosa e o segundo em verso (pois, se a obra de Heródoto houvesse sido composta em verso, nem por isso deixaria de ser obra de História, figurando ou não o metro nela). Diferem entre si, porque um escreveu o que aconteceu e o outro o que poderia ter acontecido. 3. Por tal motivo a poesia é mais filosófica e de caráter mais elevado que a História, porque a poesia permanece no universal e a História estuda apenas o particular.
>
> ARISTÓTELES. *Arte retórica e arte poética*. 17. ed. Rio de Janeiro: Ediouro, s. d. p. 252.

Aristóteles destaca que a poesia, ao contrário da História, ocupa-se do que "poderia ter acontecido".

A narrativa do poema épico *Os Lusíadas* é composta com base em alguns fatos históricos. O principal deles é a viagem de Vasco da Gama às Índias. Outro fato histórico gira em torno de Inês de Castro (1325--1355), figura importante da história de Portugal no século XIV.

Leia a seguir como o fato histórico protagonizado por Inês de Castro foi narrado em *Os Lusíadas*.

Repertório

A história de Inês de Castro

Dom Pedro (1320-1367), filho do rei dom Afonso IV de Portugal, casou-se em 1340 com dona Constança Manuel, descendente de monarcas dos reinos de Aragão, Castela e Leão, mas apaixonou-se por uma de suas damas de honra, dona Inês de Castro. Após a morte de dona Constança, em 1345, dom Pedro trouxe Inês para viver próximo a ele e os amantes tiveram filhos.

Dom Pedro se aproximou dos irmãos de Inês, que lhe ofereceram o trono do reino vizinho vislumbrando a possibilidade de obter o apoio de Portugal na luta contra o rei de Castela. Dom Afonso IV, prevendo que o movimento político contrariaria Castela e ameaçaria a independência de Portugal, além de temer que um dos filhos de Pedro e Inês ocupasse o lugar de seu herdeiro legítimo no trono, foi convencido por três de seus conselheiros a matar a amante do filho. Inês foi decapitada em 7 de janeiro de 1355.

Fonte de pesquisa: *História viva*, n. 64, fev. 2009. Disponível em: <http://www2.uol.com.br/historiaviva/reportagens/ines_de_castro_-_a_rainha_morta_3.html>. Acesso em: 19 dez. 2014.

COLUMBANO, Bordalo Pinheiro. *Morte de Inês de Castro*, 1901-1904. Óleo sobre tela, 246 cm × 196 cm. Museu Militar, Sala Camões, Lisboa, Portugal.

Canto III – A morte de Inês de Castro

Tu, só tu, puro amor, com força crua,
Que os corações humanos tanto obriga,
Deste causa à molesta morte sua,
Como se fora pérfida inimiga.
Se dizem, fero Amor, que a sede tua
Nem com lágrimas tristes se mitiga,
É porque queres, áspero e tirano,
Tuas aras banhar em sangue humano.
[...]

Estavas, linda Inês, posta em sossego,
De teus anos colhendo doce fruito,
Naquele engano da alma, ledo e cego,
Que a Fortuna não deixa durar muito,
Nos saudosos campos do Mondego,
De teus fermosos olhos nunca enxuito,
Aos montes insinando e às ervinhas
O nome que no peito escrito tinhas.

Do teu Príncipe ali te respondiam
As lembranças que na alma lhe moravam,
Que sempre ante seus olhos te traziam,
Quando dos teus fermosos se apartavam;
De noite, em doces sonhos que mentiam,
De dia, em pensamentos que voavam;
E quanto, enfim, cuidava e quanto via
Eram tudo memórias de alegria.
De outras belas senhoras e Princesas
Os desejados tálamos enjeita,

Que tudo, enfim, tu, puro amor, desprezas,
Quando um gesto suave te sujeita.
Vendo estas namoradas estranhezas,
O velho pai sesudo, que respeita
O murmurar do povo e a fantasia
Do filho, que casar-se não queria,

Tirar Inês ao mundo determina,
Por lhe tirar o filho que tem preso,
Crendo co sangue só da morte indina
Matar do firme amor o fogo aceso.
Que furor consentiu que a espada fina,
Que pôde sustentar o grande peso
Do furor Mauro, fosse alevantada
Contra hũa fraca dama delicada?

Traziam-na os horríficos algozes
Ante o Rei, já movido a piedade;
Mas o povo, com falsas e ferozes
Razões, à morte crua o persuade.
Ela, com tristes e piedosas vozes,
Saídas só da mágoa e saudade
Do seu Príncipe e filhos, que deixava,
Que mais que a própria morte a magoava,

Pera o céu cristalino alevantando,
Com lágrimas, os olhos piedosos
(Os olhos, porque as mãos lhe estava atando
Um dos duros ministros rigurosos);

E despois, nos mininos atentando,
Que tão queridos tinha e tão mimosos,
Cuja orfindade como mãe temia,
Pera o avô cruel assi dizia:

[...]

"Ó tu, que tens de humano o gesto e o peito
(Se de humano é matar hũa donzela,
Fraca e sem força, só por ter sujeito
O coração a quem soube vencê-la),
A estas criancinhas tem respeito,
Pois o não tens à morte escura dela;
Mova-te a piedade sua e minha,
Pois te não move a culpa que não tinha.

[...]

Queria perdoar-lhe o Rei benino,
Movido das palavras que o magoam;
Mas o pertinaz povo e seu destino
(Que desta sorte o quis) lhe não perdoam.
Arrancam das espadas de aço fino
Os que por bom tal feito ali apregoam.
Contra hũa dama, ó peitos carniceiros,
Feros vos amostrais e cavaleiros?

[...]

CAMÕES, Luís Vaz de. In: *História e antologia da literatura portuguesa*: século XVI. Lisboa: Fundação Calouste Gulbenkian, 2007. v. 2. t. 1. p. 505-507.

Vocabulário de apoio

algoz: carrasco, executor de pena de morte ou castigo
apartar: separar
ara: mesa onde se fazem sacrifícios
benino: benigno, bondoso
fermoso: formoso, bonito
fruito: fruto
hũa: uma
insinar: mostrar
ledo: alegre
Mauro: árabe
mitigar: aliviar
molesto: perverso
orfindade: orfandade
pérfido: traidor
pertinaz: persistente
sesudo: sério, carrancudo
tálamo: casamento

Sobre os textos

1. O episódio de Inês de Castro é considerado por muitos estudiosos como o momento de maior lirismo de *Os Lusíadas*. Selecione duas passagens das três primeiras estrofes aqui reproduzidas em que se podem observar elementos próprios da poesia lírico-amorosa.

2. Em certo momento desse episódio, Inês de Castro dirige-se ao rei e lhe pede que poupe sua vida.
   a) Que argumento ela usa?
   b) Por que o rei não atende ao pedido de Inês de Castro?

3. A poesia, segundo Aristóteles, fala não do que ocorreu, mas do que poderia ter acontecido. Releia o boxe *Repertório* na página anterior e aponte as diferenças entre os fatos históricos e esse episódio de *Os Lusíadas*. Dirija sua atenção para os seguintes pontos:
   a) A causa da execução de Inês, na história e no poema;
   b) Quem contribuiu para o rei tomar a decisão de executar Inês, na história e no poema.

4. Aristóteles afirma que a poesia possui um caráter mais elevado que a História. Em sua opinião, essa afirmação pode ser aplicada ao poema sobre Inês de Castro? Por quê?

Entre textos

A literatura do Classicismo português influenciou várias gerações de escritores. Em especial, Camões tornou-se uma referência importante para escritores de língua portuguesa. O universo lírico, mergulhado na estética clássico-renascentista, mas fiel a formas e temas próprios das cantigas medievais, criaria uma ponte entre Camões e a poesia lírica posterior. Da mesma forma, o expansionismo do Império português, celebrado em *Os Lusíadas*, seria tratado em versos da poesia brasileira e de países africanos de língua portuguesa.

TEXTO 1

a sul do sonho
a norte da esperança

a minha pátria
é um órfão
baloiçando de muletas
ao tambor das bombas

a sul do sonho
a norte da esperança

órfãos do império
filhos de engano
e
de paixão

mestiços de um pai
e
de quantas mães

que
o acaso juntou
e
separou

em chão que o tempo mudou
e
o ar traz dependurados aos ventos

órfãos do império

BARBEITOS, Arlindo. In: DÁSKALOS, Maria Alexandre; APA, Lívia; BARBEITOS, Arlindo. *Poesia africana de língua portuguesa*: antologia. Rio de Janeiro: Lacerda Editores, 2003. p. 82-83.

O poema, de autoria do angolano Arlindo Barbeitos (1940-), manifesta uma visão crítica e negativa dos efeitos do processo de colonização de terras africanas pelos portugueses. Na primeira parte do poema, a menção a bombas – e, consequentemente, à guerra – traz uma referência da história mais recente de Angola, marcada por sua luta pela independência. Em um segundo momento, o eu lírico recua no tempo, resgatando a imagem do Império português e de seus "órfãos". A construção da identidade de um povo, tema central em *Os Lusíadas*, é tomada aqui como resultado da miscigenação entre europeus e africanos, em um encontro conflitante e violento entre "engano" e "paixão".

Neste conhecido soneto de Olavo Bilac (1865-1918), a referência a Camões é explícita. No verso "Tuba de alto clangor, lira singela" temos a indicação do aproveitamento da língua para a elaboração da epopeia e da lírica. Essas foram as duas grandes modalidades trabalhadas por Camões em sua poesia. A retomada da figura do primeiro grande poeta de nossa língua serve como ponto de apoio para tratar do português falado no Brasil ("de virgens selvas") e em Portugal ("e de oceano largo").

Vocabulário de apoio

agreste: rude
arrolo: cantiga de ninar
clangor: som estridente
ganga: parte impura de um material extraído de uma jazida
Lácio: região da Itália onde Roma está situada; referência à raiz da língua portuguesa, ou seja, o latim
lira: instrumento musical de cordas; poesia lírica
procela: tempestade
silvo: assovio
trom: trovão
tuba: instrumento musical de sopro; estilo épico
viço: frescor

TEXTO 2

Língua portuguesa

Última flor do Lácio, inculta e bela,
és, a um tempo, esplendor e sepultura:
ouro nativo, que na ganga impura
a bruta mina entre os cascalhos vela...

amo-te assim, desconhecida e obscura,
tuba de alto clangor, lira singela
que tens o trom e o silvo da procela,
e o arrolo da saudade e da ternura!

Amo o teu viço agreste e o teu aroma
de virgens selvas e de oceano largo!
Amo-te, ó rude e doloroso idioma,

em que da voz materna ouvi: "meu filho"!
E em que Camões chorou, no exílio amargo,
o gênio sem ventura e o amor sem brilho!

BILAC, Olavo. In: BERNARDI, Francisco. *As bases da literatura brasileira*: história, autores, textos e testes. São Paulo: AGE, 1999. p. 135.

TEXTO 3

Mar portuguez

Ó mar salgado, quanto do teu sal
São lágrimas de Portugal!
Por te cruzarmos, quantas mães choraram,
Quantos filhos em vão resaram!
Quantas noivas ficaram por casar
Para que fosses nosso, ó mar!

Valeu a pena? Tudo vale a pena
Se a alma não é pequena.
Quem quere passar além do Bojador
Tem que passar além da dor.
Deus ao mar o perigo e o abysmo deu,
Mas nelle é que espelhou o céu.

PESSOA, Fernando. *Obra poética*. Rio de Janeiro: Nova Aguilar, 1986. p. 16.

Vocabulário de apoio

Bojador: Cabo Bojador, situado ao sul de Marrocos (África), também conhecido como Cabo do Medo, devido a seus recifes pontiagudos.

Este poema de Fernando Pessoa (1888-1935) retoma *Os Lusíadas* diretamente, tematizando também a expansão ultramarina. O eu lírico faz um contraponto à fala do Velho do Restelo, que critica acidamente as navegações portuguesas momentos antes da partida de Vasco da Gama. Para o eu lírico desse poema, as navegações se justificam apesar da dor que causaram à população portuguesa (as mães, os filhos e as noivas dos navegadores). Em termos de realização literária, destaca-se a segunda estrofe inteira, por sua atmosfera épica. Os versos "Valeu a pena? Tudo vale a pena/ Se a alma não é pequena" são muito conhecidos pelos falantes do português.

Vale notar a grafia das palavras *portuguez*, *resaram*, *quere*, *abysmo* e *nelle*. Pessoa utilizou uma escrita que aponta a origem greco-latina da língua portuguesa e que acaba por adquirir, para muitos críticos, um valor simbólico.

Neste soneto de Vinicius de Moraes (1913-1980) temos a junção entre uma representação feminina e um elemento da natureza. A rosa, símbolo dessa junção, reveste-se de sentidos relativos ao sonho e à plenitude da paixão. O poema, portanto, não trata de um amor em especial, mas sim do sentimento idealizado do amor. A noção do tempo que passa, visível no primeiro verso, contrapõe-se ao "tempo da paixão", que não deve mudar. O mundo mutável e transitório se choca com o mundo do amor como ideia. Essa perspectiva amorosa tem uma de suas maiores representações na poesia clássico-renascentista. Certamente, essa foi uma das fontes da obra poética de Vinicius de Moraes.

TEXTO 4

Soneto da rosa

Mais um ano na estrada percorrida
Vem, como astro matinal, que a adora
Molhar de puras lágrimas de aurora
A morna rosa escura e apetecida.

E da flagrante tepidez sonora
No recesso, como ávida ferida
Guardar o plasma múltiplo da vida
Que a faz materna e plácida, e agora

Rosa geral de sonho e plenitude
Transforma em novas rosas de beleza
Em novas rosas de carnal virtude

Para que o sonho viva de certeza
Para que o tempo da paixão não mude
Para que se una o verbo à natureza.

MORAES, Vinicius de. *Poemas esparsos*. Sel. e org. Eucanaã Ferraz. São Paulo: Companhia das Letras, 2008. p. 88.

Vocabulário de apoio

apetecido: que despertou interesse
ávido: que deseja algo com intensidade
plácido: sereno, tranquilo
plasma: matéria a partir da qual um novo organismo pode ser gerado
tepidez: qualidade do que é tépido, morno

Vestibular e Enem

1. **(Uepa)** Leia o texto para responder à questão.

   > Muitos artistas e filósofos do Renascimento escreveram sobre a natureza e o seu valor para a arte, mas nenhum foi tão observador quanto Leonardo da Vinci. A prova da sua curiosidade como do seu entendimento da natureza pode encontrar-se nos muitos desenhos que ele fez. Seus primeiros desenhos mostram seu fascínio pelas montanhas, as rochas, as águas e o efeito da cor e da luz na natureza. Ele incorporou esta compreensão nas suas pinturas. As suas observações e pensamento desenvolveram-se numa filosofia natural baseada na totalidade da natureza.
   >
   > *O mundo do Renascimento.* Madri: Edições Del Prado, 1997. p. 102. Citado por KOSHIBA, Luiz. *História – Origens, estruturas e processos*: uma leitura da história ocidental para o ensino médio. São Paulo: Atual, 2000. p. 233.

   No contexto sociocultural do berço do renascimento europeu, as concepções de natureza expressas por Da Vinci são influenciadas pela/o:

   a) tradição da cristandade ocidental que eliminou a visão dicotômica da relação homem e natureza deixada pelas antigas civilizações do Mediterrâneo.
   b) filosofia oriental trazida pelos sábios bizantinos para Península Itálica que se baseava na contemplação da natureza como forma de encontrar a sabedoria.
   c) releitura dos manuscritos filosóficos de Platão e de Aristóteles que defendiam a harmonia entre homem e natureza para garantir o equilíbrio da cidade.
   d) compreensão humanista e antropocêntrica do mundo que redefiniu corpos, estéticas e paisagens como produtos constitutivos da vida e da natureza.
   e) educação escolástica, que atribuía a Deus a criação do universo e estabelecia as leis naturais como formas de controle dos instintos humanos.

2. **(Uespi)** Filho do Classicismo português, Luís Vaz de Camões sofreu influência de vários autores da Antiguidade. Quanto aos escritores que foram lidos e que terminaram por formar o gosto classicista do poeta lusitano, podemos incluir:
   1) Virgílio.
   2) Horácio.
   3) Padre Antônio Vieira.
   4) Petrarca.
   5) Carlos Magno.

   Estão corretas apenas:
   a) 2, 3 e 5.
   b) 3, 4 e 5.
   c) 1, 2 e 4.
   d) 1, 2 e 3.
   e) 2, 4 e 5.

3. **(UFSCar-SP)** A exaltação do sentimento amoroso é tema recorrente em todos os períodos da literatura. No Classicismo português, Camões imprimiu-lhe uma característica própria das concepções literárias do momento. Leia a estrofe camoniana.

   > Que se amor não se perde em vida ausente,
   > Menos se perderá por morte escura;
   > Porque, enfim, a alma vive eternamente,
   > E amor é efeito da alma, e sempre dura.

   Dessa leitura, pode-se concluir que o conceito de amor:
   a) situa-se no plano físico e parte da explosão dos sentidos como elemento provocador das relações amorosas.
   b) procede de um exercício de natureza linguística, desligado de qualquer motivação vinda da realidade.
   c) decorre de uma idealização, posta à prova pelo poeta, hesitante quanto à validade das emoções experimentadas.
   d) ultrapassa o limite do plano físico e prende-se ao amor idealizado, livre das oscilações do sentimento amoroso.
   e) alterna-se entre os dados da razão e da emoção, e o eu lírico resolve o conflito cedendo às urgências dos sentidos.

   Texto para a questão 4.

   > O amor é feio
   > Tem cara de vício
   > Anda pela estrada
   > Não tem compromisso
   >
   > [...]
   >
   > O amor é lindo
   > Faz o impossível
   > O amor é graça
   > Ele dá e passa
   >
   > ANTUNES, A.; BROWN, C.; MONTE, M.
   > O amor é feio.

4. **(Mackenzie-SP)** Cotejando a letra da canção com os famosos versos camonianos *Amor é fogo que arde sem se ver/ É ferida que dói e não se sente*, afirma-se corretamente que:
   a) Assim como Camões, os compositores tematizam o amor, valendo-se de uma linguagem espontânea, coloquial, como prova o uso da expressão *cara de vício*.
   b) O caráter popular da canção é acentuado pelo uso de redondilhas, traço estilístico ausente nos versos camonianos citados.
   c) A concepção de amor como sentimento contraditório, típica de Camões, está ausente na letra da canção, uma vez que seus versos não se compõem de paradoxos.

d) A ideia de que a dor do amor não é sentida pelos amantes, presente nos versos de Camões, é parafraseada nos versos *Anda pela estrada/ Não tem compromisso.*
e) A canção recupera o tom solene e altissonante presente nos versos camonianos.

5. (Enem)

> **Texto I**
>
> **XLI**
> Ouvia:
> Que não podia odiar
> E nem temer
> Porque tu eras eu.
> E como seria
> Odiar a mim mesma
> E a mim mesma temer.
>
> HILST, H. *Cantares*. São Paulo: Globo, 2004. Fragmento.

> **Texto II**
>
> **Transforma-se o amador na cousa amada**
> Transforma-se o amador na cousa amada,
> por virtude do muito imaginar;
> não tenho, logo, mais que desejar,
> pois em mim tenho a parte desejada.
>
> CAMÕES. Sonetos. Disponível em: <http://www.jornaldepoesia.jor.br>. Acesso em: 3 set. 2010. Fragmento.

Nesses fragmentos de poemas de Hilda Hilst e de Camões, a temática comum é:

a) o "outro" transformado no próprio eu lírico, o que se realiza por meio de uma espécie de fusão de dois seres em um só.
b) a fusão do "outro" com o eu lírico, havendo, nos versos de Hilda Hilst, a afirmação do eu lírico de que odeia a si mesmo.
c) o "outro" que se confunde com o eu lírico, verificando-se, porém, nos versos de Camões, certa resistência do ser amado.
d) a dissociação entre o "outro" e o eu lírico, porque o ódio ou o amor se produzem no imaginário, sem a realização concreta.
e) o "outro" que se associa ao eu lírico, sendo tratados, nos Textos I e II, respectivamente, o ódio e o amor.

6. (Uespi) Segundo o crítico Arnaldo Saraiva, Camões atinge no soneto uma rara e admirável variedade de temas e engenhos. Seus poemas retratam desde melancólicos desconsolos amorosos, como em *Alma minha gentil*, até narrativas aparentemente lineares, como em *Sete anos de pastor Jacob servia*. Assinale qual alternativa apresenta uma característica que não podemos encontrar no soneto abaixo:

> Quando a suprema dor muito me aperta,
> se digo que desejo esquecimento,
> é força que se faz ao pensamento,
> de que a vontade livre desconcerta.
>
> Assim, de erro tão grave me desperta
> a luz do bem regido entendimento,
> que mostra ser engano ou fingimento
> dizer que em tal descanso mais se acerta.
>
> Porque essa própria imagem, que na mente
> me representa o bem de que careço,
> faz-mo de um certo modo ser presente.
>
> Ditosa é logo a pena que padeço,
> pois que da causa dela em mim se sente
> um bem que, inda sem ver-vos, reconheço

a) Racionalização do sofrimento.
b) Platonismo.
c) Introspecção.
d) Angústia reflexiva.
e) Sensualidade.

7. (UFPA) Leia a estrofe 120, do episódio de Inês de Castro (Canto III, estrofes 118-135), de *Os Lusíadas*:

> 120
> Estavas, linda Inês, posta em sossego,
> De teus anos colhendo doce fru[i]to,
> Naquele engano da alma, ledo e cego,
> Que a Fortuna não deixa durar muito,
> Nos saudosos campos do Mondego,
> De teus fermosos olhos nunca enxu[i]to,
> Aos montes ensinando e às ervinhas
> O nome que no peito escrito tinhas.
>
> CAMÕES, Luís de. *Os Lusíadas*. Rio de Janeiro: José Aguilar, 1973. p. 118.
>
> **ledo:** alegre, risonho, prazenteiro
> **fortuna:** na crença dos antigos, deusa que presidia ao bem e ao mal; destino

O "engano da alma" em que se encontrava Inês de Castro, referido na estrofe acima – "engano da alma, ledo e cego,/ que a Fortuna não deixa durar muito" diz respeito ao(à):

a) intenso amor que Inês dedicava a D. Pedro.
b) medo que a jovem sentia quando pensava no destino de seus filhos.
c) sentimento de culpa nutrido pela donzela por ter se apaixonado pelo Príncipe.
d) sua preocupação quanto à situação política de Portugal, no reinado de D. Afonso IV.
e) seu pedido de desterro, ao saber da decisão do Rei de Portugal e de sua corte de condená-la à morte.

117

UNIDADE

5 As manifestações literárias no Brasil quinhentista

Nesta unidade

9 As origens da literatura brasileira

Esta xilogravura foi produzida para a primeira edição ilustrada de *Mundus Novus*, carta atribuída ao navegador italiano Américo Vespúcio, que participou de expedições ao Brasil no início do século XVI.

FROSCHAUER, Johann. *Imagem do Novo Mundo* (detalhe). Xilogravura aquarelada à mão, 22 cm × 33,3 cm *Mundus Novus*, Augsburgo, 1505.

A xilogravura abaixo é uma das primeiras imagens dos indígenas que habitavam as terras do atual Brasil. Ela mostra a prática de atividades características desses povos, como a antropofagia (ato de se alimentar de carne humana). No centro, há um corpo retalhado, pendurado sobre uma fogueira; na lateral esquerda, um indígena degusta um braço humano. A imagem destaca também certa bondade na figura maternal de uma indígena cuidando dos filhos, no primeiro plano – o que contrasta com a sexualidade do casal se beijando. No mar, ao fundo, podem ser vistas duas caravelas.

O retrato detalhado do ambiente, dos hábitos e das vestimentas dos indígenas revela o interesse dos europeus pelo território recém-conhecido. Esse interesse também está presente nas primeiras obras escritas no Brasil.

Uma das vertentes literárias dessa época são os textos de informação, que tratam, sobretudo, da natureza da nova terra e do contato entre portugueses e indígenas. Outra vertente são as obras direcionadas à doutrinação católica dos nativos, promovida pelas missões religiosas enviadas ao Brasil pela Coroa portuguesa.

CAPÍTULO 9
As origens da literatura brasileira

O que você vai estudar
- Portugal: expansão do território e da religião.
- A *Carta* de Caminha: um texto e vários gêneros.
- O teatro de José de Anchieta: a busca pela conversão dos indígenas.

A partir do encontro entre portugueses e indígenas em 1500, dois mundos entraram em choque e provocaram mudanças um no outro. De um lado, os portugueses desejavam conhecer a cultura indígena a fim de modificá-la, impondo a sua; do outro, os nativos passaram a influenciar os costumes e a cultura dos portugueses. Como resultado desse encontro, surgiram as primeiras manifestações literárias brasileiras: a **literatura de informação**, com registros descrevendo essa realidade para a Metrópole, e os **textos de catequese**, escritos pelos sacerdotes católicos, objetivando a doutrinação religiosa e a dominação cultural dos nativos.

Sua leitura

Você vai ler dois textos.

O primeiro é uma gravura em cobre de Théodore de Bry (1528-1598), ourives e gravurista do século XVI, responsável por várias obras que retratam o imaginário europeu em relação aos indígenas da América. A gravura de Bry ilustra o livro *Duas viagens ao Brasil*, do aventureiro alemão Hans Staden (c. 1525-c. 1579). O livro narra uma aventura que teria sido vivida por Staden no Brasil, em 1554: prisioneiro de indígenas tupinambás, ele teria presenciado rituais antropofágicos e escapado por pouco de ser ele mesmo devorado. Na gravura, que representa um desses rituais, o próprio Hans Staden aparece representado de barba e com as mãos cruzadas no peito, no lado direito da imagem.

O segundo texto é um trecho do livro *História da província Santa Cruz*, de Pero de Magalhães Gândavo (?-1579), cronista português que escreveu sobre a vida no Brasil nos primeiros anos da colonização, quando a região ainda era chamada de Terra de Santa Cruz.

Gravura de Théodore de Bry

Bry, Théodore de. *A divisão do corpo do prisioneiro e o preparo do alimento*, 1592. Gravura em cobre. Biblioteca Municipal Mário de Andrade, São Paulo.

120

História da província Santa Cruz

Estes índios são de cor baça, e cabelo corredio; tem o rosto amassado, e algumas feições dele à maneira de chinês. Pela maior parte são bem dispostos, rijos e de boa estatura; gente mui esforçada, e que estima pouco morrer, temerária na guerra, e de muito pouca consideração: são desagradecidos em grande maneira, e mui desumanos e cruéis, inclinados a pelejar, e vingativos por extremo. Vivem todos mui descansados sem terem outros pensamentos senão de comer, beber, e matar gente, e por isso engordam muito, mas com qualquer desgosto pelo conseguinte tornam a emagrecer, e muitas vezes pode deles tanto a imaginação que se algum deseja a morte, ou alguém lhe mete em cabeça que há de morrer tal dia ou tal noite não passa daquele termo que não morra. São mui inconstantes e mudáveis: creem de ligeiro tudo aquilo que lhes persuadem por dificultoso e impossível que seja, e com qualquer dissuasão facilmente o tornam logo a negar. São mui desonestos e dados à sensualidade, e assim se entregam aos vícios como se neles não houvera razão de homens: ainda que todavia em seu ajuntamento os machos e fêmeas têm o devido resguardo, e nisto mostram ter alguma vergonha.

A língua de que usam, toda pela costa, é uma: ainda que em certos vocábulos difere n'algumas partes; mas não de maneira que se deixem uns aos outros de entender: e isto até altura de vinte e sete graus, que daí por diante há outra gentilidade, de que nós não temos tanta notícia, que falam já outra língua diferente. Esta de que trato, que é a geral pela costa, é mui branda, e a qualquer nação fácil de tomar. Alguns vocábulos há nela de que não usam senão as fêmeas, e outros que não servem senão para os machos: carece de três letras, convém a saber, não se acha nela F, nem L, nem R, cousa digna de espanto porque assim não têm Fé, nem Lei, nem Rei, e desta maneira vivem desordenadamente sem terem além disto conta, nem peso, nem medida.

GÂNDAVO, Pero de Magalhães. *Tratado da Terra do Brasil*: história da província Santa Cruz. Belo Horizonte: Itatiaia, 1980. p. 122-124. Texto adaptado para o português contemporâneo.

Vocabulário de apoio
baço: pardo
conseguinte: o que vem a seguir
corredio: liso
dissuasão: ato de convencer alguém a desistir de uma ideia
gentilidade: conjunto de indivíduos não batizados
pelejar: brigar, guerrear
resguardo: reserva, discrição
temerário: imprudente

Fone de ouvido
Pindorama,
Sandra Peres e Luiz Tatit
Cosac & Naif, 2003

A canção "Pindorama", lançada no álbum *Canções curiosas* (1998) da dupla musical Palavra Cantada, ressurge neste CD-livro com as belas ilustrações do artista plástico Alex Cerveny. "Pindorama" conta sobre a vinda dos portugueses e sobre aqueles que viviam nas "terras das palmeiras". O CD-livro apresenta também uma faixa em que os autores explicam como produziram essa canção, desde a escolha dos instrumentos até a criação do arranjo.

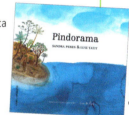

Capa do CD-livro *Pindorama*.

Sobre os textos

1. Embora Bry tenha representado em sua obra cenas do Novo Mundo, ele nunca saiu da Europa. Para retratar os nativos das Américas, recorria aos relatos de viajantes e ao repertório de imagens que conhecia.
    a) Considere o seu repertório de imagens, como estudante do Ensino Médio: o europeu da gravura, representado de barba e de braços cruzados, se parece com pessoas de origem europeia? Explique.
    b) E os indígenas, estão representados conforme sua aparência real?
2. A antropofagia era um ritual comum na cultura tupinambá. A devoração dos corpos não era um hábito alimentar, mas uma homenagem aos mortos e um desejo de adquirir suas características, como força e coragem.
    a) Esse aspecto cultural está representado na gravura de Bry? Justifique sua resposta com elementos da imagem.
    b) Que tipo de visão sobre a cultura dos indígenas a gravura sugere?
3. Qual é a imagem do indígena construída no texto de Gândavo? Identifique as características principais que compõem essa imagem.
4. Gândavo constata a inexistência, na língua dos indígenas, dos sons representados pelas letras *f*, *l* e *r*. Conclui daí que os indígenas "não têm Fé, nem Lei, nem Rei".
    a) O que representavam, para os europeus da época de Gândavo, as palavras *Fé*, *Lei* e *Rei*?
    b) Por que, para Gândavo, os indígenas não têm Fé, nem Lei, nem Rei?
5. Como é a relação estabelecida entre o observador europeu e o nativo indígena nos dois textos?

Sétima arte
Hans Staden (Brasil, 2000)
Direção de Luiz Alberto Pereira

O relato do alemão Hans Staden, que naufragou no litoral brasileiro no século XVI e teria sido capturado posteriormente por indígenas tupinambás, já inspirou algumas obras cinematográficas; uma delas é o longa-metragem *Hans Staden*, lançado em 2000.

Uma curiosidade sobre o filme é que boa parte dele é falado em tupi-guarani.

Capa do DVD do filme *Hans Staden*.

❯ O contexto de produção

Para muitos especialistas, as manifestações literárias produzidas no Brasil durante o período conhecido como **Quinhentismo** ainda não podem ser chamadas propriamente de "literatura brasileira", porque a Colônia em formação ainda não contava com leitores suficientes para isso, entre outros motivos. As obras quinhentistas brasileiras, escritas por europeus, eram destinadas basicamente a leitores europeus. E os principais temas eram: a terra recém-descoberta, as belezas naturais, os nativos, a missão de convertê-los ao catolicismo e o potencial econômico desse Novo Mundo (suas possíveis riquezas), como se verá a seguir.

❯ O contexto histórico

Durante o século XVI, os portugueses continuaram seu processo de expansão ultramarina, consolidando Portugal como uma das grandes potências coloniais da época. Até cerca de 1530, Portugal dedicou-se menos ao Brasil e mais à exploração do comércio de especiarias, facilitada pela posse das colônias conquistadas ao longo da rota marítima entre Portugal e Índia.

Com o declínio desse comércio, porém, as atenções portuguesas voltaram-se para o Brasil, que passou a ser efetivamente colonizado. O cultivo de **cana-de-açúcar** para exportação, utilizando o trabalho de **escravizados trazidos da África**, significou uma fonte importante de rendimentos para Portugal. Com isso, aumentou a presença portuguesa na Colônia.

Além dos interesses econômicos, outra justificativa para a colonização foi a **expansão da fé cristã** por meio da catequização dos indígenas. O alvo dessa catequese era uma população que os estudiosos calcularam em torno de 1 milhão e 5 milhões de indígenas de várias etnias.

❯ O contexto cultural

O Quinhentismo no Brasil expressa o **choque** entre a mentalidade europeia e o universo da população nativa indígena. Os colonizadores europeus encontraram na América um desafio à sua compreensão: uma sociedade totalmente distinta da sua, que andava nua, mantinha relações conjugais com várias pessoas e tinha, em certos grupos, rituais antropofágicos.

O contato entre o universo europeu e o indígena – aos quais se junta, a partir de 1530, também o africano, representado pelos cativos trazidos pelos portugueses como mão de obra – aos poucos forma um contexto cultural marcado pela **miscigenação**, determinante na identidade brasileira.

> ### Ação e cidadania
>
> O Quinhentismo marcou o início de uma relação entre nativos e europeus bastante desvantajosa para os indígenas. Muitos foram escravizados. As lutas pela posse da terra e as doenças trazidas pelos europeus dizimaram povos indígenas inteiros e, ao longo dos séculos, diminuíram drasticamente a população das etnias remanescentes. Além disso, os indígenas foram submetidos a um processo de dominação cultural. Só recentemente o respeito à diversidade cultural, garantido pela Constituição de 1988, começou a se difundir como valor importante na sociedade. Outra conquista foi a demarcação dos territórios indígenas, um dos motivos pelos quais a população indígena voltou a crescer a partir do final do século XX.
>
>
>
> Homens e mulheres indígenas comemoram o resultado positivo do julgamento sobre a demarcação contínua da reserva Raposa/Terra do Sol no STF, em 19 de março de 2009.

Nessa ilustração, a América – representada por uma mulher seminua sentada sobre um animal semelhante a um tatu – observa uma luta (ao fundo, à direita) entre indivíduos vestidos, usando armas de fogo, e indivíduos nus, com arcos e machados. A luta representa a resistência dos nativos do Novo Mundo à ocupação territorial e à submissão cultural estrangeira. Apesar da aparência europeia da mulher, o cocar na cabeça e o arco e as flechas que segura, assim como a cena de antropofagia (ao fundo, à esquerda), remetem ao universo local.

COLLAERT, Adriaen; DE VOS, Marten. *América*, 1600. Gravura, 20,7 cm × 25,9 cm. Rijksmuseum, Holanda.

› O contexto literário

Grande parte dos textos quinhentistas escritos no Brasil ou a respeito dele pode ser chamada de **literatura de informação**. Esses textos foram elaborados a partir de **diários de bordo**, **roteiros de navegação**, **cartas** à Coroa e **crônicas históricas**, registros de grande importância histórica, mas pouco relevantes como obras literárias.

Embora contivessem, por vezes, anotações e comentários bastante pessoais do cronista, as crônicas quinhentistas tinham como função documentar a realidade tal qual ela se apresentava ao observador. Essas crônicas dedicavam-se ao relato das impressões que o Novo Mundo oferecia à curiosidade europeia, narrando a exploração inicial do território, descrevendo com detalhes sua natureza e registrando os primeiros contatos com os nativos indígenas.

Portanto, diferentemente do que hoje se entende por crônica – gênero situado entre as esferas literária e jornalística –, as crônicas do descobrimento aproximavam-se mais do caráter documental da crônica medieval.

Apesar da **objetividade** pretendida por esses relatos, muitos deles deixavam-se influenciar pelas fantasias que o misterioso Novo Mundo despertava no imaginário europeu. Nos diários de viagem como os de Cristóvão Colombo ou o do português Gândavo, há referências a seres míticos como sereias, monstros marinhos ou indivíduos com apenas um olho.

A *Carta* de Caminha é um bom exemplo em língua portuguesa de como a literatura de viagem, apesar do caráter informativo, avança na produção de um texto que mistura vários gêneros e apresenta um cuidado quase literário.

A outra parte da produção colonial correspondente ao século XVI pode ser chamada de **literatura de formação**. Ela abrange os textos escritos predominantemente por missionários da Companhia de Jesus, fundada em 1540, cuja principal função na Colônia era a conversão dos indígenas nativos ao catolicismo. Se a literatura informativa é composta de textos exclusivamente em prosa, a produção literária jesuítica se divide entre **prosa moralista**, **poesia** e **peças teatrais**, sobretudo **autos**, de forte influência medieval.

O papel da tradição

Embora não seja considerada propriamente literária, a produção de escritos do Quinhentismo no Brasil não deixa de ter relação com aspectos da tradição literária portuguesa.

Nos autos jesuíticos de padre Anchieta, por exemplo, percebe-se certa influência do teatro popular medieval e da obra de Gil Vicente. Já na poesia que ele produziu, nota-se uma relação com o Trovadorismo e com a poesia palaciana, pelo uso da redondilha menor (verso de cinco sílabas poéticas).

Na prosa da literatura informativa, retoma-se o estilo narrativo das crônicas medievais e sua maneira de fazer o registro da história, misturando realidade e fantasia.

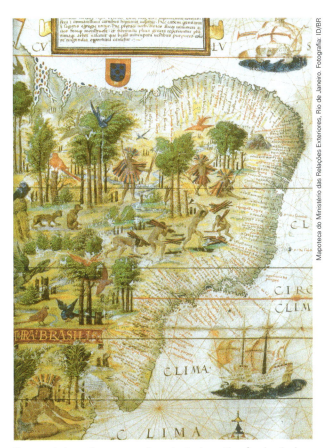

O mapa de Lopo Homem, um dos principais cartógrafos do século XVI, demonstra o conhecimento sobre a nova terra. As imagens nele retratadas destacam a extração de pau-brasil, revelando o potencial de exploração do território, e o uso de mão de obra indígena.

HOMEM, Lopo. *Terra Brasilis* (detalhe), 1515-1519. Carta marítima, 41,5 cm × 59 cm. *Atlas Miller*. Biblioteca Nacional da França, Paris.

Sétima arte

Xingu (Brasil, 2012)
Direção de Cao Hamburguer

Esse filme recria a Expedição Roncador-Xingu, liderada pelos irmãos Villas-Bôas na década de 1940, que tinha por finalidade explorar o oeste brasileiro. Realizada por rios, trilhas abertas na mata, voos com decolagens e aterrissagens em campos precários e marcada por doenças (como a malária), a viagem revela os costumes e a cultura desses povos. É interessante comparar a reação dos irmãos Villas-Bôas diante dos povos indígenas à dos primeiros europeus na América, que nos chegam pelos relatos do século XVI.

Cena do filme *Xingu*.

Uma leitura

Leia a seguir um texto do padre José de Anchieta, considerado o representante mais importante da poesia quinhentista produzida no Brasil. Jesuíta, Anchieta foi um missionário muito empenhado no trabalho de catequização dos indígenas. O texto é a segunda parte de um longo poema intitulado "A Santa Inês".

II

Não é d'Alentejo
este vosso trigo,
mas Jesus amigo
é vosso desejo.

Morro porque vejo
que este nosso povo
não anda faminto
desse trigo novo.

Santa padeirinha,
morta com cutelo,
sem nenhum farelo
é vossa farinha.

Ela é mezinha
com que sara o povo,
que, com vossa vinda,
terá trigo novo.

O pão que amassastes
dentro em vosso peito,
é o amor perfeito
com que a Deus amastes.

Deste vos fartastes,
deste dais ao povo,
porque deixe o velho
pelo trigo novo.

Não se vende em praça
este pão de vida,
porque é comida
que se dá de graça.

Ó preciosa massa!
Ó que pão tão novo
que, com vossa vinda,
quer Deus dar ao povo!

Ó que doce bolo,
que se chama graça!
Quem sem ele passa
é mui grande tolo.

Homem sem miolo,
qualquer deste povo,
que não é faminto
deste pão tão novo!

ANCHIETA, José de. A Santa Inês. In: MOISÉS, Massaud. *A literatura brasileira através dos textos*. 25. ed. São Paulo: Cultrix, 2005. p. 25-26.

Comentários laterais:

O uso de *vos* e *vosso*, pronomes da segunda pessoa do plural, revela a forma cerimoniosa com que o eu lírico se dirige a sua interlocutora: Santa Inês.

A metáfora do trigo será trabalhada em todo o poema: o trigo que Santa Inês oferece ao povo e que este ignora é, na verdade, a fé.

Nessas duas estrofes, o eu lírico insiste na relação simbólica entre trigo e fé: o pão é o amor a Deus (que a santa cultivou); o trigo novo é o alimento espiritual, o remédio (que a religiosa tem para dar a seus fiéis).

Este e os demais versos do poema possuem cinco sílabas poéticas, isto é, são **redondilhas menores**. A musicalidade desse verso facilita sua memorização, contribuindo para o intuito catequizador de Anchieta.

A expressão *Santa padeirinha*, usada para se referir a Santa Inês, relaciona-se com o jogo entre as palavras *farelo* e *farinha*, que apresentam semelhanças na grafia e no som, mas sentidos diferentes. O farelo é a parte mais grossa da farinha, que permanece depois que ela é peneirada. O texto dá a entender que, por não ter farelo, a farinha utilizada por Santa Inês para produzir o pão é refinada, é de um grau mais puro, elevado.

A rima entre as palavras *amassastes* e *amastes* provoca uma aproximação de sentido entre elas, uma vez que o pão amassado por Santa Inês é o próprio símbolo de seu amor a Deus.

---

1. Embora continue tendo Santa Inês como interlocutora, o eu lírico passa a se referir indiretamente a seu outro interlocutor: o leitor. Pensando nesse outro interlocutor, qual é a função das sucessivas exclamações que elogiam o pão espiritual?

2. Que duplo sentido pode ser depreendido do uso da palavra *miolo* na última estrofe?

Vocabulário de apoio

Alentejo: região de Portugal
cutelo: tipo de lâmina usada em decapitações ("morta com cutelo" faz referência à maneira pela qual Santa Inês foi assassinada: por decapitação)
mezinha: medicamento caseiro

Ler as Manifestações literárias quinhentistas

Você vai ler trechos da *Carta* de Pero Vaz de Caminha, considerada o texto oficial sobre a chegada dos portugueses ao Brasil. O texto retrata os primeiros contatos dos portugueses com os indígenas e o Novo Mundo.

[...]
Eram pardos, todos nus, sem coisa alguma que lhes cobrisse suas vergonhas. Nas mãos traziam arcos com suas setas. Vinham todos rijos sobre o batel; e Nicolau Coelho lhes fez sinal que pousassem os arcos. E eles os pousaram.

Ali não pôde deles haver fala, nem entendimento de proveito, por o mar quebrar na costa. [...]

À segunda-feira, depois de comer, saímos todos em terra a tomar água. Ali vieram então muitos, mas não tantos como as outras vezes. Já muito poucos traziam arcos. Estiveram assim um pouco afastados de nós; e depois pouco a pouco misturaram-se conosco. Abraçavam-nos e folgavam. E alguns deles se esquivavam logo. [...]

À terça-feira, depois de comer, fomos em terra dar guarda de lenha e lavar roupa. Estavam na praia, quando chegamos, obra de sessenta ou setenta sem arcos e sem nada. Tanto que chegamos, vieram logo para nós, sem se esquivarem. [...]

À quinta-feira, derradeiro de abril, comemos logo, quase pela manhã, e fomos em terra por mais lenha e água. [...]

Andariam na praia, quando saímos, oito ou dez deles; e de aí a pouco começaram a vir mais. E parece-me que viriam, este dia, à praia quatrocentos ou quatrocentos e cinquenta. [...]

[...] Comiam conosco do que lhes dávamos. Bebiam alguns deles vinho; outros o não podiam beber. Mas parece-me, que se lho avezarem, o beberão de boa vontade. [...]

Andavam já mais mansos e seguros entre nós, do que nós andávamos entre eles. [...]

Neste dia, enquanto ali andaram, dançaram e bailaram sempre com os nossos, ao som dum tamboril dos nossos, em maneira que são muito mais nossos amigos que nós seus. [...]

Se lhes homem acenava se queriam vir às naus, faziam-se logo prestes para isso, em tal maneira que, se a gente todos quisera convidar, todos vieram. [...]

E, segundo que a mim e a todos pareceu, esta gente não lhes falece outra coisa para ser toda cristã, senão entender-nos, porque assim tomavam aquilo que nos viam fazer, como nós mesmos, por onde nos pareceu a todos que nenhuma idolatria, nem adoração têm. E bem creio que, se Vossa Alteza aqui mandar quem entre eles mais devagar ande, que todos serão tornados ao desejo de Vossa Alteza. E por isso, se alguém vier, não deixe logo de vir clérigo para os batizar, porque já então terão mais conhecimento de nossa fé, pelos dois degredados, que aqui entre eles ficam, os quais, ambos, hoje também comungaram.
[...]

AGUILAR, Nelson (Org.). *Mostra do redescobrimento*: Carta de Pero Vaz de Caminha. São Paulo: Associação Brasil 500 anos Artes Visuais, 2000. p. 79-80, 83-86.

Sobre o texto

1. Ao longo dos dias de permanência da esquadra na costa da atual Bahia, os contatos entre os portugueses e os indígenas evoluíram.
   a) Quais comportamentos dos indígenas revelam a progressão desse contato?
   b) Destaque um trecho do texto que demonstre o avanço no contato dos indígenas com os portugueses.

2. Os pronomes pessoais *nós* e *eles*, utilizados ao longo do texto, referem-se aos dois grupos representados.
   a) Destaque um trecho em que o pronome esteja omitido, mas no qual a forma verbal permita identificar de quem se está falando.
   b) O que esse emprego dos pronomes revela sobre o olhar europeu em relação aos indígenas?

3. Quais são as principais características dos indígenas destacadas na *Carta* de Caminha?

4. Releia o último parágrafo do texto.
   a) Aparentemente, qual é a relação que o português deseja estabelecer com os nativos?
   b) O que poderia estar oculto nessa aparência?

Vocabulário de apoio

avezar-se: acostumar-se
batel: pequeno barco trazido a bordo de uma nau
degredado: condenado ao degredo (exílio)
derradeiro: último
esquivar: desviar, fugir
falecer: no contexto, faltar
folgar: descansar, relaxar, divertir-se
seta: flecha
tamboril: instrumento de percussão
vergonha: no contexto, genitália

▶ Pero Vaz de Caminha: um primeiro olhar sobre a nova terra

A *Carta a El-Rei d. Manuel sobre o achamento do Brasil*, de Pero Vaz de Caminha (1450-1500), é um dos primeiros textos escritos em terras brasileiras. Cartas escritas por outros membros da esquadra de Cabral também relatavam o acontecimento, mas quase todas se perderam. A de Caminha é a mais conhecida das que sobreviveram ao tempo.

É possível perceber, nos relatos sobre o Novo Mundo, a perplexidade produzida pelo contato com uma realidade totalmente diferente da europeia e a curiosidade que ela desperta, principalmente no que diz respeito ao encontro com os indígenas que aqui viviam. No trecho a seguir, por exemplo, o escrivão fica bastante impressionado com a nudez dos nativos, sobretudo a das mulheres.

> [...] Ali andavam entre eles três ou quatro moças, bem moças e bem gentis, com cabelos muito pretos, compridos pelas espáduas, e suas vergonhas tão altas, tão cerradinhas e tão limpas das cabeleiras que, de as muito bem olharmos, não tínhamos nenhuma vergonha.
>
> AGUIAR, Nelson (Org.). *Mostra do redescobrimento*: Carta de Pero Vaz de Caminha. São Paulo: Associação Brasil 500 anos Artes Visuais, 2000. p. 81.

Vocabulário de apoio

cerrado: fechado
espádua: escápula (cada um dos dois ossos triangulares situados nas costas, logo abaixo do ombro, antes chamado de omoplata)

▶ Uma carta e vários gêneros

Apesar de o texto de Caminha possuir todas as características do gênero que lhe dá nome (**carta**), há nele elementos de outros gêneros, muito comuns no Quinhentismo e na **literatura de viagem**.

Logo na primeira página, Caminha faz, em três parágrafos, um breve **roteiro náutico** do percurso da viagem, marcando os dias, as horas e as léguas entre os pontos do percurso, o que mostra o cuidado com a precisão do relato.

Nesse mesmo trecho do roteiro náutico, Caminha menciona um acidente ocorrido no trajeto: o misterioso desaparecimento da embarcação de Vasco de Ataíde, que se perde do restante da frota. Embora ocupe apenas um parágrafo, o comentário do acidente lembra outro gênero textual comum na literatura de viagem: o **relato de naufrágio**, sempre acompanhado de uma forte carga dramática e alguma fantasia por parte de seus autores.

Outro aspecto importante da *Carta* de Caminha está em sua organização. O texto não se divide propriamente em partes, mas é marcado por informações diárias sobre os eventos ocorridos durante o tempo que os portugueses permaneceram na nova terra. Essa característica está associada a outro gênero textual da literatura de viagem: o **diário de bordo**, cuja escrita ficava a cargo dos capitães.

Finalmente, o cuidado com que o escrivão narra os acontecimentos da chegada à nova terra aproxima a *Carta* das **crônicas históricas** medievais, cuja função era fazer o registro dos episódios mais importantes da história de uma época, como se verifica na obra de Fernão Lopes, estudada no capítulo 6.

Assim, inaugurando a produção de textos escritos em terras brasileiras, a *Carta* de Caminha revela características de uma significativa variedade de gêneros textuais e grande habilidade narrativa.

Livro aberto

Terra Papagalli, de José Roberto Torero e Marcus Aurelius Pimenta
Objetiva, 2000

Cosme Fernandes existiu de verdade, mas pouco se sabe sobre sua vida. Essa personagem do livro *Terra Papagalli* é um degredado (condenado ao exílio) que chega ao Brasil com a frota de Pedro Álvares Cabral. Na carta que Cosme envia ao Conde de Ourique, misturam-se diário de navegação, dicionário e bestiário – uma espécie de enciclopédia sobre animais reais ou imaginários. Fiéis ao espírito do tempo e à linguagem do século XVI, mas livres para recriar, de forma bem-humorada, os fatos históricos, Torero e Pimenta produziram uma paródia que serve, também, como crítica à historiografia oficial sobre a chegada dos portugueses ao Brasil.

Capa do livro *Terra Papagalli*.

Contando com um total de 13 embarcações, a frota de Cabral era composta de nove naus (navios maiores), três caravelas (embarcações menores e mais velozes) e uma naveta de mantimentos. Abaixo, imagem de uma réplica, que está ancorada na cidade de Porto Seguro (BA), da caravela de Cabral. Fotografia de 2009.

Pero de Magalhães Gândavo: o início da História no Brasil

Pero de Magalhães Gândavo (?-c.1579) pode ser considerado o primeiro **historiador** do Brasil. Suas crônicas de viagem marcam o início de um registro mais sistemático da vida na Colônia.

Gândavo apresenta um estilo claro e simples. Sua narrativa preocupa-se com a descrição cuidadosa do espaço observado. No entanto, o imaginário europeu acerca das Américas também está presente nas anotações sobre a exuberância natural da nova terra, nas referências a ela como o "paraíso recuperado".

Dividida em capítulos, a *História da província Santa Cruz*, narrada por Gândavo, começa pela explicação de sua preferência pelo nome *Terra de Santa Cruz* em vez de *Brasil*, como popularmente a Colônia começava a ser chamada, em função da extração do pau-brasil. Em seguida, o cronista registra os aspectos gerais da província, para depois seguir aos pormenores das capitanias hereditárias, já então instaladas, descrevendo o nome delas, o de seus donatários e a respectiva organização social. Na sequência, Gândavo também detalha os aspectos da natureza admirada: escreve capítulos sobre frutas, bichos venenosos, aves, peixes e até sobre um monstro marinho, que teria sido morto na capitania de São Vicente, em 1564.

O cronista também trata dos indígenas, descrevendo, com curiosidade, seus hábitos e costumes. Começa elogiando a candura e a inocência dos nativos para com os portugueses, narrando depois as guerras que as etnias travavam entre si e alguns de seus hábitos mais chocantes para o europeu, como a poligamia e os rituais antropofágicos. Gândavo mantém o discurso de Caminha a respeito da inocência selvagem dos nativos, que precisam de uma orientação da Metrópole para não se perderem em sua própria barbárie.

Leia, a seguir, um texto extraído do livro *História da província Santa Cruz*. Trata-se do "Prólogo ao leitor", no qual Gândavo apresenta alguns de seus objetivos ao escrever a obra.

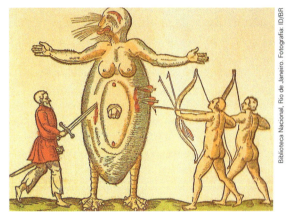

Essa ilustração de Pero de Magalhães Gândavo faz parte de sua obra *História da província Santa Cruz* (1576, acervo da Biblioteca Nacional do Rio de Janeiro). Ela refere-se ao trecho que narra a morte do monstro marinho chamado Ipupiara pelos indígenas. Esse é um dos poucos momentos da obra em que a fantasia europeia em relação aos mistérios do Novo Mundo está presente.

Prólogo ao leitor

A causa principal que me obrigou a lançar mão da presente história, e sair com ela à luz, foi por não haver até agora pessoa que a empreendesse, havendo já setenta e tantos anos que esta província é descoberta. A qual história creio que mais esteve sepultada em tanto silêncio, pelo pouco caso que os portugueses fizeram sempre da mesma província, que por faltarem na terra pessoas de engenho, e curiosas que por melhor estilo, e mais copiosamente que eu as escrevessem. Porém já que os estrangeiros a têm noutra estima, e sabem suas particularidades melhor e mais de raiz que nós (aos quais lançaram já os portugueses fora dela à força d'armas por muitas vezes) parece cousa decente e necessária terem também os nossos naturais a mesma notícia, especialmente para que todos aqueles que nestes Reinos vivem em pobreza não duvidem escolhê-la para seu amparo: porque a mesma terra é tal, e tão favorável aos que a vão buscar, que a todos agasalha e convida com remédio por pobres e desamparados que sejam.

GÂNDAVO, Pero de Magalhães. *Tratado da Terra do Brasil*: história da província Santa Cruz. Belo Horizonte: Itatiaia, 1980. p. 76. Texto adaptado para o português contemporâneo.

Margens do texto

1. De acordo com o historiador Capistrano de Abreu (1853-1927), a obra de Gândavo pode ser considerada uma "propaganda da imigração" para que mais portugueses colonizem o Brasil. O trecho reproduzido confirma ou desmente essa interpretação? Justifique sua resposta.

2. Que crítica é apresentada no trecho?

Vocabulário de apoio

amparo: auxílio, apoio
copiosamente: fartamente, em abundância
empreender: realizar
engenho: inteligência
remédio: metáfora para apoio, ajuda

Padre José de Anchieta: o olhar da conversão

José de Anchieta (1534-1597) chegou ao Brasil em 1553, com a frota do segundo governador-geral, Duarte da Costa, como parte da missão jesuítica que pretendia catequizar os indígenas, entre outros objetivos.

Além de **escritor** e **religioso**, Anchieta foi uma **personagem histórica**, que participou de momentos importantes da colonização, como a formação das vilas que depois se tornaram as cidades de São Paulo (SP), Rio de Janeiro (RJ) e Guarapari (ES).

Embora tenha sido um dos jesuítas mais dedicados ao interesse português de converter os nativos ao catolicismo, o que representava uma violenta intromissão na cultura e no modo de vida destes, Anchieta defendeu os indígenas contra os abusos de outros colonizadores ao opor-se à escravidão desses povos. Esse fato, que hoje pode parecer contraditório, é coerente com a convicção da época de que levar o conhecimento de Deus e a conversão aos indígenas seria uma forma de salvá-los.

Anchieta foi um dos **primeiros missionários jesuítas** a aprender o tupi-guarani e a atuar como intérprete entre os nativos e os europeus. O tupi-guarani é uma das línguas utilizadas por Anchieta em seus textos teatrais, ao lado do português, do espanhol e do latim.

A extensa obra de um missionário incansável

O padre Anchieta deixou uma vasta obra – quase toda publicada após sua morte – que se divide em três gêneros:
- uma **prosa** abrangente, reunida posteriormente no livro *Cartas, informações, fragmentos históricos e sermões*, que faz um registro variado de sua vida como missionário e professor;
- uma **dramaturgia** composta de peças moralizantes;
- um grande número de **poemas**, com características épicas e líricas (essa é a parte mais valorizada de sua obra e pode ser considerada a inauguradora da poesia escrita em solo brasileiro).

Um de seus únicos livros publicados em vida é *Arte da gramática da língua mais usada na costa do Brasil*, em que descreve, pela primeira vez, o tupi-guarani. O livro serviu depois como um **manual** para missionários que desejavam travar um contato mais próximo com os nativos.

De importância literária menor que sua obra poética, o **teatro** de Anchieta se aproxima da tradição medieval dos autos cristãos. Percebe-se também a influência de Gil Vicente, visível na caracterização das personagens, que representavam a divisão do ser humano entre o bem e o mal, ainda que sem a presença da sátira.

As peças moralizantes de Anchieta, de temática bíblica, cumpriam o papel de aproximá-lo dos indígenas e de propagar entre eles a fé cristã. Ao ver e ouvir as encenações – e ao participar delas –, os indígenas eram mais facilmente cativados pelos valores defendidos por Anchieta.

Quanto à **poesia**, apesar da formação acadêmica que Anchieta teve na Europa durante o Renascimento, sua obra raramente dialoga com a literatura do Classicismo. A maioria de seus poemas líricos possui uma linguagem simples e utiliza métricas populares na Europa, como as redondilhas (versos de cinco ou sete sílabas poéticas), características da arte medieval.

Diferentemente de sua produção teatral, a poesia de Anchieta vai além da função catequética. Os estudiosos consideram que esse é o gênero em que o jesuíta alcançou maior valor artístico. Isso significa que seus poemas podem ser lidos e apreciados como obras literárias, independentemente do objetivo religioso que possa ter motivado sua escrita.

> **Repertório**
>
> **"Os passos de Anchieta"**
>
> José de Anchieta viveu em várias localidades do Brasil. Em seus últimos anos de vida, passou a residir em Reritiba, atual município de Anchieta, no Espírito Santo. Como ainda dirigisse o Colégio dos Jesuítas, em Vitória, costumava percorrer todos os meses o trajeto entre as duas localidades. Hoje chamado de "Os passos de Anchieta", esse caminho foi resgatado em 1998 e tem se tornado uma rota perene que atrai turistas e peregrinos, a exemplo do que ocorre com o caminho de Santiago de Compostela, na Espanha. O roteiro tem aproximadamente 100 quilômetros e pode ser feito em quatro dias. Durante a caminhada, é possível apreciar belas paisagens naturais e conhecer sítios históricos.

Nessa tela, o padre Anchieta é retratado como uma pessoa superior, que se impõe ao meio selvagem.

CALIXTO, Benedito. *Anchieta e as feras*, 1897. Óleo sobre tela, 112 cm × 115 cm. Seminário da Glória, São Paulo.

> **Lembre-se**
>
> As características e as fases do teatro de Gil Vicente foram estudadas no capítulo 6 (p. 86-87). Na primeira fase do teatro vicentino, o autor costumava produzir peças com temática religiosa, um dos pontos de aproximação com as peças escritas por José de Anchieta.

Sua leitura

Você vai ler o poema "Em Deus, meu criador", do padre José de Anchieta. Nele, o eu lírico exalta a fé e a confiança em Deus diante das dificuldades da vida.

Em Deus, meu criador

Não há coisa segura.
Tudo quanto se vê
se vai passando.
A vida não tem dura.
O bem se vai gastando.
Toda criatura
passa voando.

Em Deus, meu criador,
está todo meu bem
e esperança,
meu gosto e meu amor
e bem-aventurança.
Quem serve a tal Senhor
não faz mudança.

Contente assim, minha alma,
do doce amor de Deus
toda ferida,
o mundo deixa em calma,
buscando a outra vida,
na qual deseja ser
toda absorvida.

Do pé do sacro monte
meus olhos levantando
ao alto cume,
vi estar aberta a fonte
do verdadeiro lume,
que as trevas do meu peito
todas consume.

Correm doces licores
das grandes aberturas
do penedo.
Levantam-se os errores,
levanta-se o degredo
e tira-se a amargura
do fruto azedo.

ANCHIETA, José de. *Poesia*. 2. ed. Rio de Janeiro: Agir, 1966. p. 24-26.

CALIXTO, Benedito. *O poema de Anchieta*, 1900. Óleo sobre tela, 48 cm × 69 cm. Coleção Reginaldo Bertholino.

A tela de Benedito Calixto (1853-1927) retrata Anchieta escrevendo um poema à Virgem Maria na areia de uma praia.

Vocabulário de apoio

bem-aventurança: felicidade
consumar: extinguir
cume: topo
degredo: desterro; pena de exílio por uma falta grave
dura: duração
lume: luz
penedo: rochedo
sacro: sagrado

Sobre o texto

1. Qual é o tema do texto?
2. Pode-se dizer que há uma oposição entre as duas primeiras estrofes. Justifique essa afirmação, utilizando passagens do texto.
3. Releia a terceira estrofe. Nela, a visão da morte representa a expressão extrema do amor do eu lírico por Deus. Explique essa afirmação.
4. As duas últimas estrofes tratam, por meio de metáforas, do encontro do eu lírico com a verdade divina. Quais são as metáforas trabalhadas em cada uma dessas estrofes?

O que você pensa disto?

Embora pertencesse ao povo Pataxó, a área da reserva Caramuru-Catarina Paraguassu, no sul da Bahia, estava ocupada desde 1940 por fazendeiros. Em 1982, a Funai, órgão responsável pela proteção dos povos indígenas, entrou com uma ação no Supremo Tribunal Federal (STF) pedindo a retirada dos fazendeiros. Apenas em 2008 a ação começou a ser analisada e, em 2012, o STF acabou decidindo pela devolução das terras aos indígenas.

- A demarcação das terras indígenas faz surgir um antigo debate: Os povos indígenas devem realmente ter leis especiais ou devem estar sujeitos às mesmas normas que o restante da população brasileira? Qual é o melhor modo de preservar sua identidade cultural? Por que se deveria preservar essa identidade cultural?

Indígenas da etnia Pataxó festejam decisão do STF quanto à reserva no sul da Bahia (detalhe). Fotografia de 2012.

Ferramenta de leitura

O escritor e os valores sociais de seu tempo

Roger Bastide foi um dos professores fundadores da Universidade de São Paulo (USP), tendo chegado ao Brasil em 1938 para lecionar Sociologia. Além de se dedicar ao estudo das relações entre arte e sociedade, pesquisou as religiões afro-brasileiras e a cultura africana nas Américas.

Vocabulário de apoio

desbaratar: derrotar, dispensar
gentio: selvagem, indivíduo ou grupo não civilizado

Nesta unidade, você viu como a literatura quinhentista, relacionada às descobertas do Novo Mundo, teve como tema predominante as impressões dos europeus sobre a nova terra e o choque cultural surgido do contato com os indígenas nativos.

Veja o que o sociólogo francês Roger Bastide (1898-1974) comenta sobre a relação entre o indivíduo que escreve e a sociedade em que está inserido.

> Em primeiro lugar o criador pertence a um certo país, a uma certa classe social, a grupos determinados, em resumo, a meios sociais tendo cada um suas representações coletivas, seus costumes que pesam sobre o indivíduo com toda a força da tradição. [...]
>
> Mas o meio social que amoldou o artista não só se inscreve na sua obra como também se insinua na inspiração que brota nele sob uma forma exterior. Esta forma, de certa maneira, ele também a pode inventar. No entanto é mais frequentemente fornecida pela sociedade. [...]
>
> Enfim é preciso não esquecer que, mesmo quando o artista diz que escreve para si, para seu prazer, está pensando sempre no público, e se trabalha é em vista de certas sanções que são sanções sociais: glória ou popularidade, desejo de alcançar uma elite ou de se tornar imortal.
>
> BASTIDE, Roger. *Arte e sociedade*. Trad. Gilda de Mello e Souza. São Paulo: Companhia Editora Nacional, 1979. p. 73-74.

Como se pode observar, por trás da escrita de um estrangeiro estão presentes os valores da sociedade à qual ele pertence.

Considerando as ideias apresentadas no texto acima, leia um trecho do livro *Tratado da terra do Brasil*, de Pero de Magalhães Gândavo. Em seguida, faça no caderno as atividades propostas.

> Havia muitos destes índios pela Costa junto das Capitanias, tudo enfim estava cheio deles quando começaram os portugueses a povoar a terra; mas porque os mesmos índios se alevantaram contra eles e faziam-lhes muitas traições, os governadores e capitães da terra destruíram-nos pouco a pouco e mataram muitos deles, outros fugiram pelo Sertão, e assim ficou a costa despovoada de gentio ao longo das Capitanias. Junto delas ficaram alguns índios destes nas aldeias que são de paz, e amigos dos portugueses. [...]
>
> Gente é esta mui atrevida e que teme muito pouco a morte, e quando vão à guerra sempre lhes parece que têm certa a vitória e que nenhum de sua companhia há de morrer. E quando partem dizem, vamos matar: sem mais consideração, e não cuidam que também podem ser vencidos. Não dão vida a nenhum cativo, todos matam e comem, enfim que suas guerras são mui perigosas, e devem-se ter em muita conta porque uma das coisas que desbaratou muitos portugueses foi a pouca estima em que tinham a guerra dos índios, e o pouco-caso que faziam deles, e assim morreram muitos miseravelmente por não se aperceberem como convinha; destes houve muitas mortes desastradas; e isto acontece cada passo nestas partes.
>
> GÂNDAVO, Pero de Magalhães. In: RONCARI, Luiz. *Literatura brasileira*: dos primeiros cronistas aos últimos românticos. São Paulo: Edusp, 1995. p. 51-52. Texto adaptado para o português contemporâneo.

Sobre os textos

1. Quais as concepções de Pero de Magalhães Gândavo sobre o português e o indígena em relação ao processo de ocupação da terra?

2. Para Bastide, o artista está "pensando sempre no público" para o qual se destina sua obra. Como você imagina que a Corte portuguesa do século XVI recebeu o texto de Gândavo? Justifique sua resposta.

Entre textos

A *Carta* de Caminha ficou desaparecida por quase três séculos, tendo sido redescoberta nos arquivos da Torre do Tombo, em Lisboa, em meados do século XVIII. A primeira edição, com trechos suprimidos, foi publicada em 1817. Desde que veio a público, tem sido uma rica fonte de pesquisa para historiadores e artistas preocupados em refletir sobre a identidade nacional.

Veja, a seguir, um texto verbal e outro não verbal que dialogam com esta que é considerada a "certidão de nascimento" do Brasil.

TEXTO 1

Primeira missa no Brasil

MEIRELLES, Victor. *Primeira missa no Brasil*, 1860. Óleo sobre tela, 268 cm × 356 cm. Museu Nacional de Belas Artes, Rio de Janeiro.

A valorização da história do Brasil promovida pelo Romantismo pode ser observada nesta tela de Victor Meirelles (1832-1903). O artista parece buscar no documento de Caminha elementos para representar de forma convincente a cena histórica da primeira missa em território brasileiro, sem, no entanto, deixar de revelar traços da cultura de sua época (não aparecem, por exemplo, as genitálias dos indígenas, embora Caminha sempre ressalte que entre eles não existia a menor preocupação de escondê-las).

TEXTO 2

Pero Vaz Caminha

a descoberta

Seguimos nosso caminho por este mar de longo
Até a oitava da Páscoa
Topamos aves
E houvemos vista de terra

os selvagens

Mostraram-lhes uma galinha
Quase haviam medo dela
E não queriam pôr a mão
E depois a tomaram como espantados

primeiro chá

Depois de dançarem
Diogo Dias
Fez o salto real

as meninas da gare

Eram três ou quatro moças bem moças e bem gentis
Com cabelos mui pretos pelas espáduas
E suas vergonhas tão altas e tão saradinhas
Que de nós as muito bem olharmos
Não tínhamos nenhuma vergonha

Andrade, Oswald de. In: Moriconi, Italo (Org.). *Os cem melhores poemas do século*. Rio de Janeiro: Objetiva, 2001. p. 79-80.

No capítulo inicial do livro *Pau-Brasil*, de Oswald de Andrade, intitulado "História do Brasil", encontramos o poema ao lado, que apresenta uma série de procedimentos característicos do movimento da primeira metade do século XX denominado Modernismo, tais como a paródia e a colagem. É interessante notar como Oswald recolhe e edita trechos da *Carta* de Caminha e, ao dispô-los em versos e sob um novo título com referências contemporâneas, atribui-lhes um significado inteiramente novo e irônico. A começar pelo título "Pero Vaz Caminha", em que a omissão do termo *de* cria para o sobrenome Caminha o sentido de "anda, percorre", como se o poema revelasse a trajetória do olhar do colonizador sobre as terras conquistadas. Na última parte do texto, Oswald ironiza a descrição da nudez das mulheres indígenas, feita com grande seriedade por Caminha em sua *Carta*. A menção às "meninas da gare" remete à figura de prostitutas e evidencia a sensualidade da imagem capturada por Caminha.

Vestibular e Enem

1. (Enem)

ECKHOUT, A. *Índio Tapuia* (1610-1666). Disponível em:
<http://www.diaadia.pr.gov.br>. Acesso em: 9 jul. 2009.

> A feição deles é serem pardos, maneira d'avermelhados, de bons rostos e bons narizes, bem feitos. Andam nus, sem nenhuma cobertura, nem estimam nenhuma cousa cobrir, nem mostrar suas vergonhas. E estão acerca disso com tanta inocência como têm em mostrar o rosto.
>
> CAMINHA, P. V. *A carta*. Disponível em: <www.dominiopublico.gov.br>.
> Acesso em: 12 ago. 2009.

Ao se estabelecer uma relação entre a obra de Eckhout e o trecho do texto de Caminha, conclui-se que:
a) ambos se identificam pelas características estéticas marcantes, como tristeza e melancolia, do movimento romântico das artes plásticas.
b) o artista, na pintura, foi fiel ao seu objeto, representando-o de maneira realista, ao passo que o texto é apenas fantasioso.
c) a pintura e o texto têm uma característica em comum, que é representar o habitante das terras que sofreriam processo colonizador.
d) o texto e a pintura são baseados no contraste entre a cultura europeia e a cultura indígena.
e) há forte direcionamento religioso no texto e na pintura, uma vez que o índio representado é objeto da catequização jesuítica.

2. (Udesc) O movimento literário que retrata as manifestações literárias produzidas no Brasil à época de seu descobrimento, e durante o século XVI, é conhecido como Quinhentismo ou Literatura de informação.
Analise as proposições em relação a este período.

I. A produção literária no Brasil, no século XVI, era restrita às literaturas de viagens e jesuíticas de caráter religioso.
II. A obra literária jesuítica, relacionada às atividades catequéticas e pedagógicas, raramente assume um caráter apenas artístico. O nome mais destacado é o do padre José de Anchieta.
III. O nome Quinhentismo está ligado a um referencial cronológico – as manifestações literárias no Brasil tiveram início em 1500, época da colonização portuguesa – e não a um referencial estético.
IV. As produções literárias neste período prendem-se à literatura portuguesa, integrando o conjunto das chamadas literaturas de viagens ultramarinas, e aos valores da cultura greco-latina.
V. As produções literárias deste período constituem um painel da vida dos anos iniciais do Brasil colônia, retratando os primeiros contatos entre os europeus e a realidade da nova terra.

Assinale a alternativa correta.
a) Somente as afirmativas I, IV e V são verdadeiras.
b) Somente a afirmativa II é verdadeira.
c) Somente as afirmativas I, II, III e V são verdadeiras.
d) Somente as afirmativas III e IV são verdadeiras.
e) Todas as afirmativas são verdadeiras.

(Mackenzie-SP) Texto para a questão 3.

> A partida de Belém, como Vossa Alteza sabe, foi segunda-feira, 9 de março. [...] E domingo, 22 do dito mês, às dez horas, pouco mais ou menos, houvemos vista das ilhas de Cabo Verde, ou melhor, da ilha de S. Nicolau [...]. E assim seguimos nosso caminho por este mar de longo, até que, terça-feira das Oitavas de Páscoa, que foram vinte e um dias de abril, estando da dita ilha obra de 660 léguas, segundo os pilotos diziam, topamos alguns sinais de terra, os quais eram muita quantidade de ervas compridas, a que os mareantes chamam botelho [...]. E quarta-feira seguinte, pela manhã, topamos aves a que chamam fura-buxos. Neste dia, a horas de véspera, houvemos vista de terra! Primeiramente dum grande monte, mui alto e redondo [...]; ao monte alto o capitão pôs o nome de O Monte Pascoal, e à terra, A Terra de Vera Cruz.
>
> Carta de Pero Vaz de Caminha ao rei de Portugal.

3. Assinale a alternativa correta acerca do texto.
a) Trata-se de documento histórico que inaugura, em Portugal, um novo gênero literário: a literatura epistolar.
b) Exemplifica a literatura produzida pelos jesuítas brasileiros na colônia e que teve como objetivo principal a catequese do silvícola.

c) Apesar de não ter natureza especificamente artística, interessa à história da literatura brasileira na medida em que espelha a linguagem e a respectiva visão de mundo que nos legaram os primeiros colonizadores.
d) Pertence à chamada crônica histórica, produzida no Brasil durante a época colonial com objetivos políticos: criar a imagem de um país soberano, emancipado, em condições de rivalizar com a metrópole.
e) É um dos exemplos de registros oficiais escritos por historiadores brasileiros durante o século XVII, nos quais se observam, como característica literária, traços do estilo barroco.

(Uneal) A questão 4 refere-se ao fragmento abaixo.

> Os primeiros escritos da nossa vida documentam precisamente a instauração do processo [...]. Enquanto informação, não pertencem à categoria do literário, mas à pura crônica histórica e, por isso, há quem as omita por escrúpulo estético [...]. No entanto, a pré-história das nossas letras interessa como reflexo da visão de mundo e da linguagem que nos legaram os primeiros observadores do país.
> Bosi, Alfredo. *História concisa da literatura brasileira*. Cultrix, 1977. p. 15.

4. Quanto à Literatura de informação no Brasil, da qual discorre o autor, não é correto afirmar que:
   a) compreende as manifestações literárias produzidas no Brasil à época de seu descobrimento, durante o século XVI.
   b) é representada por cartas, documentos e relatórios acerca da flora, da fauna e dos habitantes da nova terra.
   c) se caracteriza como um movimento paralelo ao Renascimento português, que vivia o seu auge na Europa.
   d) descreve as expansões marítimas e as conquistas material e espiritual das novas terras conquistadas.
   e) tem suas obras caracterizadas pela presença de adjetivos empregados para exaltar a terra exuberante e exótica.

5. (Uneal) Não é correto afirmar que as peças teatrais de José de Anchieta:
   a) eram caracterizadas pela ausência de unidade de espaço e de tempo.
   b) eram encenadas à beira-mar, por jesuítas, colonos, índios e índias.
   c) tinham a participação da plateia e o espetáculo era montado com coro e dança.
   d) eram redigidas em versos e terminavam com a vitória do Bem sobre o Mal.
   e) mesclavam a moral religiosa católica aos costumes indígenas locais.

6. (UFMG) Leia estes trechos:

   Trecho 1
   > Colombo sabe perfeitamente que as ilhas já têm nome, de uma certa forma, nomes naturais (mas em outra acepção do termo); as palavras dos outros, entretanto, não lhe interessam muito, e ele quer rebatizar os lugares em função do lugar que ocupam em sua descoberta, dar-lhes nomes justos a nomeação, além disso, equivale a tomar posse.
   > Todorov, Tzevetan. *A conquista da América*. São Paulo: Martins Fontes, 1993. p. 27.

   Trecho 2
   > [...] e a quarta-feira seguinte, pela manhã, topamos aves a que chamam fura-buchos e neste dia, a horas de véspera, houvemos vista de terra, a saber: primeiramente dum grande monte mui alto e redondo, e de outras serras mais baixas ao sul dele, e de terra chã com grandes arvoredos: ao qual monte alto o Capitão pôs nome o Monte Pascoal, e à terra a Terra da Vera Cruz.
   > Caminha, Pero Vaz de. *Carta ao rei dom Manuel*. Belo Horizonte: Crisálida, 2002. p. 17.

   Explicite, comparando os dois trechos, a relação existente entre os atos de **nomear** e **tomar posse**.

7. (UFRGS-RS) Assinale com V (verdadeiro) ou F (falso) as afirmações a seguir sobre a Literatura de informação no Brasil.
   ( ) A carta de Pero Vaz de Caminha, enviada ao rei D. Manuel I, circulou amplamente entre a nobreza e o povo português da época.
   ( ) Os textos informativos apresentavam, em geral, uma estrutura narrativa, pois esta se adaptava melhor aos objetivos dos autores de falar das coisas que viam.
   ( ) Os textos que informavam sobre o Novo Mundo despertavam grande curiosidade entre o público europeu, estando os de Américo Vespúcio entre os mais divulgados no início do século XVI.
   ( ) Pero de Magalhães Gândavo é o autor dos textos "Tratado da Terra do Brasil" e "História da Província Santa Cruz a que vulgarmente chamamos de Brasil".

   A sequência correta de preenchimento dos parênteses, de cima para baixo, é:
   a) V - F - V - V
   b) V - F - F - F
   c) F - V - V - V
   d) F - F - V - V
   e) V - V - F - F

UNIDADE

O Barroco

Nesta unidade

10 O Barroco – irregularidade e tensão

11 O Barroco em Portugal

12 O Barroco no Brasil

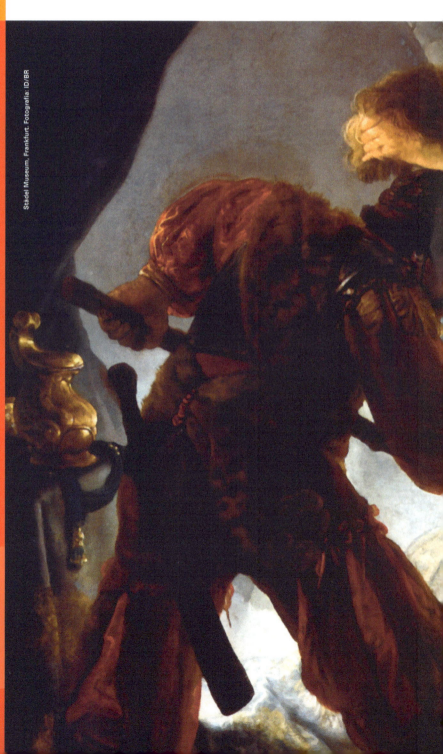

RIJN, Rembrandt Harmenszoon van. *Sansão cego pelos filisteus* (detalhe), 1636. Óleo sobre tela, 276 cm × 206 cm. Museu Städel, Frankfurt, Alemanha.

Com proteção divina, Sansão era dotado de força extraordinária, capaz de feitos inacessíveis aos seres humanos. Entretanto, traído por Dalila, foi aprisionado e cegado pelos filisteus, contra os quais liderara seu povo, os israelitas.

No século XVII, o Humanismo – que dominara o período do Classicismo – entrou em declínio e passou a dividir espaço com a retomada de uma visão de mundo religiosa, promovida pela Igreja católica. O Barroco surgiu, então, da tensão entre a razão, legada pelo Renascimento, e a fé religiosa.

Em Portugal, a produção barroca transitava entre a forte influência espanhola, na política e nas artes, e uma resistência a ela, marcada pela retomada de aspectos do Humanismo.

No Brasil, é possível encontrar o Barroco em diversas manifestações artísticas, por exemplo, na poesia e na escultura, em que se destacaram, respectivamente, Gregório de Matos e Aleijadinho.

A temática bíblica estava muito presente no Barroco, como podemos ver no quadro abaixo, do pintor holandês Rembrandt Harmenszoon van Rijn (1606-1669).

Nesta cena também é possível ressaltar elementos bastante característicos da pintura barroca, como: o jogo entre zonas claras e escuras, a representação de movimento e de estados de espírito, a dramaticidade no tratamento do tema religioso, entre outros.

CAPÍTULO 10
O Barroco – irregularidade e tensão

O que você vai estudar

- Caravaggio e Góngora.
- Renascimento e Contrarreforma católica.
- Cultismo e conceptismo na arte barroca.
- Gregório de Matos.

O período artístico e literário conhecido como Barroco abrange um amplo intervalo de tempo na história, em função da variedade de obras que lhe são atribuídas. Na literatura e na pintura, a maior parte da produção ocorreu durante o século XVII; na música, composições importantes de Vivaldi e Bach foram realizadas no século XVIII; já na escultura e na arquitetura, encontramos exemplos de arte barroca até o princípio do século XIX, como é o caso de algumas esculturas do artista mineiro Aleijadinho.

Sua leitura

A seguir, você lerá dois textos.
O primeiro é um quadro de Michelangelo Merisi da Caravaggio (1571-1610), considerado o principal pintor do Barroco italiano. A obra é baseada no episódio bíblico em que Jesus Cristo é conduzido ao sepulcro.
O segundo texto foi escrito pelo poeta espanhol Luis de Góngora y Argote (1636-1696). O tema do poema também é religioso: o eu lírico exalta a figura de um bispo católico que tinha em seu palácio muitas relíquias (objetos que pertenceram a santos ou que tiveram contato com seu corpo).

Deposição de Cristo

CARAVAGGIO, Michelangelo Merisi da. *Deposição de Cristo*, 1602-1603. Óleo sobre tela, 300 cm × 203 cm. Museus e Galerias do Vaticano, Itália.

A d. Sancho D'Ávila, bispo de Jaén

Sacro pastor de povos, que em florida
idade, pastor, guias teu gado,
mais com o assobio que com o cajado,
e mais que com o assobio com tua vida;

Cantem outros tua casa esclarecida,
mas teu palácio, com razão sagrado,
cante Apolo de raios coroado,
não Musa humilde de laurel cingida.

Tenda é gloriosa, onde em leitos de ouro
vitoriosos dormem os soldados
que já despertarão a triunfo e palmas;

milagroso sepulcro, mudo coro
de mortos vivos, de anjos tão calados,
é um céu de corpos, é um vestuário de almas.

ARGOTE, Luis de Góngora y. *Poemas de Góngora*. Trad. Péricles Eugênio da Silva Ramos.
São Paulo: Art Editora, 1988. p. 65.

Sobre os textos

1. Na pintura *Deposição de Cristo*, que recurso o pintor utiliza para destacar a luminosidade das personagens?

2. Observe a postura corporal das personagens retratadas.
   a) Alguns estudiosos enxergam nessa composição (disposição dos elementos no espaço do quadro) uma transição entre opostos: da parte superior para a inferior da tela, as personagens passam gradualmente de uma postura ereta e vertical para uma postura horizontal; da agitação corporal para a imobilidade. Que opostos simbólicos são evocados nessa representação?
   b) Uma das características da pintura renascentista é a busca de equilíbrio na composição, a fim de transmitir ao observador uma sensação de segurança e tranquilidade. Em sua opinião, a pintura analisada segue esse princípio? Justifique sua resposta com elementos do quadro.

3. Apesar de elogiar um bispo católico, o eu lírico do poema "A d. Sancho D'Ávila, bispo de Jaén" cita Apolo e as Musas, que remetem a uma cultura pagã. Explique como o eu lírico utiliza esses elementos na construção do elogio ao bispo.

4. Em suas estrofes finais, o soneto de Góngora louva algumas relíquias presentes no palácio do bispo de Jaén, por meio de figuras de linguagem elaboradas.
   a) Qual é o caminho percorrido pelo eu lírico nas primeiras estrofes, até chegar às relíquias?
   b) A veneração a relíquias e imagens de santos é uma característica da religião católica condenada pelos protestantes. Nesse sentido, qual é a posição adotada pelo eu lírico? Explique com elementos do texto.

5. O contraste entre extremos opostos é uma característica comum à pintura e ao poema.
   a) Com base em que elementos formais esse contraste se manifesta no quadro de Caravaggio?
   b) Como esse contraste é expresso no poema de Góngora "A d. Sancho D'Ávila, bispo de Jaén"?

Vocabulário de apoio

Apolo: deus da luz e do sol, do pastoreio e da beleza
cajado: vara com a extremidade superior em forma de gancho ou semicírculo, que possibilitava puxar as pernas dos animais
cingir: envolver, rodear, vestir (algo que circunda o corpo ou parte dele, como uma coroa)
laurel: coroa de louros
Musa: na mitologia grega, divindade inspiradora da poesia e da música
sepulcro: túmulo, monumento em que está enterrado o corpo de uma pessoa ou de um grupo de pessoas

Fone de ouvido

Bach e Vivaldi

Johann Sebastian Bach (1685-1750) é o mais célebre compositor barroco. Considerado um dos maiores gênios de toda a história da música, criou a chamada escala temperada (composta de 12 notas separadas por intervalos iguais), que se tornou a base da música ocidental. Foi também um dos maiores responsáveis pelo grande desenvolvimento da música polifônica no período (música com melodias diferentes simultâneas, e não apenas servindo de acompanhamento para uma melodia principal).
Além de Bach, outro grande nome do barroco musical é Antonio Vivaldi (1678-1741), autor de *As quatro estações* (1723).

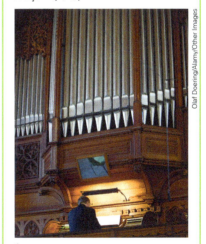

Órgão na igreja de São Thomas, em Leipzig (Alemanha), onde Bach era organista. Os compositores barrocos escreveram muitas peças sacras para serem executadas nesse instrumento. Fotografia de 2007.

❯ O contexto de produção

O contexto sociocultural do século XVII foi marcado por tensões. Uma das principais ocorreu no campo religioso, o que repercurtiu na literatura.

❯ O contexto histórico

Embora tivesse ganhado força a partir do século XVII, o Barroco estava muito relacionado ao contexto da **Contrarreforma**, cujos marcos históricos vinham do século anterior. Em 1517, o movimento religioso conhecido como **Reforma** começou a dividir a igreja cristã em católicos e protestantes. Essa divisão enfraqueceu a influência da Igreja católica na Europa, questionada havia tempos pelo racionalismo dos humanistas e dos renascentistas.

Com a Reforma, acentuou-se a queda do poder político e econômico do Vaticano: muitas regiões da Europa Ocidental – em que antes o catolicismo imperava – passaram a ser majoritariamente protestantes. Foi o caso da Alemanha, da Holanda, da Inglaterra e dos países escandinavos, por exemplo.

A reação a esse quadro veio com a Contrarreforma, em 1563. A Igreja católica tentou recuperar prestígio e influência de vários modos. Um deles foi o incentivo às manifestações artísticas de temática religiosa, como forma de fortalecer a fé católica.

A atuação contrarreformista concentrou-se mais na Itália e na península Ibérica, onde Portugal e Espanha formaram um só grande reino, de 1580 a 1640, sob o domínio da Coroa espanhola. Nessas regiões e em suas áreas de influência – como o Brasil, colônia portuguesa –, o Barroco teve forte vínculo com a ideologia da Contrarreforma.

❯ O contexto cultural

No final do século XVI, a Igreja reafirmou a interpretação dogmática e teocêntrica do mundo, combatendo o racionalismo renascentista. Ao lidar com esse embate, os artistas começaram a reconsiderar a importância da religiosidade, porém, sem deixar de lado as conquistas racionais.

Como expressão dessa crise, ou como tentativa de escapar dela, o artista barroco recorreu ao rebuscamento formal: ornamentou e decorou suas igrejas e catedrais ostensivamente; produziu uma música rica em nuances; criou pinturas dominadas pelo jogo de claro e escuro; construiu esculturas de alta dramaticidade; e escreveu uma literatura repleta de jogos de palavras e de ideias.

Dentre os artistas barrocos, destacam-se os italianos Caravaggio (já estudado no início deste capítulo) e Gian Lorenzo Bernini (1598--1680). Escultor, arquiteto e pintor, Bernini revolucionou a arte da escultura, conferindo a impressão de movimento corporal e agitação emocional à representação das personagens.

Tematicamente, Bernini e a arte barroca em geral mantém-se no campo de interesses do Renascimento. Assim, as obras, além de cenas bíblicas, acolhem episódios e personagens da cultura greco-romana.

> **Sétima arte**
>
> *Lutero* (Alemanha, 2003)
> Direção de Eric Till
>
> O filme *Lutero* é baseado na vida do religioso alemão Martinho Lutero (1483-1546). Professor de teologia, Lutero questionou algumas práticas da Igreja católica. Foi perseguido pelo papa Leão X e obrigado a se esconder. Durante o refúgio, traduziu a Bíblia para o alemão, tornando-a acessível ao cidadão comum. A Reforma, como veio a se chamar o movimento iniciado por Lutero, acabou por dividir o cristianismo ocidental em duas Igrejas: a católica e a protestante.
>
>
>
> Cena do filme *Lutero*.

Buonarroti, Michelangelo. *David*, 1504. Mármore de Carrara, 517 cm. Accademia di Belle Arti, Florença, Itália.

Bernini, Gian Lorenzo. *David*, 1623-1624. Mármore branco, 170 cm. Galleria Borghese, Roma, Itália.

Michelangelo representa David em pose estática e com feição concentrada. Já Bernini modela a personagem em posição que sugere movimento, no momento em que vai arremessar a pedra contra o gigante Golias.

O contexto literário

As principais características da literatura barroca relacionam-se, de alguma forma, ao embate filosófico e psicológico presente no período.

O sistema literário do Barroco

Geograficamente, a literatura barroca teve como principais polos Itália, Espanha e Portugal. Os escritores de destaque no período barroco eram instruídos, pertencentes à nobreza, à burguesia e ao clero.

Por sua diversidade, a poesia barroca conquistava leitores de diferentes estratos sociais: enquanto a lírica amorosa, religiosa e encomiástica circulava nos salões da corte e nos ambientes frequentados pela burguesia mais abastada, a poesia satírica encontrava receptividade na grande massa da população, por meio da leitura direta dos textos ou de sua audição. Já no caso da prosa, os textos eram lidos ou ouvidos indistintamente por membros do clero, da nobreza e da população em geral – um exemplo são os *Sermões* de padre Antônio Vieira no Brasil.

A produção literária do período chegava ao público, sobretudo, **oralmente** ou por meio de **textos manuscritos**. Estes corriam de mão em mão ou eram afixados em locais públicos, como paredes e portas de igreja ou estabelecimentos comerciais.

Formalmente, o Barroco apresenta duas vertentes bem definidas.

- **Cultismo**: baseia-se no conhecimento do mundo por meio de sua descrição plástica, da exploração da forma, utilizando jogos de imagens, de palavras e de construções sintáticas.
- **Conceptismo**: é focado na exploração de ideias ou de conceitos; nele, estão presentes a agudeza do raciocínio, a lógica e as figuras de linguagem como a **antítese** e o **paradoxo**.

O papel da tradição

Na literatura barroca também se observam diferentes influências. Elas eram reflexo da tensão entre as distintas formas de compreensão da realidade na época. De um lado, os barrocos retomavam o moralismo e a religião característicos da literatura medieval; de outro, adotavam formas poéticas mais recentes (como o soneto) e continuavam a buscar inspiração na cultura clássica, como haviam feito os humanistas e os classicistas.

É bastante utilizado entre os poetas barrocos, por exemplo, o tema do *carpe diem* ("viva o dia", ou seja, aproveite o momento presente) – expressão latina presente na obra do pensador Horácio. Esse tema reaparece em numerosos poemas (não só barrocos) que tratam da importância de desfrutar a vida, pois o tempo passa muito rápido.

Essa combinação de influências de diversas fontes pode ser identificada em alguns textos do brasileiro Gregório de Matos.

> **Vale saber**
>
> **Poesia encomiástica** é aquela que faz elogios a pessoas poderosas. Em geral, funcionava como um meio de o poeta obter favores da pessoa elogiada.

> **Repertório**
>
> **A autoria dos poemas barrocos**
>
> Como poucos autores barrocos tiveram livros publicados em vida, seus textos eram reproduzidos oralmente ou copiados à mão. Nesse processo, acabavam surgindo várias versões de um mesmo texto. Após essas versões circularem, a informação sobre a autoria dos textos já não era confiável. Alguns estudiosos afirmam que poetas barrocos famosos, como Góngora e Gregório de Matos, podem não ser os verdadeiros criadores dos vários textos atribuídos a eles.
>
>

Destes beatos fingidos,
cabisbaixos, encolhidos,
por dentro fatais maganos,
sendo nas caras uns Janos,
que fazem do vício alarde:
Deus me guarde.

MATOS, Gregório de. Benze-se o poeta de várias ações que observa na sua pátria. In: *Poemas escolhidos*. São Paulo: Cultrix, 1997. p. 61.

Antiga moeda romana (225 a.C.-212 a.C.) com a imagem do deus Jano, que recebeu de Saturno o dom de ver o passado e o futuro. Por causa desse dom, é geralmente representado com duas faces voltadas para lados opostos.

Nesses versos, a crítica ao comportamento dos "beatos fingidos" emprega referências da cultura cristã (Deus) e da cultura romana (Jano).

Uma leitura

Leia a seguir um soneto de Gregório de Matos. Lembre-se de que, em um texto literário, não importa somente reconhecer **o que** o texto diz, mas também a **maneira como** diz. Perceba como separar o soneto em partes e observar seus detalhes pode ajudar a criar um caminho interpretativo. Alguns aspectos já estão analisados; outros serão observados por você. Responda no caderno às questões propostas.

1. O poema apresenta, já no título, uma temática muito comum da arte barroca. Qual é ela?

A Cristo S. N. crucificado estando o Poeta na última hora de sua vida

Meu Deus, que estais pendente de um madeiro,
Em cuja lei protesto de viver,
Em cuja santa lei hei de morrer
Animoso, constante, firme e inteiro:

Neste lance, por ser o derradeiro,
Pois vejo a minha vida anoitecer,
É, meu Jesus, a hora de se ver
A brandura de um Pai, manso Cordeiro.

Mui grande é vosso amor e o meu delito;
Porém pode ter fim todo o pecar,
E não o vosso amor, que é infinito.

Esta razão me obriga a confiar,
Que, por mais que pequei, neste conflito
Espero em vosso amor de me salvar.

Matos, Gregório de. In: *Poemas escolhidos*. São Paulo: Cultrix, 1997. p. 298.

A primeira estrofe dos sonetos geralmente apresenta, de maneira sucinta, a questão central do poema: nesse caso, a fé que o eu lírico deseja professar.

Na segunda estrofe, a questão apresentada na primeira estrofe é desenvolvida com a incorporação de novos elementos. Surgem a referência explícita ao estado moribundo do eu lírico e o elogio à bondade do pai celestial.

2. A terceira estrofe dos sonetos costuma ser decisiva. Nela, ocorre um salto em direção a uma conclusão do que vinha sendo dito ou a uma negação da construção anterior. Neste soneto, qual desses caminhos é adotado na terceira estrofe? Justifique.

O soneto se fecha com um final marcante, que pode aparecer na última estrofe inteira. Aqui o eu lírico retoma o salto da terceira estrofe e constrói um final impactante, que revela a razão de todo o jogo de ideias das estrofes anteriores; ele confia no perdão porque sua ausência deporia contra a infinitude do amor divino.

Vocabulário de apoio

animoso: que tem ânimo, corajoso
brandura: ternura, carinho
delito: crime, erro, pecado
derradeiro: último
lance: situação difícil, etapa, tribulação
madeiro: cruz
mui: muito
pendente: dependurado
protestar: professar, prometer

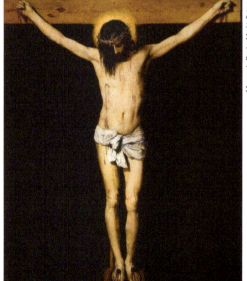

Assim como na literatura, a temática religiosa é muito explorada na pintura barroca.

Velázquez, Diego. *Cristo crucificado*, 1632. Óleo sobre tela, 248 cm × 169 cm. Museu do Prado, Madri, Espanha.

Capítulo 10 • O Barroco – irregularidade e tensão

140

Ler o Barroco

Você vai ler outro soneto de Gregório de Matos. Seu tema é o achado do braço do Menino Jesus, pertencente à imagem de Nossa Senhora das Maravilhas – adorada na Sé da Bahia –, que teria sido destruída por infiéis.

Repare como as ideias apresentadas no texto são construídas com base em um rebuscado jogo de palavras.

Vocabulário de apoio

assistir: estar presente

Sacramento: no cristianismo, cada um dos ritos sagrados estabelecidos por Jesus Cristo; por exemplo, batismo e eucaristia

Achando-se um braço perdido do menino Deus de N. S. das Maravilhas, que destacaram infiéis na Sé da Bahia

O todo sem a parte não é todo;
A parte sem o todo não é parte;
Mas se a parte o faz todo, sendo parte,
Não se diga que é parte, sendo todo.

Em todo o Sacramento está Deus todo,
E todo assiste inteiro em qualquer parte,
E feito em partes todo em toda a parte,
Em qualquer parte sempre fica o todo.

O braço de Jesus não seja parte,
Pois que feito Jesus em partes todo,
Assiste cada parte em sua parte.

Não se sabendo parte deste todo,
Um braço que lhe acharam, sendo parte,
Nos diz as partes todas deste todo.

MATOS, Gregório de. Soneto. In: *Poemas escolhidos*. São Paulo: Cultrix, 1997. p. 307.

Imagem do século XVI, de madeira policromada, representando Nossa Senhora das Maravilhas. Esta é a imagem sobre a qual fala o poeta e que teria sido despedaçada por infiéis no século XVII.

Sem autoria. *Nossa Senhora das Maravilhas*, séculos XVI-XVII. Madeira e prata, 65 cm. Museu de Arte Sacra da Universidade Federal da Bahia.

Sobre o texto

1. As palavras *todo* e *parte* alternam-se ao final de todos os versos, além de aparecerem ao longo do poema.
   a) Nas primeiras estrofes, *todo* e *parte* aparecem como ideias genéricas. Nas duas últimas, passam a se referir a um elemento específico. Qual?
   b) *Todo* e *parte* são ideias que se afastam ou se aproximam? Justifique sua resposta com uma passagem do texto.

2. A metonímia é uma figura de linguagem em que uma parte, isolada do todo a que pertence, é capaz de representá-lo simbólica e inteiramente.
   a) Identifique qual é a imagem do poema trabalhada por essa figura.
   b) O conceito de metonímia pode ser relacionado a algumas passagens específicas do texto. Selecione uma dessas passagens e explique-a.

3. O embate entre fé e razão é um tema constante do período barroco.
   a) No poema, quais elementos podem ser associados à razão? E à fé?
   b) Nesse poema, a fé e a razão convivem em conflito ou em colaboração? Explique.

O que você pensa disto?

Segundo o dicionário *Houaiss*, chama-se **apócrifa** a obra "falsamente atribuída a um autor ou de cuja autoria se tenha dúvida".

Atualmente, textos apócrifos proliferam na internet. Alguns autores já tiveram seus nomes atribuídos a textos alheios várias vezes. Uma das vítimas mais frequentes é Luis Fernando Verissimo (1936-).

- O que leva uma obra a se tornar apócrifa? O anonimato proporcionado pela internet estimula a disseminação desse tipo de texto? Se, em vez de uma assinatura como a de Gregório de Matos ou de Luis Fernando Verissimo, o texto levasse o nome do verdadeiro autor, teria a mesma receptividade e repercussão? Discuta essas questões com os colegas.

Na internet, atribuem-se a Luis Fernando Verissimo alguns textos que não são dele. Fotografia de 2011.

141

CAPÍTULO 11

O Barroco em Portugal

O que você vai estudar

- Unificação entre Portugal e Espanha.
- Influência do poeta espanhol Góngora sobre a literatura portuguesa.
- Padre Antônio Vieira: religião e política.

Altar-mor da Igreja de Santo Antônio, situada na cidade de Lagos, em Portugal. A talha, madeira esculpida e revestida com uma película de ouro, foi uma das principais marcas arquitetônicas do Barroco português. Ela incorpora colunas espiraladas, anjos e figuras da natureza para criar a impressão de esplendor. Fotografia de 2012.

O contexto de produção

Na história da literatura, a maioria dos estudiosos considera que o início do Barroco português está associado à **unificação ibérica**, em 1580, quando a Espanha passou a dominar Portugal. A morte do rei português, dom Sebastião, dois anos antes, durante a batalha de Alcácer Quibir contra os mouros, provocou uma crise na sucessão do trono lusitano. Dom Sebastião faleceu aos 24 anos sem deixar descendentes. O herdeiro indireto mais próximo da Coroa portuguesa era Felipe II, que assumiria o reino até 1640.

Esse período de unificação trouxe sérias consequências para Portugal: o país, que vivera seu apogeu político e econômico no século XVI, durante a dinastia de Avis, sofreu profundas transformações ao longo dos 60 anos de união ibérica. O entusiasmo criado pela expansão ultramarina cedeu espaço a um período sombrio, saudosista da época de ouro anterior à unificação. O corpo de dom Sebastião – talvez o rei mais popular da história de Portugal – nunca foi encontrado, o que fez surgir o mito do **sebastianismo**. Acreditava-se que o rei voltaria para salvar o país daquela situação e curar todos os males de seus compatriotas e devotos. O sebastianismo foi um mito de longa duração e não se restringiu a Portugal. No século XIX, ainda existiam devotos de dom Sebastião no Brasil.

Portugal recuperou a independência em 1640. As tendências barrocas da literatura portuguesa mantiveram-se em vigor até meados do século XVIII.

> Influência espanhola

A forte influência artística que a Espanha passou a exercer sobre Portugal com a unificação ibérica definiu muitos aspectos do Barroco português. A produção literária do período – marcada pelo poder da Igreja católica a partir da Contrarreforma – manifestou, por um lado, a **incorporação** de muitos elementos da arte espanhola, que vivia seu auge com Góngora, Velázquez e Cervantes, entre outros; por outro lado, como parte do movimento de resistência lusitana, existia em Portugal a **recusa** dessa cultura e a retomada de aspectos do Humanismo português.

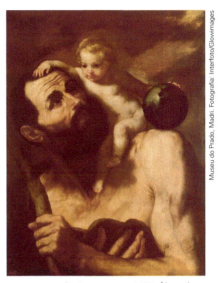

RIBERA, Jusepe de. *São Cristóvão*, 1637. Óleo sobre tela, 127 cm × 100 cm. Museu do Prado, Madri, Espanha.

Jusepe de Ribera foi um dos representantes do Barroco espanhol na pintura, que teve como maior expoente Diego Velázquez.

Nesta obra, a personagem central é a infanta Isabel, filha dos reis da Espanha. A infanta aparece rodeada por suas damas de honra. O rei e a rainha estão refletidos no espelho ao fundo, e o próprio Velázquez está à esquerda, segurando um pincel e uma paleta diante de uma grande tela. O quadro passou à história da arte como uma obra-prima do Barroco, dada a riqueza de elementos e a complexa relação que propõe entre a realidade e sua representação por meio da pintura.

VELÁZQUEZ, Diego. *As meninas (A família de Filipe IV)*, 1656. Óleo sobre tela, 318 cm × 276 cm. Museu do Prado, Madri, Espanha.

> Tendências da literatura barroca em Portugal

A **diversidade de gêneros** encontrada na literatura portuguesa desse período foi vasta e passou pela poesia lírica, épica e satírica; pela prosa religiosa, moralista e historiográfica; e também pelo teatro, pelas novelas e pela epistolografia (cartas). Duas tendências merecem destaque nesses gêneros: o **cultismo** e o **conceptismo**, já introduzidos no capítulo anterior.

A tendência **cultista** manifestou-se no rebuscamento formal, nos jogos de palavras, na abundância de inversões sintáticas e de figuras de linguagem. Sua presença foi mais notada na poesia, sobretudo a lírica. Nesse gênero, observa-se a influência de poetas como Petrarca, Camões e Luís de Góngora. O estilo de Góngora (considerado o principal poeta do Barroco espanhol) é a melhor definição para os excessos formais do cultismo. A influência do poeta é tamanha que o cultismo é também denominado **gongorismo**.

A tendência **conceptista** se expressou nos jogos de ideias e de conhecimentos e em construções lógicas como o silogismo. O poeta espanhol Francisco de Quevedo foi um dos principais representantes (o termo **quevedismo** também é aplicado ao conceptismo). No Barroco português, essa tendência foi mais encontrada na prosa religiosa e moralista, uma vez que o conceptismo tinha como características a capacidade de discursar e a oratória. O padre Antônio Vieira, considerado o principal autor do período em Portugal, adotou o conceptismo em seus sermões.

143

❯ Padre Antônio Vieira: pregando palavras e pensamentos

O padre Antônio Vieira (1608-1697) é o autor de maior destaque do Barroco português. São numerosos os volumes de **sermões** deixados por ele. Seu legado também inclui uma vasta compilação de **cartas**, além de um volume inacabado com **profecias**, cujo tema era o retorno do rei português dom Sebastião, morto em combate no século XVI.

A vida do padre Antônio Vieira foi marcada pelo trânsito constante entre Portugal e Brasil. Nascido em Lisboa em 1608, aos 6 anos mudou-se com a família para a Bahia, onde começou seus estudos em um colégio da Companhia de Jesus. Permaneceu como missionário no Brasil até 1641, voltando, então, para o seu país de origem.

Em terras lusitanas, Vieira tornou-se pregador da Corte. Viajou por vários países europeus, participando de importantes missões diplomáticas. Durante o reinado de dom Afonso VI, foi acusado pelo Tribunal da Inquisição pelo crime de profecia do sebastianismo e ficou preso por dois anos. Voltou a ser pregador da Corte com a posse de dom Pedro II de Portugal. Retornou ao Brasil em 1681, onde morreu 16 anos depois.

❯ Conceptismo e cultismo em oratória desenvolta

O padre Antônio Vieira é visto como o principal representante da **oratória sacra** (sagrada) em língua portuguesa. Seus sermões, no entanto, abordam temas que ultrapassam a esfera religiosa: tratam de questões **metalinguísticas**, como o próprio ato de discursar; **jurídicas** e **humanísticas**, quando defendem leis contra a escravização dos indígenas; e **políticas**, quando criticam a corrupção e opinam sobre as invasões holandesas no Brasil. Assim, o padre Antônio Vieira demonstrou ser mais que um missionário da Companhia de Jesus: era, na verdade, um importante formador de opinião, uma vez que seu público ia dos indígenas aos reis, passando pelo clero.

Vieira adotou, em sua obra, o **conceptismo**, trabalhando, sobretudo, com elaborados **jogos de ideias**. No entanto, para alcançar o refinamento conceitual de seus *Sermões*, também utilizava **jogos de palavras** igualmente rebuscados. Em suma, mesmo que Vieira atacasse o cultismo em sua obra, privilegiando o conceptismo, o padre trabalhava ambos com habilidade. Essa característica pode ser observada no trecho a seguir, extraído do "Sermão pelo bom sucesso das armas de Portugal contra as de Holanda". Ele foi proferido no período em que os holandeses haviam invadido Bahia e Pernambuco e é dirigido a Deus.

> Tirais [...] o Brasil aos portugueses, que assim estas terras vastíssimas, como as remotíssimas do Oriente, as conquistaram à custa de tantas vidas e tanto sangue, mais por dilatar vosso nome e vossa Fé (que esse era o zelo daqueles cristianíssimos reis) que por amplificar e estender seu império. Assim fostes servido que entrássemos nestes novos mundos, tão honrada e tão gloriosamente, e assim permitis que saiamos agora (quem tal imaginaria de vossa bondade!), com tanta afronta e ignomínia.
>
> VIEIRA, Antônio. *Sermões*. Rio de Janeiro: Agir, 1980. p. 28.

Repare que o conceptismo se manifesta, por exemplo, na exaltação do desinteresse dos reis portugueses por bens materiais e seu empenho para a expansão da fé cristã. Nesse sentido, o pregador mostra que a perda do território brasileiro é injusta, questionando a bondade divina. Essa construção é reforçada por um recurso típico do cultismo, a **antítese**: "entrássemos [...] tão honrada e tão gloriosamente"/ "saiamos [...] com tanta afronta e ignomínia".

Repertório

As invasões holandesas no Brasil

Durante o século XVI, a Holanda fazia parte do império espanhol. Ao tornar-se independente, em 1581, pretendeu rivalizar com os espanhóis no comércio das mercadorias provenientes do Novo Mundo. Uma de suas iniciativas foi invadir a Bahia e Pernambuco, em 1624 e 1630, respectivamente, visando adquirir o monopólio sobre a produção e a comercialização do açúcar. Além de autoridades administrativas e comerciantes, os holandeses trouxeram também ao Brasil alguns pintores, que retrataram paisagens e tipos humanos.

ECKHOUT, Albert. *Homem tupinambá*, 1643. Óleo sobre tela, 267 cm × 159 cm. Museu Nacional da Dinamarca, Copenhague.

Eckhout foi um dos artistas que integraram as delegações holandesas vindas ao Brasil no século XVII.

› Os *Sermões*: a coragem de um orador

Compilado em 16 volumes, o conjunto de sermões do padre Vieira é numeroso e variado. Pregado na capela real de Lisboa em 1655, o "Sermão da Sexagésima" é um dos seus textos mais célebres e comentados. Nele, o orador discorre sobre a linguagem utilizada pelos pregadores de sua época, considerando-os culpados pelo fato de a palavra de Deus não fazer frutos, ou seja, não causar a conversão dos ouvintes.

> Sabeis, cristãos, por que não faz fruto a palavra de Deus? – Por culpa dos pregadores. Sabeis, pregadores, por que não faz fruto a palavra de Deus? – Por culpa nossa.
> Mas como em um pregador há tantas qualidades, e em uma pregação tantas leis, e os pregadores podem ser culpados em todas, em qual consistirá esta culpa? [...]
> Será porventura o estilo que hoje se usa nos púlpitos? Um estilo tão empeçado, um estilo tão dificultoso, um estilo tão afetado, um estilo tão encontrado a toda a arte e a toda a natureza? [...] Não fez Deus o céu em xadrez de estrelas, como os pregadores fazem o sermão em xadrez de palavras. Se de uma parte está *branco*, de outra há de estar *negro*; se de uma parte está *dia*, da outra há de estar *noite*; se de uma parte dizem *luz*, da outra hão de dizer *sombra*; se de uma parte dizem *desceu*, da outra hão de dizer *subiu*. Basta que não havemos de ver num sermão duas palavras em paz? Todas hão de estar sempre em fronteira com o seu contrário?
>
> VIEIRA, Antônio. *Sermões*. Rio de Janeiro: Agir, 1980. p. 98-99, 103, 105.

■ Margens do texto

1. Neste trecho, Vieira defende ou critica o emprego de antíteses pelos pregadores? Por que ele assume essa posição?
2. Com base em sua resposta à questão 1, explique se o autor alinha-se à tendência cultista ou conceptista do Barroco.

Vocabulário de apoio

empeçado: complicado
encontrado: contrário
porventura: por acaso, por hipótese
púlpito: local alto em que fala um orador; pregação religiosa

O "Sermão da primeira dominga da Quaresma" é uma tentativa de pacificar a revolta dos colonos, após a lei que obrigava a libertação dos indígenas escravizados. Nele, Vieira evoca os hebreus cativos do faraó a fim de convencer os senhores de que era melhor obter sustento pelos próprios braços do que viver à custa do sangue dos cativos.

Padre Vieira também se pronunciou a respeito dos africanos escravizados, no "Sermão XIV do Rosário", proferido na igreja da Irmandade Nossa Senhora do Rosário dos Pretos, em 1633, em um engenho da Bahia. Nesse sermão, pregado para uma audiência composta também de negros escravizados, Vieira compara o sofrimento destes às dores de Cristo, citando o sacrifício na madeira (Cristo, na cruz; os cativos, no engenho), a nudez de ambos, sua fome e os maus-tratos recebidos. Vieira usa, ainda, a imagem do açúcar produzido pelo engenho para mostrar o paradoxo entre a doçura do produto fabricado pelos negros escravizados e a amargura de sua vida.

Ainda no campo político e social, outro importante texto é o "Sermão pelo bom sucesso das armas de Portugal contra as de Holanda", citado na página anterior. Com ele, o jesuíta se posiciona contrariamente às invasões holandesas iniciadas em 1624, no Nordeste do Brasil.

BACICCIO. *Apoteose de Santo Inácio,* 1685. Óleo sobre tela, 48 cm × 63,5 cm. Galeria Nacional, Roma, Itália.

Esta pintura glorifica Ignácio de Loyola, fundador da Companhia de Jesus, à qual pertencia padre Vieira. A obra enquadra-se em uma categoria denominada *bozzeto* ("esboço"). O *bozzeto* era uma pintura de pequenas dimensões que servia ao artista como roteiro para uma obra de grande porte, como os afrescos, que recobriam paredes e tetos. Ele foi utilizado por artistas alemães e italianos da época barroca.

> Outros autores

Diferentemente do que aconteceu no Brasil, a maioria dos poetas barrocos portugueses publicou suas obras em vida. Apesar de haver uma quantidade razoável de autores, vários são lembrados somente pela participação nas academias poéticas do período e pela antologia intitulada *Fênix Renascida*, organizada no século XVIII.

Entre os autores cujas obras continuaram sendo publicadas, está **Rodrigues Lobo** (c. 1580-1622), considerado o primeiro poeta barroco do país. Sua obra, que transita entre a lírica, a épica e a novela pastoril, guarda muitas características do Quinhentismo de Camões – sua principal referência –, embora seja também bastante influenciada pela literatura barroca espanhola. Retomando o motivo clássico da **vida pastoril**, Lobo fez, de forma indireta, observações importantes sobre a vida cortesã da época. Suas obras mais lembradas são as *Églogas* (1605) e a trilogia de novelas pastoris *Primavera* (1601), *O pastor peregrino* (1608) e *Desenganado* (1614).

Coube a **dom Francisco Manuel de Melo** (1608-1666) o lugar de principal poeta barroco de Portugal. Sua obra – apesar de influenciada pela lírica de Camões – tem muito do **gongorismo** espanhol. Grande parte dela é bilíngue, tendo o escritor produzido tanto em português quanto em castelhano. Além de poesia, sua produção inclui outros gêneros literários, como o teatro e a novela.

A maior parte de sua poesia pode ser encontrada em *Obras métricas* (1655), em que o autor, entre vários assuntos, trabalha com uma temática típica do período barroco: a **fugacidade do tempo**.

Veja, por exemplo, as estrofes iniciais de um poema de dom Francisco. Elas revisitam o tema da morte como destino inevitável, evidenciando a inquietude espiritual do artista barroco.

Estátua em homenagem a Rodrigues Lobo, situada em Leiria, Portugal, cidade natal do poeta. Ele está retratado como um pastor de rebanhos, típico da poesia clássica pastoril. No pedestal, lê-se: "O pastor peregrino – figura bucólica que nos romances de Rodrigues Lobo representa o próprio poeta".

Apólogo da morte

Vi eu um dia a Morte andar folgando
por um campo de vivos, que a não viam.
Os velhos, sem saber o que faziam,
A cada passo nela iam topando.

Na mocidade os moços confiando,
ignorantes da morte, a não temiam.
Todos cegos, nenhuns se lhe desviam;
ela a todos co dedo os vai contando.

[...]

MELO, d. Francisco Manuel de. In: MOISÉS, Massaud. *A literatura portuguesa através dos textos.* 29. ed. São Paulo: Cultrix, 2004. p. 193.

Vocabulário de apoio
co: com
folgar: brincar, divertir-se
topar: esbarrar, tropeçar

VALDÉS LEAL, Juan de. *In ictu oculi*, 1670-1672. Óleo sobre tela, 216 cm × 220 cm. Hospital de la Caridad, Sevilha, Espanha.

Este quadro do pintor barroco espanhol Juan Valdés Leal, *In ictu oculi* (expressão em latim que significa "Num piscar de olhos"), tem como tema a inevitabilidade da morte. Um esqueleto apaga uma vela, que representa a luz da vida. Ele também segura um caixão e uma foice, enquanto mantém seus pés sobre o globo terrestre e objetos que representam riqueza e poder, subjugando-os.

Duas autoras, ambas freiras, também se destacam no panorama barroco português. **Sóror Violante do Céu** (c. 1602-1693) escreveu peças teatrais e poesias; nestas, explorou fortemente os jogos conceptistas, destacando-se pelo profundo senso rítmico e sonoro. A obra de **Sóror Mariana Alcoforado** (1640-1723) enquadra-se na epistolografia literária; em suas cartas, uma freira dirige-se a um militar francês que a teria seduzido e abandonado, falando de seu sofrimento. Seu estilo caracteriza-se por artifícios retóricos típicos do período barroco.

A literatura barroca em Portugal conta, ainda, com uma produção relativamente vasta nas áreas do teatro, da História e da **prosa doutrinária**.

Vale saber

A **prosa doutrinária** tem propósitos didáticos; orienta o comportamento social, religioso e mesmo prático, quando se refere a atividades cotidianas. Dom Francisco Manuel de Melo, por exemplo, escreveu *Carta de Guia de Casados*, com ponderações sobre a vida matrimonial.

Sua leitura

A seguir, você vai ler um trecho de um sermão que padre Vieira pregou na igreja da Irmandade Nossa Senhora do Rosário dos Pretos, na Bahia. Encontravam-se presentes negros escravizados e seus senhores.

Sermão vigésimo sétimo, com o santíssimo sacramento exposto

[...]
Sabei, pois, todos os que sois chamados escravos, que não é escravo tudo o que sois. Todo o homem é composto de corpo e alma; mas o que é e se chama escravo, não é todo o homem, senão só metade dele. Até os Gentios, que tinham pouco conhecimento das almas, conheceram esta verdade e fizeram esta distinção. [...] Excelentemente Sêneca: "Quem cuida que o que se chama escravo é o homem todo, erra e não sabe o que diz: a melhor parte do homem, que é a alma, é isenta" de todo o domínio alheio, e não pode ser cativa. O corpo, e somente o corpo, sim. [...]

Esta é a razão por que os escravos entre os Gregos se chamavam corpos. Assim o refere Santo Epifânio, e que o uso comum de falar entre eles era, não que tal ou tal senhor tinha tantos escravos, senão que tinha tantos corpos. O mesmo diz Sêneca que se usava entre os Romanos. E é erudição que ele ensina a seu discípulo Lucílio; porque, ainda que a notícia dos vocábulos é de todos, saber a origem deles é dos que sabem as cousas e mais as causas: "Sabes, Lucílio, por que os nossos maiores chamaram aos escravos corpos? Porque o domínio de um homem sobre outro homem só pode ser no corpo e não na alma".

Mas não é necessário ir tão longe como a Roma e a Grécia. Pergunto: neste vosso mesmo Brasil, quando quereis dizer que Fulano tem muitos ou poucos escravos, por que dizeis que tem tantas ou tantas *peças*? — Porque os primeiros que lhes puseram este nome, quiseram significar, sábia e cristãmente, que a sujeição que o escravo tem ao senhor, e o domínio que o senhor tem sobre o escravo, só consiste no corpo. Os homens não são feitos de uma só peça, como os anjos e os brutos. Os anjos e os brutos (para que nos expliquemos assim) são inteiriços; o anjo, porque todo é espírito; o bruto, porque todo é corpo. O homem não. É feito de duas peças — alma e corpo. E porque o senhor do escravo só é senhor de uma destas peças, e a capaz de domínio, que é o corpo, por isso chamais aos vossos escravos *peças*. E se esta derivação vos não contenta, digamos que chamais *peças* aos vossos escravos, assim como dizemos: uma *peça de ouro*, uma *peça de prata*, uma *peça de seda*, ou de qualquer outra cousa das que não têm alma. E por este modo fica ainda mais claramente provado que o nome de *peça* não compreende a alma do escravo, e somente se entende e se estende a significar o corpo.

[...]

VIEIRA, Antônio. In: RONCARI, Luiz. *Literatura brasileira*: dos primeiros cronistas aos últimos românticos. São Paulo: Edusp, 1995. p. 154-155.

Vocabulário de apoio

bruto: animal
gentio: não cristão

Sobre o texto

1. O sermão indica que o poder do senhor sobre o escravizado não se exerce sobre a pessoa inteira, mas somente sobre sua metade. Explique como esse raciocínio se relaciona à frase "Todo o homem é composto de corpo e alma", que se encontra no primeiro parágrafo.

2. Na igreja em que esse sermão foi proferido, reuniam-se negros escravizados que haviam se convertido ao catolicismo. Em sua opinião, de que modo Vieira pretendia influenciar o comportamento deles com esse sermão?

3. Explique com suas palavras o raciocínio que Vieira constrói ao utilizar a palavra *peça* no último parágrafo do texto.

O que você pensa disto?

Como você viu neste capítulo, os sermões do Padre Vieira aproximavam a doutrinação religiosa da discussão de temas de interesse político, econômico e social.

- É possível observar essa relação entre os campos religioso e político atualmente? Em caso positivo, que exemplos você poderia citar?

O cardeal arcebispo de São Paulo, dom Odilo Scherer, participa da abertura da 12ª Feira da Saúde, organizada pela Associação Comercial de São Paulo, em São Paulo (SP). Fotografia de abril de 2012.

CAPÍTULO 12

O Barroco no Brasil

O que você vai estudar

- Brasil Colônia.
- Bento Teixeira: introdução da estética barroca no Brasil.
- Gregório de Matos: poesia lírica, satírica e religiosa.

As esculturas sobre os muros foram denominadas *Os doze profetas*. São doze estátuas em tamanho natural, esculpidas em pedra-sabão entre 1800 e 1805 por Aleijadinho. Esse célebre conjunto faz parte do Santuário de Bom Jesus de Matosinhos, em Congonhas do Campo (MG). Fotografia de 2009.

› O contexto de produção

Após a instalação do governo-geral em 1549, a sociedade no Brasil Colônia começou a se formar de fato. Até então, o país estava dividido em capitanias hereditárias comandadas por donatários privados; com a instalação do governo-geral, o poder dos donatários sobre as terras foi aos poucos retomado pela Coroa, processo só completamente efetivado em 1754, com a ascensão do Marquês de Pombal ao cargo de ministro do rei de Portugal.

A relação entre Brasil e Portugal caracterizava-se, sobretudo, pela exploração das riquezas da Colônia por parte da Metrópole. A economia sustentava-se com a agricultura e a exportação da cana-de-açúcar e do tabaco, além da extração de metais preciosos (a partir do século XVIII).

Paralelamente, o contrabando e o tráfico dos produtos de exportação, assim como o de cativos, acabaram se consolidando como um setor da economia nacional, facilitados pela extensão do Brasil e pela incapacidade portuguesa de vigiar toda a costa.

A sociedade constituía-se de uma pequena nobreza, de um clero rico e poderoso, dos cativos (negros e indígenas) e do povo, composto principalmente de lavradores, comerciantes e artesãos, além de burocratas emergentes dos centros urbanos do Rio de Janeiro e de Salvador. Estes últimos eram homens letrados, em sua maioria advogados, como é o caso de nosso principal poeta barroco, Gregório de Matos. Sua poesia satiriza todos os estratos sociais da Colônia, desde os mais humildes até os mais poderosos.

Além de Gregório, alguns outros escritores, principalmente poetas, destacam-se no cenário da literatura barroca brasileira mais por sua importância histórica do que literária.

› Literatura e política: do elogio à sátira

O período chamado de **Barroco na literatura brasileira** durou aproximadamente **um século** (1601-1705), tal como em Portugal e na Espanha. Já nas artes plásticas, principalmente na escultura, o período prolongou-se pelo século XVIII e chegou até princípios do século XIX.

Bento Teixeira (1561-c. 1600) é o autor da obra considerada o marco inicial do Barroco no Brasil: *Prosopopeia*. Publicado em 1601, o livro é um longo poema narrativo sobre Jorge de Albuquerque Coelho, à época donatário da capitania de Pernambuco. Leia a primeira estrofe.

Cantem poetas o poder romano,
Sobmetendo nações ao jugo duro;
O Mantuano pinte o Rei Troiano,
Descendo à confusão do Reino escuro;
Que eu canto um Albuquerque soberano,
Da fé, da cara Pátria firme muro,
Cujo valor, e ser, que o Céu lhe inspira,
Pode estancar a lácia e grega lira.

TEIXEIRA, Bento. *Prosopopeia*. In: MOISÉS, Massaud. *A literatura brasileira através dos textos*. 25. ed. São Paulo: Cultrix, 2005. p. 36.

A crítica atribui pouco valor literário a esse poema de Bento Teixeira, que geralmente só é citado por seu valor histórico como introdutor da estética barroca no Brasil. O grande realizador dessa estética em nosso país foi Gregório de Matos, que, ao contrário de Teixeira, produziu muitos poemas que satirizam personalidades políticas poderosas, como se pode observar no fragmento a seguir.

À despedida do mau governo que fez este governador

Senhor Antão de Sousa de Meneses,
Quem sobe a alto lugar, que não merece,
Homem sobe, asno vai, burro parece,
Que o subir é desgraça muitas vezes.

[...]

Homem sei eu que foi Vossenhoria,
Quando o pisava da fortuna a roda,
Burro foi ao subir tão alto clima.

Pois vá descendo do alto, onde jazia;
Verá quanto melhor se lhe acomoda
Ser home em baixo, do que burro em cima.

MATOS, Gregório de. In: WISNIK, José Miguel (Org.). *Poemas escolhidos*: Gregório de Matos. 5. ed. São Paulo: Cultrix, 1992. p. 106.

Cabe destacar também a figura do padre Antônio Vieira. Embora fosse português, ele viveu boa parte de sua vida no Brasil, tendo produzido vários de seus sermões em nossas terras.

› O Barroco mineiro

Dá-se o nome de Barroco mineiro a um conjunto de obras criado na segunda metade do século XVIII e princípio do século XIX. Entre os artistas desse período, destaca-se Antônio Francisco Lisboa, o Aleijadinho (?1738-1814), considerado o maior escultor barroco do Brasil.

Nessa época, a riqueza do ouro impulsionou a **arte sacra**, gerando emprego a vários artistas dedicados à construção e à decoração de igrejas.

Aleijadinho participou dessas atividades, e sua obra foi distribuída por igrejas de 11 cidades mineiras. A maior parte está em Ouro Preto. Dois de seus mais importantes trabalhos, no entanto, encontram-se em Congonhas do Campo: *Os doze profetas* e *Os passos da Paixão*. As esculturas contavam com a colaboração de vários entalhadores.

Os passos da Paixão, de Aleijadinho, são um conjunto de esculturas que têm por tema as 12 etapas do caminho de Jesus Cristo até o calvário. As figuras foram pintadas por Manuel da Costa e Francisco Xavier Carneiro.

Gregório de Matos: a conciliação dos contrários

Gregório de Matos Guerra (1636-1696) nasceu na Bahia, estudou em colégios jesuítas de Salvador e formou-se em Direito pela Universidade de Coimbra, em Portugal, onde trabalhou como jurista e conheceu a produção literária de sua época. Em 1682, retornou à Bahia, assumindo o cargo de tesoureiro-mor da Sé. Doze anos depois, em função dos poemas satíricos contra governantes da Bahia, foi deportado para a Angola, de onde voltaria para se estabelecer em Recife, apenas um ano antes de morrer.

Como Gregório não publicou livros em vida – seus poemas circulavam sobretudo oralmente e em cópias manuscritas –, há muita dificuldade em identificar sua obra, ela só veio a ser amplamente conhecida no século XVIII, por meio de cópias feitas por diferentes pessoas, sem nenhum rigor. Atualmente, vários poemas presentes nesses códices têm sua autoria contestada e atribuída a outros poetas.

Independentemente da legitimidade dessa autoria, Gregório é hoje a assinatura poética de uma obra numerosa, variada e rica, que abrange a poesia **lírica**, **satírica**, **religiosa** e **encomiástica**, revelando grande desenvoltura nos jogos de linguagem e de ideias tão cultuados pela literatura barroca.

A poesia encomiástica do poeta é a menos destacada. No entanto, Gregório de Matos também exibe nela algum talento e certas soluções bastante engenhosas, como pode ser constatado no poema "Ao mesmo desembargador Belchior da Cunha Brochado", reproduzido na página 155.

Poesia lírica: amor e reflexão

A lírica de Gregório de Matos, composta principalmente de sonetos, é marcada pela leitura que o escritor fez de poetas humanistas e clássicos e de outros autores barrocos. Algumas características de sua obra sugerem que ele foi leitor de Camões, de Petrarca (poeta italiano do Classicismo), de Góngora e de Quevedo (autores barrocos espanhóis).

Os poemas de Gregório de Matos podem ser divididos em dois núcleos principais; um deles é formado pelos que tratam da **problemática amorosa**; o outro, pelos poemas de **natureza reflexiva e filosófica**. A preferência pelos contrastes, tão ao gosto da arte barroca, aparece em ambos.

No primeiro núcleo de poemas, destacam-se textos que versam sobre a **beleza da mulher**, contrastando-a com a passagem do tempo, que a deteriora. O tema do *carpe diem*, que exalta as felicidades momentâneas e passageiras, aparece em alguns dos versos mais conhecidos sobre o assunto. Outro tema explorado é o do **paradoxo** (contradição, dilema insolúvel ou de difícil solução) da experiência amorosa.

Já os poemas de natureza reflexiva e filosófica tratam dos temas do **desconcerto do mundo** e da **inconstância das coisas**, também repletos de figuras de linguagem como a antítese e o paradoxo, como você pode conferir na primeira e na última estrofes deste soneto.

Moraliza o poeta nos ocidentes do Sol a inconstância dos bens do mundo

Nasce o Sol, e não dura mais que um dia,
Depois da Luz se segue a noite escura,
Em tristes sombras morre a formosura,
Em contínuas tristezas a alegria.

Porém, se acaba o Sol, por que nascia?
Se é tão formosa a Luz, por que não dura?
Como a beleza assim se transfigura?
Como o gosto da pena assim se fia?

Mas no Sol, e na Lua falte a firmeza,
Na formosura não se dê constância,
E na alegria sinta-se tristeza.

Começa o mundo enfim pela ignorância,
E tem qualquer dos bens por natureza
A firmeza somente na inconstância.

MATOS, Gregório de. In: WISNIK, José Miguel (Org.).
Poemas escolhidos. São Paulo: Cultrix, 1997. p. 317.

O poema cria uma **analogia**, ou seja, uma relação de semelhança entre a natureza e a experiência de viver. Para isso, contrapõe imagens como dia e noite e também claro e escuro, que corresponderiam a outras da experiência de viver: alegria e tristeza, beleza e degradação (que se pode ler na metáfora das "tristes sombras"). Essas contraposições são chamadas de **antíteses**.

> Poesia satírica: o "Boca do inferno"

A poesia satírica é muito provavelmente a **parte mais popular** da obra de Gregório de Matos. Pelas **críticas frequentes e impiedosas** a políticos (algumas de caráter pessoal) e à organização social da Bahia e da Colônia de um modo geral, o poeta ficou conhecido pelo apelido de "Boca do inferno".

Em "À cidade da Bahia", o eu lírico critica a exploração da Bahia por comerciantes estrangeiros, especialmente os ingleses, ação que opera uma transformação tanto no lugar quanto no eu lírico.

À cidade da Bahia

Triste Bahia! ó quão dessemelhante
Estás e estou do nosso antigo estado!
Pobre te vejo a ti, tu a mi empenhado,
Rica te vi eu já, tu a mi abundante.

A ti trocou-te a máquina mercante,
Que em tua larga barra tem entrado,
A mim foi-me trocando, e tem trocado,
Tanto negócio, e tanto negociante.

Deste em dar tanto açúcar excelente
Pelas drogas inúteis, que abelhuda
Simples aceitas do sagaz Brichote.

Oh se quisera Deus, que de repente
Um dia amanheceras tão sisuda
Que fora de algodão o teu capote!

Matos, Gregório de. In: Wisnik, José Miguel (Org.). *Poemas escolhidos*. São Paulo: Cultrix, 1997. p. 40.

Vocabulário de apoio

brichote: estrangeiro
dessemelhante: diferente
empenhado: endividado
máquina mercante: alusão ao comércio
sisudo: modesto

Além dos **sonetos**, o poeta usou outras formas poéticas, como os **epílogos**, lançando mão da técnica de **disseminação** e **recolha** de palavras, que pode ser compreendida pelo exemplo a seguir.

Que falta nesta cidade?............................. Verdade.
Que mais por sua desonra?...................... Honra.
Falta mais que se lhe ponha?.................. Vergonha.

        O demo a viver se exponha,
        Por mais que a fama exalta,
        Numa cidade, onde falta
        Verdade, honra, vergonha.

[...]
E que justiça a resguarda?....................... Bastarda.
É grátis distribuída?................................. Vendida.
Que tem, que a todos assusta?............... Injusta.

        Valha-nos Deus, o que custa
        O que El-Rei nos dá de graça,
        Que anda a justiça na praça
        Bastarda, vendida, injusta.

Matos, Gregório de. *Juízo anatômico dos achaques que padecia o corpo da República, em todos os membros, e inteira definição do que em todos os tempos é a Bahia*. In: Wisnik, José Miguel (Org.). *Poemas escolhidos – Gregório de Matos*. São Paulo: Companhia das Letras, 2010. p. 41-43.

O último verso da segunda estrofe resgata palavras (*verdade, honra* e *vergonha*) que foram "espalhadas" no poema: cada uma delas finaliza um dos versos da estrofe anterior. Assim, o eu lírico recolhe não apenas as palavras, mas também uma ideia que surge fragmentada na primeira estrofe e é recuperada com força e sentido novos na seguinte.

> Poesia religiosa: o senso do pecado

Gregório de Matos dedicou-se, ainda, à temática religiosa. Muitos de seus poemas centram-se na confissão de interesses mundanos e falhas morais para, então, pedir o perdão divino, revelando um conflito espiritual muito presente na arte barroca, como foi visto nos capítulos 10 e 11.

Sétima arte

Gregório de Mattos
(Brasil, 2002)
Direção de Ana Carolina Soares
Nessa cinebiografia de Gregório de Matos, o papel do "Boca do inferno" coube ao poeta tropicalista Waly Salomão.
A trama foca momentos da vida de Gregório, recuperados por meio de seus poemas, e permite a observação da vida colonial brasileira.

Cartaz do filme *Gregório de Mattos*.

■ Margens do texto

A poesia no Brasil do século XVII possuía uma divulgação mais oral do que escrita. Que recurso de linguagem usado no poema remete à oralidade? Explique.

Sua leitura

Você vai ler dois sonetos atribuídos a Gregório de Matos. O primeiro é um poema lírico-amoroso e o segundo é satírico. Observe como o mesmo tema é trabalhado de maneira distinta nos dois textos. Primeiro, leia os dois sonetos. Em seguida, responda no caderno às questões propostas para cada um deles.

Pintura admirável de uma beleza

Vês esse sol de luzes coroado?
Em pérolas a aurora convertida?
Vês a lua de estrelas guarnecida?
Vês o céu de planetas adornado?

O céu deixemos; vês naquele prado
A rosa com razão desvanecida?
A açucena por alva presumida?
O cravo por galã lisonjeado?

Deixa o prado; vem cá, minha adorada:
Vês desse mar a esfera cristalina
Em sucessivo aljôfar desatada?

Parece aos olhos ser de prata fina?
Vês tudo isto bem? Pois tudo é nada
À vista do teu rosto, Catarina.

MATOS, Gregório de. In: WISNIK, José Miguel (Org.). *Poemas escolhidos*. São Paulo: Cultrix, 1997. p. 223.

Vocabulário de apoio

açucena: tipo de flor
adornado: enfeitado
aljôfar: gota de água com aspecto de pérola, orvalho
aurora: nascer do sol
desatado: solto, rompido, derramado
desvanecido: vaidoso
guarnecido: enfeitado
lisonjeado: elogiado, orgulhoso
prado: campina
presumido: considerado (no caso do poema: considerada alva, branca)

Fone de ouvido

Lobo de Mesquita
José Joaquim Emerico Lobo de Mesquita (c. 1746-1805) foi um dos poucos nomes de destaque na música barroca no Brasil.
A maioria de seus originais se perdeu. O acervo que chegou ao nosso tempo é constituído principalmente de cópias do século XIX.
Organista e compositor nascido na pequena cidade de Serro (MG), sua obra é feita fundamentalmente de peças sacras, em que se destacam ofícios, missas, ofertórios, ladainhas, credos e antífonas. Entre as mais conhecidas estão a *Missa em mi bemol (nº 1)* e o *Ofício de defuntos (nº 2)*.

Sobre o texto

1. Na primeira, segunda e terceira estrofes do poema, o eu lírico menciona três diferentes ambientes físicos.
   a) Quais são esses ambientes?
   b) Como é marcada linguisticamente a transição de um ambiente para outro? Para responder a esta questão, observe o primeiro verso da segunda e terceira estrofes.
   c) Em qual desses ambientes se encontra o eu lírico? Transcreva uma palavra do poema que comprove sua resposta.
2. Qual é o tema do texto?
3. O poema apresenta uma sequência de perguntas. Como ela contribui para o desenvolvimento do tema?
4. Explique como os elementos da natureza, presentes nas perguntas do eu lírico, relacionam-se ao rosto da amada.
5. Comente a importância do trecho "Pois tudo é nada" para a construção da chave de ouro, isto é, o final marcante, que arremata a ideia construída ao longo do soneto.

Tércio (1783), rara partitura com o autógrafo de Lobo de Mesquita. Acervo do Museu da Música de Mariana (MG).

Desaires da formosura com as pensões da natureza ponderados na mesma dama

Rubi, concha de perlas peregrina,
Animado cristal, viva escarlata,
Duas safiras sobre a lisa prata,
Ouro encrespado sobre a prata fina.

Este o rostinho é de Caterina;
E porque docemente obriga, e mata,
Não livra o ser divina em ser ingrata,
E raio a raio os corações fulmina.

Viu Fábio uma tarde transportado
Bebendo admirações, e galhardias,
A quem já tanto amor levantou aras:

Disse igualmente amante, e magoado:
Ah muchacha gentil, que tal serias,
Se sendo tão formosa não cagaras!

MATOS, Gregório de. In: WISNIK, José Miguel (Org.). *Poemas escolhidos*. São Paulo: Cultrix, 1997. p. 274.

Vocabulário de apoio

ara: altar
desaire: deselegância, desgraça, infortúnio
escarlata: alusão a um tom de vermelho muito vivo
Fábio: nome poético comumente usado na época, que não se refere a ninguém em particular
fulminar: derrotar, derrubar, aniquilar
galhardia: gentileza
muchacha: moça
pensão: ônus, incômodo
peregrino: raro, excelente, excepcional
perla: pérola, em espanhol

Sobre o texto

1. Na primeira estrofe, qual é a imagem construída pelo eu lírico com o uso dos termos *rubi*, *perlas* (pérolas), *safiras*, *lisa prata* e *ouro encrespado*?
2. Explique os efeitos que a beleza e o comportamento de Caterina causam nos homens.
3. No segundo quarteto, as metáforas de caráter elogioso vão sendo diluídas por termos negativos. Quais são eles? Como antecipam o sentimento de Fábio evidenciado pelos tercetos?
4. Na última estrofe do poema, a fala de Fábio rejeita tudo aquilo que vinha sendo construído no texto até então. Explique de que modo isso acontece.

Sobre os textos

1. Embora a temática amorosa esteja presente nos dois poemas, qual é a diferença fundamental entre eles?
2. Que tipo de metáfora representa o rosto da amada em cada poema?
3. Explique por que o primeiro poema pode ser considerado um exemplo da poesia lírica de Gregório e o segundo, de sua obra satírica.

O que você pensa disto?

Observe a charge ao lado. Ela retoma o tema da corrupção, de ampla presença no meio jornalístico brasileiro na atualidade.

No soneto "À despedida do mau governo que fez este governador", reproduzido na p. 149, Gregório de Matos criticava abertamente um governador da Bahia.

- Em sua opinião, os textos satíricos do poeta podem ser comparados com as charges de hoje? Em geral, de que tipo de assunto elas costumam se originar?

ANGELI. *Folha de S.Paulo*, 11 jul. 2012.

Ferramenta de leitura

Arte e realidade

O crítico literário britânico Terry Eagleton no Festival Internacional do Livro, em Edimburgo, Escócia. Fotografia de 2007.

No fragmento abaixo, o crítico literário britânico Terry Eagleton (1943-) discute a relação entre a linguagem artística e o mundo que ela se propõe a representar. Tomando como ponto de partida uma afirmação do intelectual marxista Leon Trotski (1879-1940) sobre a criação artística, Eagleton questiona o papel da "arte como reflexo" direto da realidade. Para Trotski, a manifestação artística deve ir além da cópia fiel da realidade. Veja os desdobramentos dessa ideia:

> Leon Trotski afirmou que a criação artística é "uma alteração, uma deformação e uma transformação da realidade de acordo com as leis específicas da arte". Esta excelente formulação, aprendida em parte com a teoria formalista russa de que a arte envolve um "estranhamento" da experiência, modifica toda a noção simples da arte como reflexo.
>
> EAGLETON, Terry. *Marxismo e crítica literária*. Lisboa: Afrontamento, 1976. p. 67 (Coleção Crítica e Sociedade).

Conforme se percebe no fragmento acima, o trabalho do artista – seu **processo de criação** – deve ser o de modificar o real, seguindo ideias, crenças e métodos que possuam uma finalidade estética. São os **procedimentos estéticos** de deformação, alteração e/ou transformação que diferenciam a arte da realidade.

Vocabulário de apoio

refratado: desviado, mudado de direção
simétrico: regular, equilibrado
unívoco: uniforme, que só tem um significado, não ambíguo

> A literatura, poderia então dizer-se, não está numa relação reflexiva, simétrica, unívoca, para com o seu objeto. O objeto é deformado, refratado, dissolvido – reproduzido não tanto no sentido em que um espelho *re*produz o seu objeto, mas, talvez, mais como uma representação teatral *reproduz* o texto dramático, ou [...] como um automóvel reproduz os materiais com que foi construído. [...] Analogamente, seria absurdo dizer que um automóvel "reflete" os materiais que participaram de sua construção. [...] o que interveio entre eles foi um *trabalho* transformador.
>
> EAGLETON, Terry. *Marxismo e crítica literária*. Lisboa: Afrontamento, 1976. p. 68 (Coleção Crítica e Sociedade).

A relação entre o real e o estético pode resultar, portanto, em obras que se distanciam em grande medida de objetos e acontecimentos reais. Essa concepção de arte possui uma correspondência estreita com a arte barroca. O trabalho do artista barroco com a linguagem reforça a ideia de que, em se tratando de arte e literatura, o essencial é **deformar**, não **imitar** diretamente a realidade.

A seguir, você vai ler dois poemas de Gregório de Matos.

No primeiro poema, que se vale dos contrastes típicos do Barroco, a imagem das lágrimas que correm pelo rosto avermelhado associa-se a outras, como a rosa, a neve, o rubi e a prata, com as quais mantém uma relação pela cor, para construir uma representação inusitada do estado de espírito do eu lírico. Supostamente, o poema refere-se à ausência de uma dama a quem o poeta dedicou parte de sua obra.

O segundo poema parece um quebra-cabeça, feito pela divisão silábica das palavras que compõem os versos, fragmentando, com isso, a realidade que quer representar. As sílabas "soltas" completam palavras que se encontram em versos acima e abaixo de onde elas se situam. Ligue as sílabas para formar o soneto linear e ver qual é o elogio que o poeta tece à figura do desembargador Belchior da Cunha Brochado.

Texto 1

Aos mesmos sentimentos

Corrente, que do peito destilada,
Sois por dous belos olhos despedida;
E por carmim correndo dividida,
Deixais o ser, levais a cor mudada.
Não sei, quando caís precipitada,
Às flores que regais tão parecida,
Se sois neves por rosa derretida,
Ou se rosa por neve desfolhada.

Essa enchente gentil de prata fina,
Que de rubi por conchas se dilata,
Faz trocar tão diversa e peregrina:
Que no objeto, que mostra, ou que retrata,
Mesclando a cor purpúrea à cristalina,
Não sei quando é rubi, ou quando é prata.

MATOS, Gregório de. In: MOISÉS, Massaud. *A literatura brasileira através dos textos*. 25. ed. São Paulo: Cultrix, 2005. p. 44.

Texto 2

Ao mesmo desembargador Belchior da Cunha Brochado

MATOS, Gregório de. In: WISNIK, José Miguel (Org.). *Poemas escolhidos*. São Paulo: Cultrix, 1997. p. 191.

Vocabulário de apoio

afável: educado, amável, bondoso
aprazível: agradável
douto: sábio, instruído
Erebo: na mitologia, filho do Caos e irmão da Noite; designa o lugar mais sombrio e inacessível do inferno
garbo: elegância, imponência
preclaro: nobre, distinto, ilustre

Lembre-se

Os conceitos de **cultismo** e de **conceptismo** foram apresentados na p. 139 do capítulo 10. Se julgar necessário, retome-os antes de responder à atividade **3a**.

Sobre os textos

1. No texto 1, a confissão da tristeza abre caminho para considerações sobre a definição dos seres e objetos.
    a) Por que o eu lírico fica confuso diante das lágrimas que correm pela face?
    b) Como as construções linguísticas típicas do Barroco contribuem para expressar esse estado de confusão?
2. As contradições são recorrentes na estética barroca. Esse aspecto pode ser observado na primeira estrofe do texto 1: a rosa derrete a neve, ao passo que a neve despetala a rosa. Explique por que a imagem da rosa derretendo a neve ilustra a afirmação de Terry Eagleton de que "A literatura [...] não está numa relação reflexiva, simétrica, unívoca, para com seu objeto".
3. Para o crítico literário Terry Eagleton, qualquer objeto incorporado pela literatura "é deformado, refratado, dissolvido – reproduzido não tanto no sentido em que um espelho *reproduz* o seu objeto". Releia o texto 2 e responda:
    a) Qual é o trabalho predominante no poema: o cultismo ou o conceptismo? Explique.
    b) Em sua opinião, a "deformação" a que se refere Eagleton pode ser vista na forma de quebra-cabeça que caracteriza a escrita do poema? Justifique sua resposta.

Entre textos

A visão da vida como algo passageiro, um dos lugares-comuns da arte barroca, opunha-se ao sentimento de permanência e universalidade que marcou o Classicismo renascentista. Se, para os artistas clássicos que viveram entre os séculos XIV e XVI, a arte se constituía em uma experiência de vivenciar valores absolutos, para o Barroco o mundo era a expressão máxima da provisoriedade, pois, segundo sua visão, tudo tende à morte, ao desaparecimento. Nesse contexto, uma recorrência poética retomada da Antiguidade greco-romana – o *carpe diem* ("colha o dia", "aproveite o dia de hoje") – serviu como ponto de partida para muitos poemas barrocos. O conjunto de textos a seguir evidencia algumas formas pelas quais o *carpe diem* se manifesta na literatura em épocas diferentes.

Rottler, Helmut. *Carpe diem*, 1944. Aquarela, 30 cm × 42 cm.

Vocabulário de apoio

fito: fixado
hausto: porção de ar que se sorve em uma aspiração profunda
perene: eterno, permanente

TEXTO 1

Uns, com os olhos postos no passado,
Veem o que não veem; outros, fitos
Os mesmos olhos no futuro, veem
O que não pode ver-se
Por que tão longe ir pôr o que está perto –
A segurança nossa? Este é o dia,

Esta é a hora, este o momento, isto
É quem somos, e é tudo.
Perene flui a interminável hora
Que nos confessa nulos. No mesmo hausto
Em que vivemos, morreremos. Colhe
O dia, porque és ele.

Pessoa, Fernando. Poesia heterônima (Ficções do Interlúdio) – Odes de Ricardo Reis. In: Pessoa, Fernando. *Obra poética*. Rio de Janeiro: Nova Aguilar, 1986. p. 224 (Coleção Biblioteca Luso-Brasileira – Série Portuguesa).

O poeta português Fernando Pessoa (1888-1935) é um dos autores mais importantes da língua portuguesa. Parte de sua obra recebe a assinatura de heterônimos, que são como se fossem outras pessoas, com estilo, personalidade e biografia próprios. Os heterônimos mais conhecidos são Alberto Caeiro, Álvaro de Campos e Ricardo Reis, de cuja obra foi reproduzido o poema acima. Ricardo Reis louva a serenidade da vida campestre, explorando com frequência temas clássicos como o *carpe diem*. É o caso deste poema, em que a expressão aparece literalmente como "colhe o dia". O eu lírico explora de forma interessante o recurso da quebra dos versos, dispondo o verbo *colhe* no final de um verso, de modo que o último verso inicie com o artigo *O* em maiúscula. Isso sugere especial importância e singularidade para o momento presente, tão valorizado no *carpe diem*: trata-se de *O* dia, e não um dia qualquer, genérico.

TEXTO 2

Amada, aonde vais vagando? Fica, o teu amor 'stá chegando, Que canta no grave e no agudo. Não foge, que os dias errantes Cessam com o encontro de amantes; O sábio sabe de tudo.

Que é o amor? Não é porvir, O gozo de agora faz rir: O que há de vir ninguém garante. Não há fartura na demora, Dá-me então teus beijos agora: A juventude é inconstante.

Shakespeare, William. *Noite de reis*. Trad. Barbara Heliodora. Rio de Janeiro: Lacerda, 2005. p. 53-54.

Nesse poema de William Shakespeare (1564-1616), o *carpe diem* surge ligado ao tema amoroso. A definição do amor como algo que deve ser vivido intensamente em um tempo presente se choca com a perspectiva surgida mais tarde na história da literatura: a aposta no amor como algo que ultrapassa os tempos, muitas vezes se prolongando para além da vida dos amantes. Observa-se também a relação estabelecida entre o amor e a juventude, esta última como uma virtude "inconstante", que não pode ser garantida. O amor jovial "de agora", pleno de alegria, de "gozo" e de "fartura", remete ao amor carnal, ideia reforçada pela exaltação do encontro de amantes e pelo pedido de beijos amorosos.

TEXTO 3

Roupa bordada de ouro

Ó, jovens príncipes! Exorto-os a não se apegarem às roupas bordadas com fio de ouro,
Ó, jovens príncipes! Exorto-os a cuidarem de aproveitar bem o tempo de juventude.
O ramo em flor já está pronto para ser colhido, colha-o logo.
Não espere o ramo ficar sem flores para colhê-lo.

QIUNIANG, Du. Roupa bordada de ouro. Trad. Aristein Woo. Disponível em:
<http://poemaschineses.blogspot.com/2008/10/roupa-bordada-de-ouro.html>. Acesso em: 30 jan. 2014.

O poema acima foi escrito por Du Qiuniang, poetisa que viveu durante a dinastia Tang, entre 618 e 907 a.C. (período marcado por grande estabilidade econômica e por avanços sociais e culturais na China). Nessa época, ocorreu o desenvolvimento das formas básicas da poesia tradicional chinesa, assim como a aproximação da poesia palaciana aos temas voltados à vida das camadas populares. Nesse pequeno poema, há um contraste entre uma forma de ser sofisticada e apegada a riquezas materiais (os príncipes e seus interesses pelas "roupas bordadas com fio de ouro") e uma maneira mais simples de viver a vida. A temática da juventude como um tempo de intensidade aparece como uma expressão da ideia de aproveitar o momento. Provavelmente, esse poema não tenha sido influenciado diretamente pela poesia horaciana e o *carpe diem* ocidental, o que nos mostra sua originalidade.

Vocabulário de apoio

arcano: o que é misterioso, incompreensível
caldeu: indivíduo pertencente ao povo que habitava a Caldeia, país da antiga Mesopotâmia
exortar: induzir alguém a pensar de determinada forma; persuadir
indagar: perguntar, investigar

TEXTO 4

Indagar, não indagues, Leuconói
qual seja o meu destino, qual o teu;
nem consultes os astros, como sói

    o astrólogo caldeu:
não cabe ao homem desvendar arcanos!
Como é melhor sofrer quando aconteça!
Ou te conceda Jove muitos anos,
ou, agora, os teus últimos enganos,
– prudente, o vinho coa e, mui depressa
a essa longa esperança circunscreve

    a tua vida breve.
Só o presente é verdade, o mais, promessa...
O tempo, enquanto discutimos, foge:
colhe o teu dia, – não no percas! – hoje.

HORÁCIO. Ode I, 11. In: PRADO, Anna Lia Amaral de Almeida (Org.) *Odes e epodos*. Trad. Bento Prado de Almeida Ferraz. São Paulo: Martins Fontes, 2003. p. 39.

As odes do poeta romano Horácio (65-8 a.C.) são algumas das maiores realizações poéticas da Antiguidade clássica que chegaram até nossos dias. É possível destacar dos versos acima algumas características próprias da cultura clássica a que Horácio pertencia: o equilíbrio dos versos, a utilização de um vocabulário marcado pela leveza e pela suavidade e um tratamento elevado para um assunto relacionado ao humano. Deve-se lembrar que a adoção, por parte do poeta clássico, de um tom elevado e sublime para temas que dizem respeito ao cotidiano era uma das marcas da forma poética ode, em particular das produzidas por Horácio.

Vestibular

1. (UPE)

> **Buscando a Cristo**
>
> 1 A vós correndo vou, braços sagrados,
> 2 Nessa cruz sacrossanta descobertos,
> 3 Que, para receber-me, estais abertos,
> 4 E, por não castigar-me, estais cravados.
>
> 5 A vós, divinos olhos, eclipsados
> 6 De tanto sangue e lágrimas abertos,
> 7 Pois, para perdoar-me, estais despertos,
> 8 E, por não condenar-me, estais fechados.
>
> 9 A vós, pregados pés, por não deixar-me,
> 10 A vós, sangue vertido, para ungir-me,
> 11 A vós, cabeça baixa p'ra chamar-me.
>
> 12 A vós, lado patente, quero unir-me,
> 13 A vós, cravos preciosos, quero atar-me,
> 14 Para ficar unido, atado e firme.
>
> GUERRA, Gregório de Matos. *Poemas escolhidos*. São Paulo: Cultrix, 1989.

Considerando a escola literária Barroco, analise as afirmativas a seguir.

I. O soneto apresenta metonímias que vão relacionando as partes de Cristo ("braços", "olhos", "pés", "sangue", "cabeça"), substituindo, aos poucos, o todo: Cristo crucificado. Com esse recurso, percebe-se que cada uma das partes do corpo revela uma atitude acolhedora, de bondade e de comiseração, o que assegura ao eu lírico fé e confiança.

II. Nesse poema, é perceptível o trabalho com figuras de linguagem representando o aspecto conceptista do Barroco. É um jogo de palavras que se desenvolve também com outros recursos, como as anáforas em "Vós" (v. 5, 9, 10, 11, 12 e 13), o que parece registrar o desejo do eu lírico de se encontrar com Cristo.

III. No soneto, nota-se uma das características típicas da estética barroca, o uso de situações ambivalentes, que permitem a dupla interpretação, como se vê nessa passagem – "braços abertos e cravados" (presos); os braços estão abertos para receber o fiel e, ao mesmo tempo, fechados para não castigá-lo pelos pecados cometidos.

IV. O texto expõe, de maneira exemplar, ao longo dos versos decassílabos, em linguagem rebuscada, o tema do fusionismo na personificação do fiel, que reconhece os sinais do acolhimento de Cristo e, por isso, esse fiel manifesta o seu desejo de "ficar unido, atado e firme", reforçando ainda a constatação da fragilidade humana.

V. Por suas idiossincrasias quanto à visão dos pares antagônicos – pecado/perdão – o poeta utiliza, no final do poema, alguns versos livres e brancos, com os quais obtém um efeito mais leve, de caráter religioso, também cultivado pelo conceptista Padre Vieira.

Está correto o que se afirma em:
a) I, II e III.
b) I, III e IV.
c) II, III e IV.
d) II, IV e V.
e) III, IV e V.

2. (UnB-DF)

> O tempo, como o Mundo, tem dois hemisférios: um superior e visível, que é o passado, outro inferior e invisível, que é o futuro. No meio de um e outro hemisfério ficam os horizontes do tempo, que são esses instantes do presente que vamos vivendo, em que o passado se termina e o futuro começa. Desde este ponto, toma seu princípio a nossa História, a qual nos irá descobrindo as novas regiões e os novos habitadores desse segundo hemisfério do tempo, que são os antípodas do passado. Oh! que cousas grandes e raras haverá que ver nesse novo descobrimento!

Considerando o fragmento de texto acima, de Antônio Vieira, julgue os itens a seguir como corretos (C) ou errados (E).

a) Do ponto de vista geográfico, os hemisférios Ocidental e Oriental são considerados uma referência temporal, e não espacial, uma vez que dizem respeito ao estabelecimento dos fusos horários ao redor do globo.

b) A descoberta da América, com a posterior colonização das novas terras por portugueses e espanhóis, integrou um contexto de transformação histórica que aprofundou a crise do feudalismo e descortinou, para a Europa, novos horizontes de exploração.

c) A História realiza-se em determinado espaço e é contingenciada pela passagem do tempo, razão pela qual o estudo do passado assegura o domínio do conhecimento acerca da direção a ser trilhada pelas sociedades, ou seja, ela permite a previsibilidade do futuro.

d) Conforme a analogia entre tempo e espaço apresentada no texto, o tempo presente pode ser adequadamente denominado como uma espécie de linha do Equador do tempo.

e) No texto, padre Vieira intenta uma analogia entre a descoberta do tempo futuro pela "História" e a do Novo Mundo pelos europeus.

3. **(UFPI)** A propósito do *Sermão da Sexagésima*, leia o que afirmou o prof. Alcir Pécora.

> O sermão volta-se para sua própria composição e examina os 3 "concursos" essenciais que há nele (graça, pregador e ouvinte), para saber qual deles pode ser causa da falta de eficácia dos sermões contemporâneos na reforma dos cristãos. Admitida que a falta apenas pode ser do pregador, examina as suas 5 "circunstâncias" (pessoa, estilo, ciência, matéria e voz) como causa principal do fracasso do sermão. Este deve-se sobretudo ao "falso testemunho" do pregador que, embora utilizando palavras de Deus, não as toma em seu sentido original, mas distorce-as segundo seus interesses e o propósito de agradar ao auditório. Em vez de desenganá-lo e reformar os seus costumes como é sua obrigação.
>
> Vieira, Padre Antônio. *Sermões*. Pécora, Alcir (Org. e introdução). São Paulo: Hedra, 2000. p. 28.

A partir dessa síntese e da leitura do sermão, só não podemos afirmar que:

a) o padre Antônio Vieira identifica alguns problemas conceituais na feitura dos sermões de seu tempo, no século XVII, e acusa outros pregadores de incidirem em erro retórico quando pronunciam sermões construídos sem adequação.
b) o autor afirma que um sermão fracassa quando não "desengana" o auditório, ou seja, quando o orador não expõe o mundo de enganos ou ilusões em que acusa o auditório viver.
c) o *Sermão da Sexagésima* afirma que alguns pregadores têm distorcido os sentidos da palavra divina quando a empregam para agradar ao auditório.
d) o autor afirma que a finalidade discursiva de um sermão é agradar a seu público.
e) o autor afirma que alguns pregadores, mesmo sem errar quanto aos concursos e circunstâncias do sermão, erram porque confundem a finalidade do gênero do sermão, que é corrigir costumes e reformar mentalidades cristãs.

4. **(UFT-TO)** Analise as afirmativas abaixo sobre o texto "À instabilidade das coisas no mundo", de Gregório de Matos.

À instabilidade das coisas no mundo

1. Nasce o Sol, e não dura mais que um dia,
   Depois da luz se segue a noite escura,
   Em tristes sombras morre a formosura,
   Em contínuas tristezas a alegria.

5. Porém se acaba o Sol, por que nascia?
   Se formosa a luz é, por que não dura?
   Como a beleza assim se transfigura?
   Como o gosto da pena assim se fia?

   Mas no Sol, e na luz, falte a firmeza,
10. Na formosura não se dê Constância,
    E na alegria sinta-se tristeza.

    Começa o mundo enfim pela ignorância,
    E tem qualquer dos bens por natureza
    A firmeza somente na inconstância.

Matos, Gregório de. *Poesias selecionadas*. São Paulo: FTD, 1993. p. 60.

I. Considerando que a arte literária reflete o contexto histórico em que se encontra inserida, é certo dizer que o texto de Gregório de Matos pertence ao Barroco, movimento literário associado à Reforma e à Contrarreforma e expressa, de forma estética, as angústias existenciais do homem seiscentista.
II. O soneto gregoriano abarca a temática do tempo fugaz e da sorte instável que se desenvolve a partir de um jogo de imagens e ideias que se contrapõem: **nasce** *vs* **não dura** (v. 1), **luz** *vs* **noite escura** (v. 2), **tristes sombras** *vs* **formosura** (v. 3), **tristezas** *vs* **alegria** (v. 4).
III. O texto estrutura-se segundo os princípios do conceptismo, voltado para a ornamentação exagerada de um estilo marcado pela presença de paradoxos (v. 1-8).
IV. O sentido de efemeridade abarcado pelo título do poema é justificado, no decorrer do texto, por expressões tais como: "falte a firmeza" (v. 9), "não se dê Constância" (v. 10), "firmeza somente na inconstância" (v. 14) que fazem parte do campo semântico do vocábulo **instabilidade**.
V. Na tentativa de conciliar os opostos, assumindo uma postura fusionista, o soneto de Gregório de Matos encerra-se com uma justaposição de contrários, marcada pelo uso da antítese: "A firmeza somente na inconstância" (v. 14).

A partir da análise das questões, podemos concluir que as alternativas:

a) I, II e III estão corretas.
b) I, II e IV estão corretas.
c) I, IV e V estão corretas.
d) II, III e IV estão corretas.
e) II, III e V estão corretas.

UNIDADE 7
O Arcadismo

Nesta unidade

- 13 O Arcadismo – uma simplicidade sofisticada
- 14 O Arcadismo em Portugal
- 15 O Arcadismo no Brasil

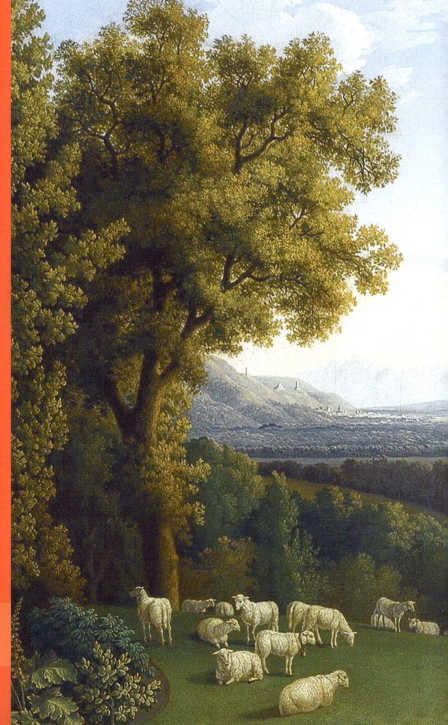

HACKERT, Jacob Philipp. *Paisagem com vista do Palácio de Caserta e Vesúvio* (detalhe), 1793. Óleo sobre tela, 93 cm × 130 cm. Museu Thyssen-Bornemisza, Madri, Espanha.

A pintura abaixo é do artista alemão Jacob Philipp Hackert (1737-1807). Observe como Hackert retrata os arredores do palácio real de Caserta, na Itália, em um plano intermediário, à direita da imagem. As árvores em ambos os lados do quadro formam uma espécie de moldura que dirige o olhar do espectador para a região central, com o vulcão Vesúvio ao fundo. Nesse cenário campestre, um grupo de pessoas descansa e se entretém. Do lado oposto a elas, proporcionando um equilíbrio visual ao quadro, vemos um rebanho de ovelhas pastando tranquilamente.

A vida no campo, mostrada nesse quadro, foi um tema comum não apenas para pintores, mas também, no final do século XVIII e início do século XIX, para um grupo de escritores que foram conhecidos posteriormente como árcades. Uma natureza harmônica e equilibrada aparece nos textos arcádicos, com a evocação dos mitos greco-latinos.

Em Portugal, a poesia lírica neoclássica foi representada, principalmente, por Bocage e, no Brasil, por Cláudio Manoel da Costa e Tomás Antônio Gonzaga. Ainda no Brasil, surgiu uma poesia narrativa e épica, de cunho clássico, com os nomes de Basílio da Gama e Santa Rita Durão.

CAPÍTULO 13

O Arcadismo – uma simplicidade sofisticada

O que você vai estudar

- Referências à mitologia grega.
- A decadência da nobreza europeia.
- As revoluções burguesas.
- O Iluminismo e o Neoclassicismo.
- Os lugares-comuns do Arcadismo.

Durante o século XVIII e início do século XIX, surgiu em Portugal, em outras regiões da Europa e no Brasil o Arcadismo. O nome desse movimento literário, assim como o das agremiações de poetas desse período, as arcádias, é uma referência à lendária região da Grécia Antiga denominada Arcádia. Essa região era chefiada pelo deus Pã e habitada por pastores que viviam em completa harmonia com a natureza.

Os poetas procuravam recuperar os vínculos entre a poesia e as suas origens clássicas. Ambientavam os poemas em um cenário campestre, muitas vezes com personagens da mitologia greco-romana e assinavam as obras usando pseudônimos de pastores.

Sua leitura

A seguir, você vai analisar uma pintura e ler um texto literário. A pintura é um quadro de Jacques-Louis David (1748-1825), pintor considerado neoclássico por se inspirar nos modelos da Antiguidade clássica, e o texto é um trecho do romance *Cândido*, do filósofo Voltaire (1694-1778).

O adeus de Telêmaco e Eucaris

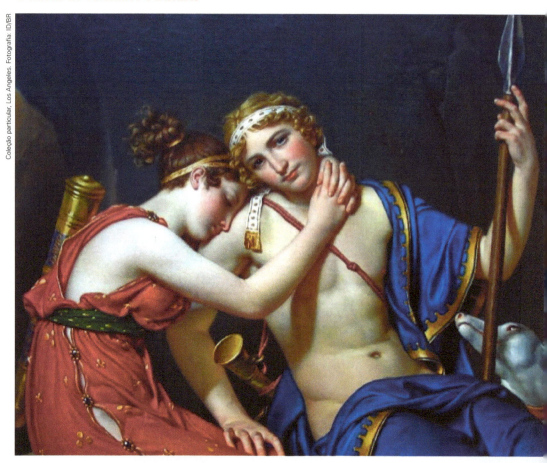

Essa obra do pintor francês Jacques-Louis David retrata figuras mitológicas. Telêmaco, filho de Ulisses (ou Odisseu), parte em uma viagem em busca de seu pai, que, muitos anos antes, deixara a ilha de Ítaca, onde vivia, para lutar na Guerra de Troia. Na ilha da ninfa Calipso, Telêmaco apaixona-se por Eucaris. A pintura foi inspirada no livro *As aventuras de Telêmaco*, de Fénelon.

DAVID, Jacques-Louis. *O adeus de Telêmaco e Eucaris*, 1818. Óleo sobre tela, 87 cm × 103 cm. Coleção particular.

Como Cândido foi educado em um belo castelo e como foi expulso dele

No castelo do senhor barão de Thunder-ten-tronckh, na Westphalia, havia um jovem rapaz ao qual a natureza concedera as virtudes mais doces. Sua fisionomia anunciava sua alma. Tinha um juízo assaz e reto e um espírito dos mais simples; por estas razões, acredito, era chamado Cândido. As antigas empregadas da casa desconfiavam que fosse filho da irmã do barão e de um bom e íntegro fidalgo da vizinhança com quem esta senhorita não quis nunca casar porque ele não conseguiu provar senão setenta e um costados, sendo que o resto de sua árvore genealógica se perdera nos infortúnios do tempo.

O senhor barão era um dos mais poderosos senhores da Westphalia, pois seu castelo tinha uma porta e janelas. Sua sala principal era até decorada com uma tapeçaria. Todos os cães de seu quintal compunham, se necessário, uma matilha. Seus palafreneiros eram seus picadores. O vigário do vilarejo era seu principal distribuidor de esmolas. Todos o chamavam de monsenhor e riam quando contava casos.

A senhora baronesa, que pesava em torno de trezentas e cinquenta libras, só por isso granjeava uma grande consideração e fazia as honras da casa com uma dignidade que a tornava ainda mais respeitável. Sua filha Cunegunda, com dezessete anos, era rosada, fresca, gorda, desejável. O filho do barão era em tudo digno de seu pai. O preceptor Pangloss era o oráculo da casa, e o pequeno Cândido ouvia suas lições com a melhor boa-fé de sua idade e de seu caráter.

Pangloss ensinava a metafísico-teólogo-cosmolonigologia. Provava admiravelmente que não há efeito sem causa e que, neste melhor dos mundos possíveis, o castelo do monsenhor Barão era o mais belo dos castelos e a senhora a melhor das baronesas possíveis.

— Está demonstrado, dizia ele, que as coisas não podem ser de outro modo: porque, tudo sendo feito visando a um fim, tudo está necessariamente ordenado ao melhor fim. Notem bem que os narizes foram feitos para sustentar os óculos. Por isso temos óculos. As pernas são visivelmente criadas para serem calçadas. E temos calças. As pedras foram formadas para serem talhadas e com elas fazemos castelos. Por isso monsenhor tem um castelo muito belo — o maior barão da província deve ser o melhor alojado. E os porcos, já que foram feitos para serem comidos, nós comemos porcos o ano todo. Por consequência, aqueles que sustentaram que tudo está bem, disseram uma tolice. É preciso dizer que tudo é o melhor possível.

Cândido escutava com atenção e, inocentemente, acreditava, pois achava a Senhorita Cunegunda extremamente bela, ainda que não tenha tido nunca a ousadia de declarar-se a ela. Concluía que depois da felicidade de haver nascido barão de Thunder-ten-tronckh, o segundo degrau de felicidade era ser a Senhorita Cunegunda; o terceiro, vê-la todos os dias; e, o quarto, ouvir o mestre Pangloss, o maior filósofo da província e, por consequência, de toda a Terra.

[...]

VOLTAIRE. *Cândido, ou o otimismo*. Trad. Roberto Gomes. Porto Alegre: L&PM, 2007. p. 7-8.

Vocabulário de apoio

assaz: muito
cosmolonigologia: referência adulterada do termo *cosmologia* (ramo da astronomia que trata da origem e evolução do universo), com a intenção de criar um efeito cômico
costado: equivale a uma geração de nobreza
granjear: atrair
metafísica: parte da filosofia que estuda a essência do ser e do mundo
monsenhor: título de honra
oráculo: pessoa sábia, que inspira confiança
palafreneiro: quem cuida e conduz o palafrém (cavalo que papas, reis e nobres utilizam para solenidades)
picador: quem ensina equitação
preceptor: instrutor
reto: justo, íntegro
talhado: entalhado, esculpido
teologia: estudo de Deus e de suas relações com o mundo
trezentas e cinquenta libras: cerca de 158 quilos

Sobre os textos

1. Uma das características do texto de Voltaire é o humor. Copie um trecho que ilustre essa afirmação e comente-o.

2. O preceptor Pangloss defende estas relações de causa e efeito.

   > [...] os narizes foram feitos para sustentar os óculos. Por isso temos óculos. As pernas são visivelmente criadas para serem calçadas. E temos calças.

   Explique o que há de estranho nessas afirmações.

3. O narrador afirma que Pangloss era "o oráculo da casa". Com base nessa informação, o que se pode concluir a respeito da capacidade intelectual da família do barão?

4. Observe as figuras de Telêmaco e Eucaris representadas na pintura de David. Descreva a sua postura corporal e as suas expressões faciais.

5. Os traços das personagens e as cores usadas se aproximam de uma representação fiel dos corpos humanos? Justifique sua resposta.

6. A nobreza era a camada social dominante na França do século XVIII. Jacques-Louis David poderia ter representado nobres em suas telas, mas preferiu personagens da mitologia greco-romana. Considerando o texto acima, formule uma explicação para essa opção.

❯ O contexto de produção

O Arcadismo, também conhecido como Neoclassicismo, marcou a literatura e as artes plásticas do século XVIII, que corresponde, em termos históricos, à passagem da Idade Moderna para a Idade Contemporânea.

Vamos conhecer os seus principais acontecimentos e descobrir de que maneira se articulam.

❯ O contexto histórico

No século XVIII, ocorreram a Revolução Gloriosa e a Revolução Industrial, ambas na Inglaterra, a Revolução Francesa e a Independência dos Estados Unidos – que fizeram parte das chamadas **revoluções burguesas**. Como o próprio nome indica, todas essas revoluções tiveram como origem a ascensão política e econômica da classe burguesa.

A queda de prestígio da nobreza e da realeza já vinha ocorrendo durante o século anterior. O poder econômico dos nobres, resultante da posse de terras e de privilégios adquiridos durante a Idade Média, perdia força diante do capital acumulado pela pequena e média burguesia, que vivia das trocas mercantis nas cidades.

❯ O contexto cultural

Adam Smith (1723-1790), filósofo iluminista, fundou a economia moderna e escreveu *A riqueza das nações* (1776), base para a ascensão da burguesia e do liberalismo econômico no século XVIII.

A burguesia passava a ter contato com livros, quadros, peças teatrais e obras musicais. Se a média e a pequena burguesia eram associadas à grosseria nos costumes e ao pouco refinamento social, ao longo do século XVIII foram se tornando a classe culta. Boa parte da produção cultural da Antiguidade clássica, como obras de pensadores do século XVIII e o que havia de mais representativo da literatura do século anterior, passou a ser lida pela classe média francesa, fato que pareceria impossível em tempos anteriores.

Além do Neoclassicismo, outro movimento de pensamento também se difundia pela Europa: o **Iluminismo**, uma corrente de ideias desenvolvidas predominantemente na França e na Inglaterra, mas com repercussões em toda a Europa e também na América colonial. Os iluministas defendiam a divulgação do saber humano acumulado ao longo da História, assim como a melhoria das condições de vida e o ideal de progresso conduzidos pelas ações governamentais. Rejeitavam, portanto, as formas obscuras e não racionais da Idade Média, prolongadas pela arte barroca. A luz representava o saber, conhecimento que os iluministas julgavam ser possível alcançar por meio da razão. É por isso que o século XVIII também ficou conhecido como "**Século das Luzes**".

Uma das principais realizações do Iluminismo foi a *Enciclopédia* – obra que reuniu todo o saber humano acumulado até então, em todas as áreas do conhecimento. Com ela, os iluministas pretendiam que o acesso às artes e às ciências estivesse disponível para todas as camadas sociais da época.

Repertório

A *Enciclopédia*

De 1751 a 1772, foram publicados os 17 volumes da *Enciclopédia*. Comandado por Diderot e D'Alembert, esse ambicioso projeto editorial pretendia colocar no papel todo o saber humano, inclusive aquele que incomodava os poderosos da época. Ao longo de um quarto de século de trabalho, a *Enciclopédia* chegou a ser proibida pela Coroa francesa, pressionada pela Igreja.

Superadas as dificuldades, a obra foi um grande sucesso e abriu caminho para outras publicações do gênero no mundo todo.

Diderot foi um dos idealizadores da *Enciclopédia*.

HOUDON, Jean-Antoine. *Busto de Denis Diderot*, c. 1771. Terracota, 52 cm × 26,9 cm. Museu do Louvre, Paris, França.

> O contexto literário

Uma obra literária é feita para ser lida e atingir certo tipo de leitor. A relação autor-obra-leitor transforma-se de época para época. Veremos a seguir como esses fatores interagiram no período árcade.

O sistema literário do Arcadismo

Os poetas do Arcadismo pertenciam às camadas sociais próximas à **nobreza**. Eram filhos de burgueses que haviam ascendido socialmente, membros de famílias enriquecidas com a prática do comércio e da exploração das riquezas das colônias e que viviam de favores.

A poesia árcade produzida por esses escritores apresentava diferentes formas: a lírica, a épica e a satírica. Os temas nela tratados tinham pouca variação, como se verá no item "O papel da tradição".

A **poesia lírica** apresentava diversas composições: éclogas, odes, madrigais, rondós, epigramas, epístolas, sonetos, liras, etc. Todas essas variações faziam parte do conjunto da chamada **poesia pastoril**. Em relação à **produção épica**, merece destaque a poesia árcade em língua portuguesa, por ser uma espécie de continuidade da épica camoniana. A **poesia satírica**, muitas vezes bastante refinada e com conteúdo crítico, também possui, no Arcadismo, um papel importante.

Os árcades reuniam-se com frequência nas **Academias** – agremiações de escritores. A maioria das obras era produzida por eles em datas comemorativas, para homenagear uma personalidade de importância política ou econômica.

Os principais leitores da poesia árcade eram os próprios poetas. Não devemos excluir também boa parte da nobreza, do alto clero e da burguesia em ascensão. Como em momentos anteriores, a literatura estava presente nos salões, nas festividades e mesmo no cotidiano das classes mais ricas. Entre a população circulava, principalmente, a poesia satírica, em especial a de conteúdo pornográfico e que ironizava altas figuras do poder.

DEBRET, Jean-Baptiste. *Damas da corte*, c. 1817-1829. Aquarela, 9 cm × 13,3 cm. Museus Castro Maya, Rio de Janeiro.

As festividades da nobreza ainda eram um tema comum na literatura entre o final do século XVIII e início do século XIX. Essa aquarela, de Jean-Baptiste Debret, retrata damas da Corte portuguesa no Brasil, possivelmente vestidas para um evento festivo.

O papel da tradição

O Arcadismo se opôs aos exageros do Barroco e voltou-se para a tradição clássica, da qual extraiu todos os seus grandes temas. Pela presença constante na literatura da época, esses temas podem ser chamados de **lugares-comuns** e foram inspirados principalmente na produção do poeta latino Virgílio.

- *Fugere urbem* ("fuga da cidade"): valorização da vida simples e tranquila do campo em oposição aos hábitos cada vez mais urbanos.
- *Carpe diem* ("aproveite o dia"): extraída de uma ode do poeta romano Horácio (65-8 a.C.), essa expressão exalta os prazeres imediatos, sem preocupações com o amanhã.
- *Locus amoenus* ("lugar agradável"): valorização dos espaços prazerosos e amenos representados nos poemas, enfatizando o equilíbrio e a ausência de conflitos.
- *Aura mediocritas* ("mediocridade áurea"): ideia de que nas coisas simples da vida se encontram a razão e a felicidade.

Além da temática, o Arcadismo também retomou as formas líricas da tradição clássica.

165

Uma leitura

O texto a seguir faz parte do poema *Marília de Dirceu*, do poeta árcade brasileiro Tomás Antônio Gonzaga. Alguns aspectos do poema já estão analisados. Complete a análise respondendo às questões propostas.

Lira XIV

Minha bela Marília, tudo passa;
A sorte deste mundo é mal segura;
Se vem depois dos males a ventura,
Vem depois dos prazeres a desgraça.
    Estão os mesmos Deuses
Sujeitos ao poder ímpio Fado:
Apolo já fugiu do Céu brilhante,
    Já foi Pastor de gado.

A devorante mão da negra Morte
Acaba de roubar o bem que temos;
Até na triste campa não podemos
Zombar do braço da inconstante sorte;
    Qual fica no Sepulcro,
Que seus avós ergueram, descansado;
Qual no campo, e lhe arranca os frios ossos
    Ferro do torto arado.

Ah! enquanto os Destinos impiedosos
Não voltam contra nós a face irada,
Façamos, sim, façamos, doce amada,
Os nossos breves dias mais ditosos.
    Um coração que, frouxo,
A grata posse de seu bem difere,
A si, Marília, a si próprio rouba,
    E a si próprio fere.
[...]

GONZAGA, Tomás Antônio. Marília de Dirceu: Lira XIV. In: *A poesia dos inconfidentes*. Rio de Janeiro: Nova Aguilar, 1996. p. 597.

Anotações laterais:

- As referências à mitologia clássica são muito frequentes nessa poesia. Note como as divindades são diferentes do Deus das religiões monoteístas (que cultuam um único deus) e cristãs: mesmo elas estão submetidas à inconstância e às mudanças do mundo.

- O primeiro verso do poema anuncia o tema tratado ao longo dos demais: a ideia de que tudo é provisório e passageiro.

- O uso de letras maiúsculas em substantivos comuns como *fado*, *morte* e *destinos* e a atribuição de características humanas a eles (impiedade, mão devorante), que os transformam em entidades, revelam o uso de um recurso chamado **alegoria**.

1. Estes dois versos do poema expressam um lugar-comum da poesia árcade. Que lugar-comum é esse e qual é a sua relação com o tema anunciado no primeiro verso do poema?

2. O eu lírico conclui o poema com uma advertência. Explique a conclusão do eu lírico sobre as consequências de adiar o aproveitamento da vida.

Vocabulário de apoio

arado: instrumento de cultivo da terra
campa: laje que cobre a sepultura
diferir: adiar, demorar
ditoso: feliz, afortunado
Fado: destino
grato: agradável, doce
ímpio: impiedoso
Sepulcro: sepultura, túmulo
ventura: boa sorte, felicidade

As alegorias também aparecem na pintura, como é possível perceber, neste quadro do neoclássico francês De Troy, a personificação do Tempo e da Verdade (no centro da tela), além da representação, à direita, da Farsa sendo desmascarada e, à esquerda, das quatro virtudes cardeais segundo a doutrina cristã: a Fortaleza, a Justiça, a Prudência e a Temperança.

DE TROY, Jean-François. *Tempo revelando a Verdade*, 1733. Óleo sobre tela, 203 cm × 208 cm. Galeria Nacional, Londres, Inglaterra.

Capítulo 13 — O Arcadismo – uma simplicidade sofisticada

166

Ler o Arcadismo

Você vai ler mais um trecho de *Marília de Dirceu*, de Tomás Antônio Gonzaga. Ainda que não haja respostas explícitas às falas do eu lírico, é possível imaginar um diálogo entre as personagens. O eu lírico expressa nesse poema sua visão de mundo.

Lira XV

Eu, Marília, não fui nenhum Vaqueiro,
Fui honrado Pastor da tua Aldeia;
Vestia finas lãs e tinha sempre
A minha choça do preciso cheia.
Tiraram-me o casal e o manso gado,
Nem tenho, a que me encoste, um só cajado.

Para ter que te dar, é que eu queria
De mor rebanho ainda ser o dono;
Prezava o teu semblante, os teus cabelos
Ainda muito mais que um grande Trono.
Agora que te oferte já não vejo,
Além de um puro amor, de um são desejo.

[...]

Ah! minha bela, se a Fortuna volta,
Se o bem, que já perdi, alcanço e provo,
Por essas brancas mãos, por essas faces
Te juro renascer um homem novo;
Romper a nuvem, que os meus olhos cerra,
Amar no céu a Jove, e a ti na terra!

[...]

Se não tivermos lãs e peles finas,
Podem mui bem cobrir as carnes nossas
As peles dos cordeiros mal curtidas,
E os panos feitos com as lãs mais grossas.
Mas ao menos será o teu vestido
Por mãos de Amor, por minhas mãos cosido.

Nós iremos pescar na quente sesta
Com canas e com cestos os peixinhos;
Nós iremos caçar nas manhãs frias
Com a vara envisgada os passarinhos.
Para nos divertir faremos quanto
Reputa o varão sábio, honesto e santo.

Nas noites de serão nos sentaremos
C'os filhos, se os tivermos, à fogueira;
Entre as falsas histórias, que contares,
Lhes contarás a minha, verdadeira:
Pasmados te ouvirão; eu, entretanto,
Ainda o rosto banharei de pranto.

[...]

GONZAGA, Tomás Antônio. Marília de Dirceu: Lira XV. In: *A poesia dos inconfidentes*. Rio de Janeiro: Nova Aguilar, 1996. p. 646-647.

Vocabulário de apoio

casal: pequena propriedade
choça: cabana rústica
cosido: costurado
curtido: diz-se de uma pele que foi deixada de molho para amaciar
envisgado: untado com visgo (substância pegajosa para capturar pássaros)
Fortuna: na crença dos antigos, deusa que presidia ao bem e ao mal; destino
Jove: Júpiter ou Zeus; na mitologia greco-romana, pai dos deuses e dos homens
reputar: julgar, considerar
sesta: repouso após o almoço
varão: homem digno de respeito

Sobre o texto

1. Releia o seguinte verso: "Fui honrado Pastor da tua Aldeia". Explique por que, na literatura árcade, o eu lírico chama a si próprio de "Pastor".

2. Os quatro versos finais da primeira estrofe resumem o assunto central do poema. Qual é esse assunto?

3. Há, na quinta estrofe, uma idealização do espaço natural. A que lugar-comum essa idealização se refere? Justifique sua resposta com passagens do poema.

4. Há, na estrofe final, uma relação entre felicidade e desventura. Justifique essa afirmação.

5. Que interpretação podemos dar à relação entre o tema amoroso e o papel da natureza no poema lido?

O que você pensa disto?

Uma das principais contribuições do Iluminismo (movimento que marcou o contexto cultural do século XVIII) foi a escrita da *Enciclopédia*. Nos tempos atuais, surgiu com a internet a possibilidade da construção coletiva do conhecimento por meio, por exemplo, do portal Wikipédia, em que qualquer internauta pode redigir um verbete de forma colaborativa.

- Quais são as vantagens e as desvantagens da Wikipédia em relação à *Enciclopédia* dos iluministas?

Página inicial da Wikipédia em português. Disponível em: <http://pt.wikipedia.org>. Acesso em: 10 abr. 2015.

CAPÍTULO 14

O Arcadismo em Portugal

O que você vai estudar

- A política pombalina.
- Poetas e pensadores iluministas.
- Bocage.

Van Loo, Louis-Michel; Vernet, Claude-Joseph. *O Marquês de Pombal expulsando os jesuítas*, 1767. Óleo sobre tela. Palácio dos Marqueses de Pombal, Oeiras, Portugal.

Quadro feito como homenagem a Sebastião José de Carvalho e Melo, o Conde de Oeiras, que em breve seria nomeado Marquês de Pombal. Na imagem, o Marquês parece dotado de poder absoluto. Sua mão esquerda aponta para a cidade de Lisboa, em que aparece uma frota de navios portugueses. Os navios conduzem os jesuítas ao exílio, quando de sua expulsão do Brasil e de Portugal, e também representam a soberania lusitana devido às navegações. Os mapas próximos ao Marquês complementam a ideia de dominação.

❯ O contexto de produção

No século XVIII, Portugal acumulava muita riqueza e tinha estrutura próxima à dos centros de prestígio europeus. Sustentada pelo ouro que vinha das minas brasileiras, a sociedade portuguesa iniciava sua modernização buscando uma visão de mundo liberal. A economia, a educação e a cultura sofreram um forte impacto; em paralelo, diminuíam a influência e o poder dos jesuítas e de grande parte da aristocracia.

Essas transformações aprofundaram-se a partir da metade desse século, com a administração (que ocorreu no período de 1750 a 1777) de Sebastião José de Carvalho e Melo, o Marquês de Pombal (1699-1782). Nomeado primeiro-ministro pelo rei dom José I, Pombal começou uma política de progresso humano com base na submissão do Estado ao rei. Segundo essa concepção, a força de uma nação estaria na capacidade de comando do monarca, que deveria centralizar todas as decisões. Esse modo de governar, conhecido como **despotismo esclarecido**, marcou a segunda metade do século XVIII na Europa.

> A política pombalina

Ao mesmo tempo que o governo do Marquês de Pombal expressou os princípios burgueses do Iluminismo, perpetuou a figura do rei como símbolo maior da nação. Essa ligação entre a realeza e a burguesia possibilitou reformas administrativas e econômicas importantes e acelerou a modernização de Portugal.

As reformas conduzidas pelo Marquês de Pombal tinham por objetivo:
- diminuir o poder da Igreja católica na Metrópole e nas colônias (Pombal decretou, em 1759, a expulsão da Ordem dos Jesuítas das terras portuguesas);
- passar o sistema de ensino para o controle do Estado (anteriormente, o projeto educacional do país era conduzido principalmente pelos jesuítas);
- centralizar e nacionalizar a economia, racionalizar o Estado e intensificar o controle de Portugal sobre suas colônias.

Com o apoio de intelectuais, Pombal defendeu os ideais estéticos mais afinados com o racionalismo de países como França, Itália e Inglaterra, combatendo a arte barroca, que estava associada aos jesuítas da Companhia de Jesus.

> Poetas e pensadores iluministas

Organizados em torno da **Arcádia Lusitana** (agremiação de escritores que introduziu a estética árcade em Portugal), alguns poetas procuraram combater a influência do Barroco, produzindo uma literatura mais racional e promovendo o resgate da cultura clássica greco-romana. Sua produção tinha rigor formal e demonstrava grande domínio de técnicas de composição e de versificação. Esses autores ficaram muito conhecidos na época, destacando-se Antonio Dinis da Cruz e Silva (1731-1799), Pedro Antônio Correia Garção (1724-1772) e Domingos dos Reis Quita (1728-1770).

Também merecem ser citadas as produções teóricas de Francisco José Freire (1731-1773), mais conhecido como Cândido Lusitano, e de Luís Antônio Verney (1713-1792) – que contribuíram para a formação do pensamento cultural português daquela época.

Dentre os escritos de Verney, destaca-se *Verdadeiro método de estudar*, livro que se configura como um tratado sobre Pedagogia. Por meio de cartas dirigidas a um doutor da Universidade de Coimbra, Verney apresenta suas ideias progressistas sobre a educação. A primeira edição, de 1746, foi censurada pelos inquisidores da Igreja católica, mas a censura causou efeito contrário ao desejado: aumentou o interesse popular pela obra. Sua segunda edição, publicada e distribuída clandestinamente, logo esgotou.

O *Verdadeiro método de estudar* serviu como base à política de reformas educacionais conduzida pelo Marquês de Pombal. A partir dela, o estudo da língua portuguesa tornou-se oficial tanto em Portugal quanto em suas colônias. No sumário do primeiro tomo da obra, o autor descreve o assunto tratado em cada carta. Veja a descrição da primeira delas.

> Motivo desta correspondência: e como se deve continuar. Mostra-se, com o exemplo dos Antigos, a necessidade de uma Gramática Portuguesa, para começar os estudos. Dá-se uma ideia, da melhor Ortografia Portuguesa: e responde-se aos argumentos contrários. Que o Vocabulário do Padre Bluteau se deve reformar, para utilidade da Mocidade.
>
> VERNEY, Luís Antônio. *Verdadeiro método de estudar*. Biblioteca Nacional: Lisboa, 1746.

Frontispício da obra.

Repertório

Marquês de Pombal

Um terremoto ocorrido em Lisboa em 1755 dizimou uma parcela considerável da população e destruiu a maior parte da cidade. A atuação pragmática do Marquês de Pombal diante da tragédia dá a dimensão de sua importância para a história de Portugal.

Pombal mandou recolher e enterrar rapidamente os corpos das vítimas para evitar que se espalhasse uma epidemia. Em seguida, com o auxílio da equipe do arquiteto Manuel da Maia, iniciou o planejamento e os trabalhos de reconstrução da cidade.

Dentre outras repercussões, esse incidente marcou a passagem de Lisboa de uma cidade medieval, recortada por ruelas e becos estreitos, para uma cidade moderna, com sistema de esgoto e ruas largas, simétricas, bem de acordo com o espírito racional da época.

Vale saber

Em *Verdadeiro método de estudar*, Verney propunha a adoção de uma ortografia simplificada, contrariando a tendência da época de aproximar a grafia das palavras da grafia grega ou latina que lhes dera origem. Não havia, ainda, a preocupação em criar um **acordo ortográfico**, já que só em Portugal a língua portuguesa era oficial. Hoje, os países lusófonos têm um acordo ortográfico que, no Brasil e em Portugal, foi regulamentado em 2008.

Bocage: do Arcadismo ao Pré-Romantismo

A obra de Manuel Maria Barbosa du Bocage (1765-1805) corresponde a um dos momentos mais expressivos da poesia portuguesa até então, juntamente com Camões. Bocage viveu em um período em que a poesia possibilitava a aproximação entre os poetas e a elite, funcionando como uma estratégia para adquirir favores e prestígio, por meio do elogio a alguns e da ridicularização de outros.

Bocage, seguindo os padrões da poesia árcade, utilizava o pseudônimo Elmano Sadino (a palavra "Elmano" é uma inversão das sílabas do nome do poeta – Manuel; e "Sadino" refere-se ao rio Sado, que corre pela cidade de Setúbal, onde Bocage nasceu).

Bocage produziu em diferentes formas poéticas, tais como o soneto, a ode, a elegia e o canto. Embora provinda dos salões da Corte, sua literatura ganhou as ruas – fato que o transformou em um dos poetas mais populares em Portugal. Sua obra atingiu um público bastante variado, admiradores das sátiras e dos poemas amorosos do escritor.

Bocage e a Nova Arcádia

Durante três anos, Bocage participou da **Nova Arcádia** (fundada em 1790 para dar continuidade à Arcádia Lusitana), convidado por sua fama de improvisador. As reuniões, ocorridas ora na casa do Conde de Pombeiro, ora na do Conde de Vimioso, eram presididas por um padre brasileiro chamado Domingos Caldas Barbosa, de nome árcade Lereno Selinuntino.

A língua ferina de Bocage, porém, logo passou a satirizar os colegas com poemas que caíram no gosto popular. Por isso, e sobretudo por não se submeter às normas acadêmicas da agremiação, o poeta acabou sendo expulso da Nova Arcádia. Pouco depois de sua expulsão, em 1794, a instituição foi extinta, por já estar ridicularizada e desacreditada.

Este conhecido poema satírico de Bocage ridiculariza as reuniões da Nova Arcádia.

Bartolozzi, Giuseppe Eligio. *Bocage*, s. d. Gravura.

A gravura de Giuseppe Eligio Bartolozzi foi feita a partir de um quadro de Henrique José da Silva, de 1805. O pagamento de Bocage ao pintor foi um soneto em agradecimento ao "primoroso desempenho" ao retratá-lo.

Preside o neto da rainha Ginga
À corja vil, aduladora, insana:
Traz sujo moço amostras de chanfana,
Em copos desiguais se esgota a pinga:

Vem pão, manteiga, e chá, tudo à catinga;
Masca farinha a turba americana;
E o orangotango a corda à banza abana,
Com gesto e visagens de mandinga:

Um bando de comparsas logo acode
Do fofo Conde ao novo Talaveiras;
Improvisa berrando o rouco bode:

Aplaudem de contínuo as frioleiras
Belmiro em ditirambo, o ex-frade em ode;
Eis aqui de Lereno as quartas-feiras.

BOCAGE, Manuel M. B. du. Descreve uma sessão da Academia de Belas Letras de Lisboa, mais conhecida pela denominação de Nova Arcádia. In: *Poemas*. Rio de Janeiro: Nova Fronteira, 1987. p. 70.

Vocabulário de apoio

banza: aldeia africana
catinga: avarento, pouco generoso
chanfana: aguardente de má qualidade
corja: grupo de má índole
ditirambo: tipo de composição poética
frioleira: futilidade, gesto patético
mandinga: feitiçaria
ode: tipo de composição poética
turba: multidão em desordem
vil: desprezível
visagem: careta

Margens do texto

1. Os poemas satíricos geralmente possuem vocábulos que veiculam críticas muito fortes a personagens e instituições. Aponte pelo menos cinco palavras do texto que comprovam essa afirmação.

2. Bocage se incomodava especialmente com a artificialidade das reuniões da Nova Arcádia e suas sessões de elogios mútuos, as quais davam mais valor às convenções do que às verdadeiras inspirações de cada poeta. Em que trechos do poema essas críticas ficam evidentes?

> Bocage e a desintegração do ser

Embora Bocage seja considerado o poeta árcade mais importante de sua geração, aos poucos sua poesia passou a apresentar uma contradição constante, muito próxima à que apareceria posteriormente na poesia romântica. As certezas e a visão otimista sobre a existência passaram a ser questionadas. Em seu lugar, surgiu a angústia.

O espaço harmonioso do campo, a representação da vida dos pastores e o equilíbrio dos sentimentos tomaram um espaço menor na produção lírica de Bocage. Surgiu uma nova sensibilidade, mais focada no eu e em seus sofrimentos. Mas é na presença explícita do tema da **morte** que se pode perceber que o autor é, sobretudo, uma espécie de "profeta" do Romantismo.

> Ó retrato da morte, ó Noite amiga
> Por cuja escuridão suspiro há tanto!
> Calada testemunha de meu pranto,
> De meus desgostos secretária antiga!
>
> Pois manda Amor, que a ti somente os diga,
> Dá-lhes pio agasalho no teu manto;
> Ouve-os, como costumas, ouve, enquanto
> Dorme a cruel, que a delirar me obriga:
>
> E vós, ó cortesãos da escuridade,
> Fantasmas vagos, mochos piadores,
> Inimigos, como eu, da claridade!
>
> Em bandos acudi aos meus clamores;
> Quero a vossa medonha sociedade,
> Quero fartar meu coração de horrores.

BOCAGE, Manuel M. B. du. In: MOISÉS, Massaud. *A literatura portuguesa através dos textos.* 17. ed. São Paulo: Cultrix, 1988. p. 213-214.

■ **Margens do texto**

1. É noite e o eu lírico está acordado, enquanto alguém dorme. Explique a relação que existe entre o eu lírico e essa personagem que está dormindo.
2. Ao longo do texto, observa-se a oposição entre noite e dia, escuridão e claridade. Como essas oposições representam o estado de alma do eu lírico?

Vocabulário de apoio

mocho: espécie de coruja
pio: piedoso

Em parte, essa mudança na obra de Bocage reflete o período que passou na prisão. Em agosto de 1797, Bocage foi preso por ordem do intendente da polícia de Lisboa sob a alegação de ser "desordenado nos costumes", sendo liberto no final do mesmo ano. Passou por várias prisões no período: prisão do Limoeiro, calabouço da Inquisição no Rossio, Real Hospício das Necessidades e Convento dos Beneditinos. Enquanto esteve preso, trabalhou em traduções de obras em latim de Virgílio e Ovídio, dos iluministas franceses Rousseau e Voltaire e do dramaturgo francês Racine, entre outros. A vida de Bocage seguiu um rumo bem diferente depois da experiência no cárcere.

> Um homem do século XVIII

Para muitos de seus críticos, Bocage foi um indivíduo típico do século XVIII. Viveu a retomada dos valores clássicos na arte; presenciou a conturbada situação política e econômica de Portugal; resgatou tradições e preparou-se para a chegada de novos tempos. Em função disso, escreveu uma poesia bastante particular, inspirada ora no Arcadismo, ora nas ideias que prenunciavam o Romantismo.

Bocage também escreveu **poemas satíricos**, como apresentado na página anterior, nos quais criticava instituições e pessoas com uma linguagem sem cerimônias. Além disso, em sua produção satírica predominou a temática sexual.

Bocage cultivou, ainda, a **fábula**, produzindo histórias originais ou traduzindo aquelas criadas pelo francês Jean de la Fontaine (1621-1695), mestre da fábula moderna.

Muitos livros de anedotas sobre Bocage foram publicados em Portugal. As histórias fantasiosas sobre a vida do poeta foram perpetuadas pela tradição oral. Essa edição de 1937 faz parte do acervo da Biblioteca Nacional de Portugal. Capa de Alfredo Morais.

Sua leitura

Os dois poemas a seguir expressam algumas das inspirações de Bocage e dão uma pequena mostra da diversidade de sua produção poética.

Observe como os títulos dos poemas antecipam o tema de que tratarão. Em seguida, leia atentamente os poemas e responda às questões propostas na página ao lado.

Texto 1

Desejos da presença do objeto amado

Já o Inverno, espremendo as cãs nervosas,
Geme, de horrendas nuvens carregado;
Luz o aéreo fuzil, e o mar inchado
Investe ao Polo em serras escumosas;

Oh benignas manhãs! tardes saudosas,
Em que folga o pastor, medrando o gado,
Em que brincam no ervoso e fértil prado
Ninfas e Amores, Zéfiros e Rosas!

Voltai, retrocedei, formosos dias:
Ou antes vem, vem tu, doce beleza
Que noutros campos mil prazeres crias;

E ao ver-te sentirá minha'alma acesa
Os perfumes, o encanto, as alegrias
Da estação, que remoça a Natureza.

BOCAGE, Manuel M. B. du. *Poemas*. Rio de Janeiro: Nova Fronteira, 1987. p. 32.

Vocabulário de apoio

cãs: cabelos brancos
ervoso: recoberto de ervas
escumoso: espumoso
medrar: ganhar corpo, desenvolver-se
Ninfa: divindade mitológica que habitava rios e bosques
remoçar: rejuvenescer
Zéfiro: personificação mitológica do vento que sopra do Ocidente

Texto 2

Lenitivos do sofrimento contra as perseguições da desventura

Vítima do rigor, e da tristeza,
Em negra estância, em cárcere profundo,
O mundo habito sem saber do mundo,
Como que não pertenço à Natureza:

Enquanto pela vasta redondeza
Vai solto o crime infesto, o vício imundo,
Eu (não perverso) em pranto a face imundo,
Do grilhão suportando a vil dureza:

Mas no bojo voraz da desventura,
Monstro por cujas faces fui tragado,
Em parte um pensamento a dor me cura:

O infeliz (não por culpa, só por fado)
Naqueles corações em que há ternura,
É mais interessante, é mais amado.

BOCAGE, Manuel M. B. du. *Poemas*. Rio de Janeiro: Nova Fronteira, 1987. p. 87.

Vocabulário de apoio

bojo: âmago, profundeza
estância: fortim, reduto militar
fado: destino
grilhão: corrente de ferro que prende os sentenciados
infesto: nocivo, hostil
lenitivo: o que traz conforto, alívio

Sobre os textos

1. O que chama a atenção no título dos textos 1 e 2 e remete ao contexto de produção da estética árcade?

2. Que semelhança os poemas apresentam em sua estrutura formal, considerando a organização métrica e o esquema de rimas?

3. Na primeira estrofe do texto 1, o eu lírico atribui à natureza algumas características humanas.
   a) Como é chamado esse recurso da linguagem poética?
   b) De que maneira a descrição dessa paisagem natural reflete o estado de espírito do eu lírico?
   c) Em que outro trecho do poema a natureza cumpre esse mesmo papel? Que sentimentos do eu lírico ela revela?

4. Releia: "Voltai, retrocedei, formosos dias".
   a) Que observação a respeito do tempo o eu lírico faz nesse verso do texto 1? Justifique.
   b) Essa reflexão se relaciona ao lugar-comum árcade do *carpe diem*. Explique essa afirmação.

5. O texto 1 apresenta um tipo de inversão sintática que ocorre com frequência nos poemas árcades. Transcreva o verso em que aparece a inversão e, em seguida, indique no caderno a(s) afirmativa(s) correta(s) a esse respeito.
   a) A inversão sintática assemelha-se às antíteses praticadas pelos poetas barrocos.
   b) A inversão sintática pode ser reescrita em ordem direta sem prejuízo do esquema de rimas.
   c) A inversão sintática ocorre sempre na primeira estrofe dos poemas árcades.
   d) A inversão sintática assegura a manutenção do esquema de rimas.

6. Releia: "O mundo habito sem saber do mundo,/ Como que não pertenço à Natureza". Esses versos do texto 2 indicam uma oposição aos ideais do Arcadismo. Explique de que forma ocorre essa oposição, comparando a relação entre o eu lírico e a natureza nos dois poemas.

7. De acordo com o texto 2, como a razão e o sofrimento se relacionam? Indique um trecho do poema que justifique sua resposta.

8. O texto 2 faz uma reflexão sobre a tristeza e a infelicidade. A que conclusão chega o eu lírico sobre esse tema?

9. Compare o vocabulário desses dois poemas com o vocabulário do poema satírico transcrito na página 170. O que você pode perceber nessa comparação?

Passaporte digital

Biblioteca Nacional de Portugal

O *site* da Biblioteca Nacional de Portugal tem uma seção específica para Bocage. Navegue por ela para conhecer mais sobre esse ícone da cultura portuguesa.

Disponível em: <http://purl.pt/1276/1/>. Acesso em: 30 jan. 2015.

O que você pensa disto?

O tema clássico do *carpe diem* ("aproveite o dia"), que foi retomado pelos poetas árcades, é muito explorado pela publicidade como forma de apelo ao consumo. A ordem do dia é satisfazer todas as nossas vontades, sem preocupação com o amanhã. O planeta já sofre as consequências desse tipo de mentalidade.

• Quais são os principais problemas que nossa sociedade enfrenta hoje em função desse descaso com o futuro?

O Brasil é o país emergente que mais produz lixo eletrônico por habitante; no mundo, são cerca de 50 milhões de toneladas/ano (ONU 2012). Ao lado, lixo eletrônico da ONG Trapeiros de Emaús, em Recife (PE). Fotografia de 2012.

CAPÍTULO 15
O Arcadismo no Brasil

O que você vai estudar

- A Inconfidência Mineira.
- Tendências da poesia árcade brasileira.
- Cláudio Manuel da Costa.
- Tomás Antônio Gonzaga.
- Basílio da Gama e Santa Rita Durão.

Fachada do Museu Histórico e Diplomático, no complexo do Palácio do Itamaraty, no Rio de Janeiro. Erguida em meados do século XIX, a construção é um exemplo da arquitetura neoclássica no Brasil, com linhas simples e simétricas, cores suaves e poucos ornamentos. Fotografia de 2009.

O contexto de produção

Considera-se a publicação de *Obras poéticas*, de Cláudio Manuel da Costa, em 1768, o marco inicial do período árcade no Brasil. A publicação de *Suspiros poéticos e saudades*, de Gonçalves de Magalhães, em 1836, marcaria o fim do Arcadismo em terras brasileiras, inaugurando o movimento denominado Romantismo.

O Arcadismo encontrou na **cidade** e na **extração do ouro** um contexto propício para seu desenvolvimento, embora o Brasil permanecesse um país predominantemente rural até as primeiras décadas do século XX. Em algumas cidades mineiras, como Vila Rica (atualmente chamada de Ouro Preto) e Mariana, os intelectuais punham em prática os ideais do Iluminismo; passavam a questionar a submissão econômica e política da colônia brasileira a Portugal, elaborando projetos políticos e econômicos de independência.

Um fato histórico decisivo para a literatura brasileira do século XVIII foi a **Inconfidência Mineira** (1789), motivada principalmente pela revolta das elites brasileiras contra a intensificação do controle fiscal português sobre as atividades econômicas da Colônia. Entre as taxas cobradas, estava a **Derrama**, a arrecadação de impostos atrasados sobre o ouro que era extraído das minas dessa região. Com o esgotamento do minério, a vida na Colônia tornava-se cada vez mais difícil.

Aos impostos elevados, somava-se o profundo desagrado com a nomeação de dom Luís da Cunha Meneses para o cargo de governador das Minas Gerais, uma vez que ele era conhecido por seu autoritarismo e pela violência.

Inspirados pelos ideais do Iluminismo e pela recente independência dos Estados Unidos, muitos acreditaram ser possível estabelecer no Brasil um regime republicano, independente de Portugal. Alguns poetas árcades importantes, como Cláudio Manuel da Costa, Tomás Antônio Gonzaga e Alvarenga Peixoto, estavam entre os idealizadores desse movimento.

174

› Poesia árcade com tempero local

De modo geral, a estética árcade se preocupou em seguir um conjunto de padrões, mais do que explorar novas ideias ou temas. Ler e escrever textos árcades requisitava conhecimento técnico na construção dos versos, amplo vocabulário e repertório de temas clássicos. Os poetas árcades brasileiros, frequentadores de universidades portuguesas e com posições de destaque na sociedade colonial, viam-se como representantes do Iluminismo europeu em terras brasileiras.

Ao mesmo tempo, a força da paisagem brasileira e a vivência dos impasses entre Metrópole e Colônia contaminaram alguns poemas com elementos considerados exóticos para os padrões estéticos em vigor. Isso gerou uma forma bastante particular de fazer poesia, em que personagens da mitologia greco-romana frequentavam espaços tipicamente brasileiros.

Criada no início do século XVIII com o nome de Vila Rica, a cidade de Ouro Preto (MG) era então o centro cultural e econômico do Brasil. Nela, viviam os intelectuais que lideraram o movimento da Inconfidência Mineira, uma das importantes tentativas de independência do país. Em Vila Rica, também floresceu o movimento árcade brasileiro. Fotografia de 2011.

› Tendências da poesia árcade brasileira

Podemos organizar a poesia árcade brasileira em três grandes grupos: a poesia **lírico-amorosa**, a **épica** e a **satírica**.

Na primeira vertente, a ação poética girava, muitas vezes, em torno do encontro entre o "eu lírico pastor" e sua amada, como no caso da poesia de Tomás Antônio Gonzaga, ou de projeções do eu lírico na paisagem, como na poesia de Cláudio Manuel da Costa.

Na segunda vertente, a narrativa épica descrevia passagens da história brasileira em que ocorreu a aproximação entre o europeu – em especial, o português – e o indígena. Uma novidade da poesia épica do Arcadismo foi apresentar os indígenas como personagens atuantes, diferentemente dos textos produzidos pelos cronistas e viajantes que estiveram no Brasil no período da literatura de informação.

A terceira vertente foi representada pela obra *Cartas chilenas*, de Tomás Antônio Gonzaga. Como veremos a seguir, as *Cartas* satirizavam a situação política de Vila Rica e ridicularizavam os poderosos da cidade, representando, assim, um importante ponto de contato entre a literatura e a política da época.

› Um passo além do Arcadismo português

Apesar do contato estreito entre alguns poetas árcades brasileiros e portugueses, não se pode dizer que tenha ocorrido um choque entre o Barroco e o Arcadismo no Brasil. Pelo contrário, a permanência de aspectos da estética barroca na produção artística brasileira é um traço bastante particular das obras daquele período.

Ainda assim, a influência da literatura da Metrópole é inegável. A passagem de poetas brasileiros por universidades portuguesas possibilitou a chegada dos ideais da estética árcade ao Brasil. Aos poucos, aspectos sociais, políticos e econômicos de nossa situação colonial foram incorporados por essa poesia.

Nesse sentido, a poesia lírica, a de caráter social e a épica, mesmo que atentas aos princípios da estética neoclássica, passaram a traduzir a paisagem e o contexto brasileiros, ultrapassando as convenções da estética árcade.

A seguir, estudaremos quatro dos mais importantes autores do Arcadismo brasileiro: os poetas Cláudio Manuel da Costa, Tomás Antônio Gonzaga, Basílio da Gama e Santa Rita Durão.

Repertório

A Missão Artística Francesa

Em 1816, com a queda de Napoleão Bonaparte na França, um grupo de artistas franceses realizou uma excursão ao Brasil com o objetivo de buscar refúgio e difundir por aqui as tendências artísticas da Europa. A Missão Francesa introduziu no país a estética neoclássica na pintura. Até então, a arte barroca ainda prevalecia no Brasil, com a produção de artistas como Ataíde e Aleijadinho.

Debret (1768-1848), pintor e desenhista, produziu um rico acervo de representações dos costumes da sociedade brasileira do século XIX.

DEBRET, Jean-Baptiste. *Jovens negras indo à igreja para serem batizadas*, 1821. Aquarela sobre papel, 18,3 cm × 23,5 cm. Museus Castro Maya – Iphan/MinC, Rio de Janeiro.

175

Cláudio Manuel da Costa: a identidade refletida na paisagem

Cláudio Manuel da Costa (1729-1789) fazia parte de uma classe de brasileiros típica do período colonial. Possuía sólida formação cultural e intelectual, adquirida em seus anos de estudo em Coimbra, Portugal. No período em que lá esteve, embora ainda sob forte influência do Barroco, tomou contato com o Arcadismo português e admirou seu aspecto inovador. Antes de voltar ao Brasil, passou também algum tempo na Itália, onde entrou para a Academia dos Árcades de Roma, estudou italiano e produziu cantatas e sonetos nessa língua.

De volta a Vila Rica, exerceu vários cargos importantes na cidade. Respeitado como intelectual e figura pública, Cláudio Manuel da Costa foi tomado como referência pelos poetas brasileiros, ávidos leitores de sua obra. Sua casa era ponto de encontro de alguns deles. Chegou a fundar, em 1768, uma Arcádia chamada de Colônia Ultramarina, assumindo o pseudônimo de Glauceste Satúrnio. Reuniu à sua volta a elite intelectual de Vila Rica, vivendo cercado de poetas, religiosos, militares de alta patente e pessoas abastadas. Possivelmente, algumas das conversas sobre a Inconfidência Mineira também tenham ocorrido em sua casa, fato que o comprometeu, tendo em vista que os conspiradores do movimento eram procurados.

Região montanhosa de Itamonte (MG). Paisagens como esta inspiraram a poesia de Cláudio Manuel da Costa. Fotografia de 2012.

A publicação de suas *Obras poéticas* é considerada o marco inicial do **Arcadismo brasileiro**, o que revela a sua importância no contexto de produção dessa poesia em nosso país. Publicada em 1768, a obra aproveita elementos da paisagem irregular da região de Vila Rica e Mariana. Pedras, serras e montanhas – parte da realidade natural visível – misturam-se a imagens da convenção árcade, como ninfas, pastores e gado. A natureza é, portanto, real e simbólica ao mesmo tempo.

Destes penhascos fez a natureza
O berço em que nasci: oh! quem cuidara
Que entre penhas tão duras se criara
Uma alma terna, um peito sem dureza!

Amor, que vence os tigres, por empresa
Tomou logo render-me; ele declara
Contra o meu coração guerra tão rara,
Que não me foi bastante a fortaleza.

Por mais que eu mesmo conhecesse o dano,
A que dava ocasião minha brandura,
Nunca pude fugir ao cego engano:

Vós, que ostentais a condição mais dura,
Temei, penhas, temei, que Amor tirano,
Onde há mais resistência mais se apura.

COSTA, Cláudio Manuel da. In: *A poesia dos inconfidentes*.
Rio de Janeiro: Nova Aguilar, 1996. p. 95.

Vocabulário de apoio

brandura: delicadeza, suavidade
cuidar: supor, imaginar
empresa: tarefa
fortaleza: força moral, firmeza
ostentar: mostrar, apresentar
penha: rocha, pedra
terno: que tem ternura; afetuoso
tirano: cruel, injusto

Margens do texto

Observe o efeito expressivo obtido com o uso da letra maiúscula na palavra *Amor*. A que figura mitológica essa palavra remete? De que maneira isso se relaciona com a visão do eu lírico a respeito desse sentimento?

O poema apresenta uma identificação do eu lírico com a natureza ao seu redor. Na oposição entre *penhas* (pedras) e *alma*, encontramos uma das leituras possíveis do poema: a construção de uma identidade dividida entre a sensibilidade e a dureza. É essa procura da identidade, sempre relacionada à paisagem, que cerca o eu lírico, que torna a poesia de Cláudio Manuel da Costa tão específica no Arcadismo brasileiro.

Sua leitura

Você vai ler dois sonetos de Cláudio Manuel da Costa. Neles, poderá observar as referências tanto à paisagem de Minas Gerais quanto a certas figuras mitológicas bastante comuns na poesia árcade. O encontro entre a realidade física e a convenção árcade é uma possibilidade de leitura para os poemas desse autor. É importante lembrar-se de que, para o poeta árcade, um bom poema deveria respeitar, ao máximo, as regras de composição e os temas clássicos.

Vocabulário de apoio

agouro: presságio
álamo: árvore ornamental
alento: aquilo que dá ânimo
calmoso: quente, abafado
canor: que canta bem
copado: com a copa (parte superior da árvore) densa
estio: verão
fausto: feliz, afortunado
imarcescível: que não perde o frescor
Musas: filhas de Zeus que presidiam as artes
pátrio: pertencente ao país em que se nasce
posteridade: humanidade em tempo futuro
vil: desprezível, indigno

Texto 1

Leia a posteridade, ó pátrio Rio,
Em meus versos teu nome celebrado,
Porque vejas uma hora despertado
O sono vil do esquecimento frio:

Não vês nas tuas margens o sombrio,
Fresco assento de um álamo copado;
Não vês Ninfa cantar, pastar o gado,
Na tarde clara do calmoso estio.

Turvo, banhando as pálidas areias,
Nas porções do riquíssimo tesouro
O vasto campo da ambição recreias.

Que de seus raios o Planeta louro,
Enriquecendo o influxo em tuas veias
Quanto em chamas fecunda, brota em ouro.

Costa, Cláudio Manuel da. In: *A poesia dos inconfidentes*. Rio de Janeiro: Nova Aguilar, 1996. p. 51-52.

Texto 2

Musas, canoras Musas, este canto
Vós me inspirastes, vós meu tenro alento
Ergueste brandamente àquele assento,
Que tanto, ó Musas, prezo, adoro tanto.

Lágrimas tristes são, mágoas, e pranto,
Tudo o que entoa o músico instrumento;
Mas se o favor me dais, ao mundo atento
Em assunto maior farei espanto.

Se em campos não pisados algum dia
Entra a Ninfa, o Pastor, a ovelha, o touro,
Efeitos são de vossa melodia;

Que muito, ó Musas, pois que em fausto agouro
Cresçam do pátrio rio, à margem fria
A imarcescível hera, o verde louro!

Costa, Cláudio Manuel da. In: *A poesia dos inconfidentes*. Rio de Janeiro: Nova Aguilar, 1996. p. 96.

Sobre os textos

1. Na primeira estrofe do texto 1, que preocupação o eu lírico manifesta com relação à passagem do tempo?

2. De que maneira estas passagens "O vasto campo da ambição", "Planeta louro" e "brota em ouro", presentes no texto 1, relacionam-se ao contexto de produção brasileiro da época?

3. No texto 2, como o eu lírico entende a criação artística?

4. Os dois textos possuem uma mesma forma poética – o soneto. Como ocorre, em ambos, a composição métrica e a organização de suas rimas?

5. Ambos os poemas mostram as especificidades do Arcadismo brasileiro.
    a) Que imagem, repetida nos dois textos, evidencia uma particularização do Arcadimo brasileiro?
    b) Em que medida esses poemas de Cláudio Manuel da Costa representam a especificidade da poesia brasileira árcade em relação à produção do Arcadismo em Portugal?

Tischbein, Johann Heinrich. *A musa Terpsícore*, 1782. Óleo sobre tela, 37,7 cm × 46,7 cm. Coleção particular, Kassel, Alemanha.

Tischbein representou nessa obra uma das nove musas da mitologia grega, filhas de Zeus com Mnemósine. Terpsícore é realçada pelo contraste entre claro e escuro nesse quadro do pintor do Rococó (estilo de transição entre o Barroco e o Arcadismo).

> Gonzaga: lirismo e política

Amigo de Cláudio Manuel da Costa, Tomás Antônio Gonzaga (1744-1810) – ou Dirceu, seu pseudônimo árcade – é considerado por muitos nosso mais representativo poeta do Arcadismo.

A poesia de Gonzaga representou um esforço de atualização da mentalidade de nossas elites, que ainda se viam influenciadas pelas ideias da Igreja, em um contexto colonial de dependência econômica em relação a Portugal e de reprodução cultural das tendências europeias.

Os ideais de simplicidade, de imitação dos modelos clássicos e de naturalidade, presentes em sua obra, traduziam os princípios básicos do Iluminismo e a imagem de um "novo" indivíduo, racional e bem ajustado, diferente do ser angustiado do período Barroco.

> O lirismo da vida simples: *Marília de Dirceu*

A poesia lírica de Gonzaga tem um tema central: o amor de Dirceu pela pastora Marília. Uma característica marcante dessa poesia é uma espécie de diálogo que parece ocorrer entre o eu lírico e sua amada, ainda que apenas a voz do pastor Dirceu se manifeste. Nas **liras** – forma poética preferida por Gonzaga –, vemos a exaltação da paisagem natural, estável e equilibrada, e as concepções de Dirceu sobre a vida, seus anseios de amor e de liberdade.

> Enquanto pasta alegre o manso gado,
> Minha bela Marília, nos sentemos
> À sombra deste cedro levantado.
>   Um pouco meditemos
>   Na regular beleza,
> Que em tudo o quanto vive nos descobre
>   A sábia Natureza.

GONZAGA, Tomás Antônio. In: *A poesia dos inconfidentes*. Rio de Janeiro: Nova Aguilar, 1996. p. 605.

Note, no trecho lido, a exaltação da natureza, a identificação da beleza com a regularidade e o racionalismo típico do século XVIII e também do Arcadismo.

Em outro momento, é possível perceber claramente a afinidade do eu lírico com a mentalidade da época.

> O ser herói, Marília, não consiste
> Em queimar os Impérios: move a guerra,
>   Espalha o sangue humano,
>   E despovoa a terra
>   Também o mau tirano.
> Consiste o ser herói o viver justo:
> E tanto pode ser herói o pobre,
>   Como o maior Augusto.
>
> Eu é que sou herói, Marília bela,
> Seguindo da virtude a honrosa estrada:
>   Ganhei, ganhei um trono,
>   Ah! não manchei a espada,
>   Não o roubei ao dono!
> Ergui-o no teu peito e nos teus braços:
> E valem muito mais que o mundo inteiro
>   Uns tão ditosos laços.
>
> Aos bárbaros, injustos vencedores
> Atormentam remorsos e cuidados;
>   Nem descansam seguros
>   Nos palácios, cercados
>   De tropa e de altos muros.
> E a quantos nos não mostra a sábia História
> A quem mudou o fado em negro opróbio
>   A mal ganhada glória!

GONZAGA, Tomás Antônio. In: *A poesia dos inconfidentes*. Rio de Janeiro: Nova Aguilar, 1996. p. 616-617.

Dirceu exalta a vida justa em contraposição a uma figura de herói desejoso de guerra e sangue, desvinculando o heroísmo da posse de bens. Traduz, dessa forma, a noção do humanismo e da igualdade entre os seres humanos, que marcaram o **pensamento iluminista**.

Margens do texto

1. Localize e registre no caderno um trecho desse poema que traduza a mentalidade iluminista do século XVIII. Justifique sua escolha.
2. Segundo o eu lírico, quais elementos negativos acompanham a via dos "injustos vencedores"?
3. Qual é a relação entre o amor e o heroísmo expressa pelo eu lírico?

Vocabulário de apoio

ditoso: feliz
fado: destino
opróbio: grande desonra pública, vexame

A poesia e o povo: as *Cartas chilenas*

Além de sua produção lírico-amorosa, Gonzaga, que foi ouvidor-geral na comarca de Vila Rica, escreveu também uma **obra satírica importante**. As *Cartas chilenas* fazem referência à situação administrativa da Colônia, entregue aos abusos de dom Luís da Cunha Meneses. Em 13 cartas em versos decassílabos brancos, a personagem Critilo descreve os desmandos do governador do Chile, apelidado de Fanfarrão Minésio, ao amigo Doroteu, que reside em Madri. Era clara a equivalência entre Chile e Brasil (países da América do Sul) e Madri e Lisboa (centros do controle sobre as colônias sul-americanas), o que conferiu à sátira um imediato reconhecimento popular.

As *Cartas chilenas* retomaram uma longa tradição satírica da literatura que, em língua portuguesa, surgiu com a poesia trovadoresca. Feitas para circular em **ambientes públicos**, apresentavam estrutura e vocabulário simples para que as ideias chegassem sem grandes dificuldades à população. De certa forma, exerceram um papel próximo ao dos jornais que, muito tempo depois, auxiliaram seus leitores na **construção de uma mentalidade crítica**.

A leitura de algumas passagens das *Cartas chilenas* permite identificar o tom de **denúncia** e de **crítica** aos poderosos, indicando a visão política de Gonzaga e seus companheiros.

Além de dom Luís da Cunha Meneses, muitas outras figuras de Vila Rica inspiraram personagens que, certamente, foram reconhecidas pelos habitantes da cidade. Na passagem a seguir, a crítica dirige-se claramente ao governador, chamado por Critilo de "Fanfarrão", que significa "presunçoso, contador de vantagens".

> Agora Fanfarrão, agora falo
> contigo, e só contigo. Por que causa
> ordenas que se faça uma cobrança
> tão rápida e tão forte contra aqueles
> que ao Erário só devem tênues somas?
> Não tens contratadores, que ao rei devem
> de mil cruzados centos e mais centos?
> Uma só quinta parte que estes dessem,
> não matava do Erário o grande empenho?
> O pobre, porque é pobre, pague tudo,
> e o rico, porque é rico, vai pagando
> sem soldados à porta, com sossego!
>
> Não era menos torpe, e mais prudente,
> que os devedores todos se igualassem?
> Que, sem haver respeito ao pobre ou rico,
> metessem no Erário um tanto certo,
> à proporção das somas que devessem?
> Indigno, indigno chefe! Tu não buscas
> o público interesse. Tu só queres
> mostrar ao sábio augusto um falso zelo,
> poupando, ao mesmo tempo, os devedores,
> os grossos devedores, que repartem
> contigo os cabedais, que são do reino.

GONZAGA, Tomás Antônio. *Cartas chilenas*. In: *A poesia dos inconfidentes*. Rio de Janeiro: Nova Aguilar, 1996. p. 865-866.

Livro aberto

Romanceiro da Inconfidência, de Cecília Meireles
Global, 2012

Os poemas narram a Inconfidência Mineira sob a perspectiva pessoal da autora, permitindo dois caminhos de leitura: um corrido, do começo ao fim, como narrativa; outro livre, como coletânea, sem compromisso com uma ordem.

Capa do livro *Romanceiro da Inconfidência*.

Vale saber

Em parte das liras de Tomás Antônio Gonzaga, nota-se uma expressão mais pessoal e emocional na abordagem do amor não realizado e da separação, que, segundo alguns críticos, dialoga com a experiência biográfica: preso por sua participação na Inconfidência Mineira, Gonzaga foi separado da amada, Maria Doroteia. O lado sentimental, no entanto, aparece atenuado pelo estilo racional, próprio do Arcadismo.

Margens do texto

1. Segundo o eu lírico, o governante trata de forma diferente os devedores pobres e os devedores ricos. Transcreva os versos em que ele afirma isso.
2. Que ideais iluministas inspiram o poema? Justifique sua resposta.

Vocabulário de apoio

cabedal: bens, riquezas
erário: conjunto dos recursos financeiros públicos
tênue: pequeno, insignificante
torpe: indecoroso, sujo
zelo: dedicação no cumprimento de uma tarefa

Sua leitura

Marília de Dirceu é uma obra composta de três partes, cada uma subdividida em liras. Você vai ler a Lira II da Parte I. O suposto diálogo entre o eu lírico e Marília, que confere unidade ao poema, foi muito trabalhado por Gonzaga. Observa-se também o uso de vocabulário simples, as poucas inversões sintáticas e o ideal da *aurea mediocritas* – a razão e a objetividade presentes na simplicidade.

GUIGNARD. *Marília de Dirceu*, 1943. Óleo sobre gesso e cola, 172 cm × 116 cm. Coleção particular.

As liras de Tomás A. Gonzaga inspiraram vários artistas, como Alberto Guignard (1896-1962), pintor que nasceu em Nova Friburgo, mas escolheu Minas Gerais para ser sua terra e a ela rendeu homenagens em diversas pinturas. Nesse quadro, a imagem de Marília parece querer resgatar o ideal de simplicidade da literatura árcade.

Parte I, Lira II

Pintam, Marília, os Poetas
A um menino vendado,
Com uma aljava de setas,
Arco empunhado na mão;
Ligeiras asas nos ombros,
O tenro corpo despido,
E de Amor ou de Cupido
São os nomes, que lhe dão.

Porém eu, Marília, nego,
Que assim seja Amor, pois ele
Nem é moço nem é cego,
Nem setas nem asas tem.
Ora pois, eu vou formar-lhe
Um retrato mais perfeito,
Que ele já feriu meu peito;
Por isso o conheço bem.

Os seus compridos cabelos,
Que sobre as costas ondeiam,
São que os de Apolo mais belos;
Mas de loura cor não são.
Têm a cor da negra noite;
E com o branco do rosto
Fazem, Marília, um composto
Da mais formosa união.

Tem redonda e lisa testa,
Arqueadas sobrancelhas
A voz meiga, a vista honesta,
E seus olhos são uns sóis.
Aqui vence Amor ao Céu:
Que no dia luminoso
O Céu tem um Sol formoso,
E o travesso Amor tem dois.

Na sua face mimosa,
Marília, estão misturadas
Purpúreas folhas de rosa,
Brancas folhas de jasmim.
Dos rubis mais preciosos
Os seus beiços são formados;
Os seus dentes delicados
São pedaços de marfim.

Mal vi seu rosto perfeito,
Dei logo um suspiro, e ele
Conheceu haver-me feito
Estrago no coração.
Punha em mim os olhos, quando
Entendia eu não olhava;
Vendo o que via, baixava
A modesta vista ao chão.

[...]

Conheço os sinais; e logo,
Animado da esperança,
Busco dar um desafogo
Ao cansado coração.
Pego em teus dedos nevados,
E querendo dar-lhe um beijo,
Cobriu-se todo de pejo,
E fugiu-me com a mão.

Tu, Marília, agora vendo
De Amor o lindo retrato,
Contigo estarás dizendo,
Que é este o retrato teu.
Sim, Marília, a cópia é tua,
Que Cupido é Deus suposto:
Se há Cupido, é só teu rosto,
Que ele foi quem me venceu.

GONZAGA, Tomás Antônio. *Marília de Dirceu*. In: *A poesia dos inconfidentes*. Rio de Janeiro: Nova Aguilar, 1996. p. 575-576.

Vocabulário de apoio

aljava: estojo para carregar setas
arqueado: curvado
empunhar: segurar
pejo: timidez, pudor
purpúreo: de cor vermelho-escura
tenro: delicado, mimoso

Sobre o texto

1. Esse poema está escrito em redondilhas maiores, ou seja, versos de sete sílabas poéticas. Que relação é possível estabelecer entre esse tipo de composição e o ideal de simplicidade presente na lira?

2. Há no poema duas descrições distintas da imagem do Cupido. Em que partes do texto essas descrições se encontram? Em que aspectos tais descrições se diferenciam uma da outra?

3. Como é descrito o comportamento de Marília diante das investidas amorosas do eu lírico? Essa postura é muito distinta da maneira como se comportam os jovens nos dias de hoje? Justifique sua resposta.

4. Ao longo do poema, o eu lírico refere-se ao Cupido na terceira pessoa ("ele já feriu meu peito"). No quinto verso da sétima estrofe, aparece a segunda pessoa na palavra *teus* ("Pego em teus dedos nevados"). O que essa mudança na pessoa do discurso representa nesse contexto?

5. Que papel a natureza desempenha no poema? Explique sua resposta.

6. Ao final, há uma mistura entre o mito (Cupido) e o humano (Marília). Explique por que essa fusão aponta para uma idealização amorosa.

7. Na Grécia Antiga, a dialética (conceito que recebeu diferentes significações nas ciências humanas) designava a arte de argumentar por meio de um diálogo.
   a) De que maneira essa noção se aplica ao poema lido?
   b) Que aproximações é possível fazer entre essa argumentação e a mentalidade iluminista do século XVIII?

8. Leia agora a Lira III da Parte III e compare-a ao poema da página 180. Observe os seguintes aspectos na sua comparação:
   a) tema;   b) cenário;   c) personagens.

FALCONET, Etienne Maurice. *O Cupido*, 1757. Escultura em mármore, 91,5 cm (altura). Museu do Louvre, Paris, França.

O Cupido, de Falconet (1716-1791), é a mais célebre representação dessa personagem mitológica no século XIX.

Parte III, Lira III

Tu não verás, Marília, cem cativos
Tirarem o cascalho e a rica terra,
Ou dos cercos dos rios caudalosos,
    Ou da minada Serra.

Não verás separar ao hábil negro
Do pesado esmeril a grossa areia,
E já brilharem os granetes de ouro
    No fundo da bateia.

Não verás derrubar os virgens matos,
Queimar as capoeiras ainda novas,
Servir de adubo à terra a fértil cinza,
    Lançar os grãos nas covas.

Não verás enrolar negros pacotes
Das secas folhas do cheiroso fumo;
Nem espremer entre as dentadas rodas
    Da doce cana o sumo.

Verás em cima da espaçosa mesa
Altos volumes de enredados feitos;
Ver-me-ás folhear os grande livros,
    E decidir os pleitos.

Enquanto revolver os meus Consultos,
Tu me farás gostosa companhia,
Lendo os fatos da sábia, mestra História,
    Os cantos da Poesia.

Lerás, em alta voz, a imagem bela;
Eu, vendo que lhe dás o justo apreço,
Gostoso tornarei a ler de novo
    O cansado processo.

Se encontrares louvada uma beleza,
Marília, não lhe invejes a ventura,
Que tens quem leve à mais remota idade
    A tua formosura.

Vocabulário de apoio

apreço: estima, admiração, consideração
bateia: recipiente no qual se revolve cascalho, areia e terra para procurar pedras e metais preciosos
capoeira: mato, vegetação
consulto: resolução, debate, discussão
esmeril: mistura de metais que formam resíduos no fundo da bateia
granete: mineral
pleito: questão judicial, disputa

GONZAGA, Tomás A. In: *A poesia dos inconfidentes*. Rio de Janeiro: Nova Aguilar, 1996. p. 686-687.

> Basílio da Gama e Santa Rita Durão: dois "Brasis" em duas épicas

Alguns poemas épicos brasileiros foram influenciados diretamente por *Os Lusíadas*, de Luís de Camões. Longas narrativas sobre as aventuras e desventuras de heróis são contadas em forma de poema desde a Antiguidade clássica, como um modo de relatar o surgimento dos povos. De certa forma, *O Uraguai* e *Caramuru* – poemas épicos de Basílio da Gama (1740-1795) e Santa Rita Durão (1722-1784) respectivamente – podem ser lidos dessa maneira.

O Uraguai (1769) narra a luta de indígenas das Missões dos Sete Povos do Uruguai contra o exército luso-espanhol pela posse da terra. A intenção política do texto é evidente: dedicando a obra ao Marquês de Pombal, Basílio da Gama descreve o choque entre os interesses da Companhia de Jesus e os da Corte portuguesa. Ao defender as posições de Pombal, a obra sugere a passagem de uma colonização conservadora (representada pelos jesuítas) para outra de caráter mais modernizador, em que o Estado português, livre da influência da Igreja, centralizaria as ações econômicas e políticas. Nesse sentido, a obra não apresenta um tom de denúncia ou indignação em relação ao massacre dos guaranis no confronto com o exército. Esse tratamento dos fatos acabou por omitir, na obra, o lado mais cruel do reinado do Marquês de Pombal.

Em *Caramuru* (1781), temos a história do naufrágio, no litoral baiano, da embarcação em que viajava Diogo Álvares Correia. Ao dar um tiro de espingarda, Diogo impressiona os Tupinambá, indígenas que o acolheram, e recebe deles o nome de Caramuru ("filho do trovão") e a honra de se casar com Paraguaçu, filha do cacique. Em uma das passagens mais conhecidas desse poema, no momento em que Diogo e Paraguaçu partem para a Europa, outras indígenas, também apaixonadas por ele, seguem o navio a nado. A mais linda delas, Moema, agarra-se à embarcação e pede a atenção de Diogo. Em seguida, desmaia e morre.

> Herdeiros de Camões

O **modelo clássico camoniano** serviu de principal referência estrutural para esses autores: em *O Uraguai*, temos a divisão típica da epopeia (proposição, invocação, dedicatória, narração, epílogo) e, em *Caramuru*, o aproveitamento da composição das estrofes e versos.

Apesar de a **figura do indígena** aproximar as duas obras, as diferenças no modo de representá-la revelam duas visões de mundo e compreensões distintas da realidade histórica do período. A lenda do Caramuru exalta a colonização religiosa desinteressada e retrata um indígena integrado aos costumes do colonizador, desconsiderando alguns dos problemas ocasionados pelas ações dos jesuítas durante o processo de catequização. Já *O Uraguai* apresenta um indígena em conflito com os colonizadores e uma visão crítica da intervenção da Igreja. Assim, dois "Brasis" são retratados por meio da figura do indígena que, décadas depois, seria tomada como central no Romantismo.

Repertório

Os Sete Povos das Missões

Os Sete Povos das Missões foram uma **redução** — povoado indígena comandado por jesuítas — que reuniu sete aldeias de indígenas guaranis na Região Sul do país. Essa forma de ocupação de terras recebia o apoio da Coroa espanhola, que desejava deter o avanço dos portugueses em terras brasileiras. No entanto, em 1750, Portugal e Espanha assinaram o Tratado de Madri, que anulava o Tratado de Tordesilhas e propunha uma nova divisão dos territórios entre as duas nações. A região ocupada pelos Sete Povos das Missões passou à Coroa portuguesa. A resistência dos Sete Povos à desocupação ordenada por Portugal deu origem à Guerra Guaranítica, que durou seis anos e ocasionou a morte de grande parte desse grupo indígena.

A tela de Medeiros retrata um dos momentos mais significativos de *O Uraguai*: a morte da indígena Lindoia. Desgostosa com o assassinato de seu companheiro Cacambo pelo jesuíta Balda, Lindoia se deixa picar por uma serpente. O irmão de Lindoia, Caitutu, tenta salvá-la atirando uma flecha na serpente, mas o veneno já se espalhara pelo sangue da indígena.

MEDEIROS, J. *Lindoia*, 1882. Óleo sobre tela, 54,5 cm × 81,5 cm. Coleção de Arte do Instituto Ricardo Brennand, Recife.

Sua leitura

Você vai ler as passagens mais conhecidas dos poemas épicos *Caramuru* e *O Uraguai*. Ambas descrevem cenas de mortes. No texto 1, fragmento do Canto VI de *Caramuru*, a indígena Moema, após seguir a nado o navio em que Diogo Álvares e a esposa, Paraguaçu, viajavam para a Europa, dirige a ele suas últimas palavras e afoga-se no mar. No texto 2, fragmento do Canto IV de *O Uraguai*, o indígena Caitutu carrega nos braços a irmã, Lindoia, morta por uma serpente.

Texto 1

Caramuru

[...]
XLII

Perde o lume dos olhos, pasma e treme,
Pálida a cor, o aspecto moribundo;
Com mão já sem vigor, soltando o leme,
Entre as salsas escumas desce ao fundo:
Mas na onda do mar, que irado freme,
Tornando a aparecer desde o profundo,
Ah Diogo cruel! disse com mágoa,
E sem mais vista ser, sorveu-se n'água.

XLIII

Choraram da Bahia as ninfas belas,
Que nadando a Moema acompanhavam;
E vendo que sem dor navegam delas,
À branca praia com furor tornavam:
Nem pode o claro herói sem pena vê-las,
Com tantas provas, que de amor lhe davam;
Nem mais lhe lembra o nome de Moema,
Sem que ou amante a chore, ou grato gema.
[...]

DURÃO, Santa Rita. *Caramuru*: poema épico do descobrimento da Bahia. São Paulo: Martin Claret, 2003. p. 147.

Texto 2

O Uraguai

Leva nos braços a infeliz Lindoia
O desgraçado irmão, que ao despertá-la
Conhece, com que dor! no frio rosto
Os sinais do veneno, e vê ferido
Pelo dente sutil o brando peito.
Os olhos, em que Amor reinava, um dia,
Cheios de morte; e muda aquela língua
Que ao surdo vento e aos ecos tantas vezes
Contou a larga história de seus males.
[...]
Indiferente admira o caso acerbo
Da estranha novidade ali trazido
O duro Balda; e os índios, que se achavam,
Corre co'a vista e os ânimos observa.
Quando pode o temor! Secou-se a um tempo
Em mais de um rosto o pranto; e em
                    [mais de um peito
Morreram sufocados os suspiros.
Ficou desamparada na espessura,
E exposta às feras e às famintas aves,
Sem que alguém se atrevesse a honrar
                    [seu corpo
De poucas flores e piedosa terra.

GAMA, Basílio da. *O Uraguai*. 8. ed. Rio de Janeiro: Record, 2008. p. 83-84.

Vocabulário de apoio

acerbo: cruel, terrível
escuma: espuma
fremir: tremer, agitar-se
leme: peça situada na parte traseira de uma embarcação e que determina sua direção
lume: brilho, claridade
salso: salgado
sorver: absorver, desaparecer

Sobre os textos

1. Como se organizam os dois poemas quanto ao tipo de verso e à estrutura das estrofes?
2. Releia o seguinte verso do texto 1: "Choraram da Bahia as ninfas belas". Por que esse verso representa uma das características da poesia árcade produzida no Brasil?
3. No texto 2, que adjetivos são usados para descrever o jesuíta Balda ao tomar conhecimento da morte de Lindoia? Em que medida essa caracterização do jesuíta representa a visão sobre a Igreja em *O Uraguai*?
4. Os poemas abordam o impacto causado pelas mortes de Lindoia e Moema. Que diferenças há entre as reações? De que maneira a observação dessas diferenças reforça a caracterização da relação entre indígenas e jesuítas pretendida por Basílio da Gama?

O que você pensa disto?

O *fugere urbem* (fuga da cidade) foi um dos lugares-comuns que o Arcadismo tomou de empréstimo da Antiguidade clássica.
- Você acha que o *fugere urbem* é também um ideal da sociedade contemporânea?

Ecoturistas em trilha da Reserva Natural do Parque do Zizo, no alto da Serra de Paranapiacaba, em Tapiraí (SP). Fotografia de 2012.

Ferramenta de leitura

Mito e razão

Jean-Pierre Vernant, historiador e antropólogo francês, estudou profundamente a Grécia Antiga e sua mitologia, como meio para a compreensão da sociedade ocidental contemporânea. Fotografia de 1997.

Como vimos ao longo de toda esta unidade, a Antiguidade clássica foi uma das grandes inspirações dos poetas do Arcadismo.

A organização social da Grécia Antiga era muito diferente daquela observada nos lugares em que o movimento árcade surgiu. Um dos princípios fundamentais da sociedade grega era o panteísmo, a crença em vários deuses, e estes tinham uma feição bastante distinta do Deus único presente na cultura cristã. Os deuses gregos, apesar de considerados divindades, apresentavam fraquezas e limitações muito semelhantes às dos seres humanos.

Os mitos tinham um papel central na sociedade grega. Eram narrativas orais que explicavam a origem do universo e buscavam tranquilizar os seres humanos diante das forças da natureza e das contradições da existência.

Jean-Pierre Vernant (1914-2007) foi um estudioso da mitologia grega que buscou compreendê-la sem tomar como ponto de partida a mentalidade da sociedade contemporânea, cristã e monoteísta; ao contrário, foi o conhecimento profundo da cultura grega que lhe deu elementos para pensar e compreender melhor a atual sociedade ocidental. Ele mostra, por um lado, que na Grécia Antiga o mito e a razão não eram contraditórios, excludentes; por outro lado, que o sistema de pensamento contemporâneo, baseado na ciência, também está cercado de mitos — narrativas e relatos de fatos cuja existência real é impossível confirmar —, como o *Big Bang*, por exemplo.

Os mitos, para Vernant, são narrativas que permitem compreender a cultura e a forma de pensamento dos gregos, seus valores, seus ideais e seu modo de entender o mundo.

> [...] O mito não é uma vaga expressão de sentimentos individuais ou de emoções populares: é um sistema simbólico institucionalizado, uma conduta verbal codificada, veiculando, como a língua, maneiras de classificar, de coordenar, de agrupar e contrapor os fatos, de sentir ao mesmo tempo semelhanças e dessemelhanças; em suma, de organizar a experiência.
>
> VERNANT, Jean-Pierre. *Mito e sociedade na Grécia antiga*. 3. ed. Trad. Myriam Campello. Rio de Janeiro: José Olympio, 2006.

O mito representa um sistema de pensamento, uma maneira de organizar a experiência humana segundo uma perspectiva social, coletiva.

> A lógica do mito repousa nessa ambiguidade: operando sobre os dois planos, o pensamento apreende o mesmo fenômeno, por exemplo a separação da terra das águas, simultaneamente como fato natural no mundo visível e como geração divina no tempo primordial.
>
> VERNANT, Jean-Pierre. *Mito e pensamento entre os gregos*: estudos de psicologia histórica. Rio de Janeiro: Paz e Terra, 1999. p. 449.

Isso significa que o mito auxilia o ser humano a compreender, ao mesmo tempo, fenômenos concretos (naturais e visíveis) e fenômenos abstratos (sobrenaturais, espirituais), estabelecendo, dessa forma, uma relação simbólica entre esses dois planos.

Agora, você vai aplicar essa ferramenta de leitura a um poema de Tomás Antônio Gonzaga. Leia-o atentamente e responda às perguntas.

Parte I, Lira III

De amar, minha Marília, a formosura
Não se podem livrar humanos peitos.
Adoram os Heróis, e os mesmos brutos
Aos grilhões de Cupido estão sujeitos.
Quem, Marília, despreza uma beleza
    A luz da razão precisa;
    E se tem discurso, pisa
A lei, que lhe ditou a Natureza.
Cupido entrou no céu. O grande Jove
Uma vez se mudou em chuva de ouro;
Outras vezes tomou as várias formas
De General de Tebas, velha e touro.
O próprio Deus da Guerra, desumano,
    Não viveu de amor ileso;
    Quis a Vênus, e foi preso
Na rede, que lhe armou o Deus Vulcano.

Mas sendo Amor igual para os viventes,
Tem mais desculpa ou menos esta chama:
Amar formosos rostos acredita,
Amar os feios de algum modo infama.
Quem lê que Jove amou, não lê nem topa
    Que ele amou vulgar donzela:
    Lê que amou a Dânae bela,
Encontra que roubou a linda Europa.
Se amar uma beleza se desculpa
Em quem ao próprio céu e terra move,
Qual é a minha glória, pois igualo,
Ou excedo no amor ao mesmo Jove?
Amou o Pai dos Deuses Soberano
    Um semblante peregrino;
    Eu adoro o teu divino,
O teu divino rosto, e sou humano.

GONZAGA, Tomás A. *Marília de Dirceu*. In: *A poesia dos inconfidentes*. Rio de Janeiro: Nova Aguilar, 1996. p. 577.

Sobre o texto

1. O poema expressa um ponto de vista a respeito do amor e da beleza. Que ponto de vista é esse?
2. Segundo o poema, esse ponto de vista é uma verdade universal, que se aplica igualmente a todos os seres. Localize e registre, no caderno, os versos que comprovam essa afirmação.
3. O eu lírico faz referência a deuses da mitologia grega como forma de comprovar seu ponto de vista. Justifique essa afirmação.
4. De acordo com o eu lírico, o amor se opõe à razão? Justifique sua resposta com versos retirados do poema.
5. Na última estrofe, como o eu lírico entende a relação entre os seres humanos e os seres divinos quanto ao amor?
6. Com base em sua resposta às perguntas anteriores e considerando o modo como Vernant compreende o mito, explique a referência à mitologia grega no poema de Gonzaga e sua relação com a visão de mundo expressa na poesia lírica do século XVIII.

Vocabulário de apoio

ditar: determinar
grilhão: corrente de ferro que prende os sentenciados
ileso: que não foi atingido
infamar: tornar infame, baixo, desonrado
peregrino: raro, especial
semblante: rosto
soberano: que exerce o poder supremo

Repertório

Os deuses e seus amores

    Jove (Zeus) era o pai dos deuses e dos seres humanos. Com **Hera** teve diversos filhos, entre eles **Vulcano**, deus do fogo, e **Marte**, deus da guerra.
    Para punir **Vênus**, deusa da beleza e do amor, Jove ordenou que ela se casasse com Vulcano, que era muito feio. Vênus traiu Vulcano com o irmão Marte. Vulcano preparou, então, uma armadilha com uma rede para flagrá-los.
    Além de Hera, Jove teve outras esposas e amantes. Uma delas foi a bela **Europa**, a quem ele raptou disfarçado de touro e com quem teve três filhos.
    Jove também enamorou-se de **Dânae**, a linda filha do rei Acrísio, de Argos. O oráculo de Apolo (mensagem supostamente recebida do deus Apolo) havia revelado a Acrísio que ele seria morto pelo filho de Dânae, por isso o rei a aprisionou em uma torre de bronze. Jove transformou-se em uma chuva de ouro, entrou na torre e engravidou Dânae. Dessa união nasceu **Perseu**, que, cumprindo a profecia do oráculo, mataria Acrísio muitos anos depois, sem saber que ele era seu avô.

Entre textos

O bucolismo é a exaltação da vida tranquila do campo. Embora este tenha sido um tema frequente na poesia árcade, ele não nasceu no século XVIII. Seu grande difusor foi o poeta latino Virgílio, inspirado pelo grego Teócrito, muitos séculos antes do Arcadismo. Ao mesmo tempo, o bucolismo tampouco desapareceu com os árcades; poetas de épocas posteriores também o acolheram, sob perspectivas bastante variadas. A seleção a seguir apresenta quatro textos em que se manifestam diferentes modos de relacionamento entre o eu lírico e a natureza.

INGRES, Jean-Auguste Dominique. *Virgílio lendo a Eneida para Livia, Otávia e Augusto*, c. 1812. Óleo sobre tela, 304 cm × 323 cm. Museu de Augustins, Toulouse, França.

Além de poeta do bucolismo, Virgílio foi também autor da *Eneida*, consagrado poema épico que conta a fundação de Roma. Nesse quadro, o pintor neoclássico Jean-Auguste Dominique Ingres (1780-1867) mostra o poeta recitando trechos desse poema.

TEXTO 1

Tu, sob a larga faia reclinado,
Silvestre musa em tênue cana entoas:
Nós, Títiro, da pátria os fins deixamos
E a doce lavra, a pátria nós fugimos;
As selvas tu, pausado à sombra, ensinas
Amarílis formosa ressoarem.

[...]

Sentado sob arguto azinho Dáfnis,
Em mó juntaram Coridon e Tírsis,
Tírsis ovelhas, Coridon cabrinhas
Retesadas; em flor e Árcades ambos,
Ambos no canto iguais, na aposta agudos.

VIRGÍLIO. *Bucólicas*. Trad. Odorico Mendes. São Paulo: Ateliê Editorial; Campinas: Unicamp, 2008. p. 29 e 135.

Vocabulário de apoio

agudo: rápido na resposta
aposta: desafio
arguto: que tem som harmonioso
azinho: tipo de árvore
cana: flauta
casto: puro, inocente
concílio: reunião
em flor: jovens
em mó: em reunião
faia: árvore
fins: fronteiras
lavra: terra cultivada
rasante: que passa muito próximo do solo
rês: animal quadrúpede usado na alimentação humana
rinchar: soltar relincho
tênue: fino, frágil, pequeno

Virgílio escreveu os poemas pastoris no século I, em um período marcado por grandes batalhas. As *Bucólicas* cantavam uma calma bem-vinda em uma época tão perturbada. Como se nota no texto, os pastores se dedicavam a disputas poéticas enquanto cuidavam de seus animais, alheios aos sofrimentos dos cidadãos atingidos pela guerra. É justamente uma dessas vítimas que assume a palavra no primeiro fragmento, dirigindo-se a um pastor calmamente entretido com sua flauta. A inserção de diálogos nos poemas também viria a ser praticada pelos poetas árcades.

TEXTO 2

Fazenda

Vejo o Retiro: suspiro
 no vale fundo.
Retiro ficava longe
 do oceanomundo.
Ninguém sabia da Rússia
 com sua foice.
A morte escolhia a forma
 breve de um coice.

Mulher, abundavam negras
 socando milho.
Rês morta, urubus rasantes
 logo em concílio.
O amor das éguas rinchava
 no azul do pasto.
E criação e gente, em liga,
 tudo era casto.

ANDRADE, C. Drummond de. *Lição de coisas*. Rio de Janeiro: Record, 1990.

Nesse poema de Carlos Drummond de Andrade (1902-1987), o eu lírico retoma, aparentemente, a natureza idealizada construída pelos árcades. Mas ela é idealizada apenas em parte: permite ignorar a turbulência da Revolução Russa (1917), mas ao mesmo tempo faz referências ao trabalho e à morte. Além disso, o mundo retratado não existe mais, pertence ao passado, como se percebe pelo tempo verbal empregado no último verso.

186

TEXTO 3

Era um vale.
De um lado
Seu verde, suas brancuras.
Do outro
Seus espaços de cor
Trigais e polpas
Azuladas de sol
Ensombradas de azul.

Era um vale.
Deveria
Ter pastores
E água

E à tarde umas canções,
Alguns louvores.

HILST, Hilda. *Exercícios*. São Paulo: Globo, 2002. p. 154.

Vocabulário de apoio

trigal: espécie de cereja vermelha e amarga
polpa: parte comestível da fruta

Hilda Hilst (1930-2004) escreveu esse poema quando ainda morava na cidade de São Paulo, pouco antes de se mudar para uma chácara localizada no interior do estado. Para ela, portanto, o campo é um ambiente distante, que nada tem a ver com suas vivências urbanas — fato que também ocorria no Arcadismo. Mas, ao contrário dos poetas árcades, o eu lírico que ela põe em cena não idealiza a paisagem rural como um local de plenitude. Diz que o vale "deveria ter pastores e alguns louvores", o que significa que não tem.

TEXTO 4

Gozo os campos sem reparar para eles.
Perguntas-me por que os gozo.
Porque os gozo, respondo.
Gozar uma flor é estar ao pé dela
        [inconscientemente
E ter uma noção do seu perfume nas nossas
        [ideias mais apagadas.
Quando reparo, não gozo: vejo.
Fecho os olhos, e o meu corpo, que está entre
        [a erva,
Pertence inteiramente ao exterior de quem fecha
        [os olhos —
À dureza fresca da terra cheirosa e irregular;
E alguma coisa dos ruídos indistintos das coisas
        [a existir,
E só uma sombra encarnada de luz me carrega
        [levemente nas órbitas,
E só um resto de vida ouve.

PESSOA, Fernando. In: *Poemas completos de Alberto Caeiro*. São Paulo: Hedra, 2006. p. 153.

Virgílio e os poetas árcades do século XVIII viviam na cidade e cantavam o campo. Diferentemente deles, Alberto Caeiro, um dos heterônimos (personalidade poética) de Fernando Pessoa (1888-1935), é um eu lírico que vive no campo, em contato direto com a natureza. Pouco lhe importa a reflexão sobre a natureza, ele quer é desfrutá-la. Ele encarna o mito do poeta inocente, capaz de ver o mundo sem interferência de ideias pré-formuladas sobre a natureza.

Vestibular e Enem

(Mackenzie-SP) Texto para as questões 1 e 2.

> Meu ser evaporei na lida insana
> Do tropel de paixões, que me arrastava:
> Ah! Cego eu cria, ah! Mísero eu sonhava
> Em mim quase imortal a essência humana:
>
> BOCAGE, Manuel Maria Barbosa du.

Observação — lida: esforço, trabalho

1. Nessa estrofe, o eu lírico
   a) critica o fato de na mocidade os homens se entregarem a uma vida de luxúria, vícios, crimes e amores efêmeros.
   b) expressa sua mágoa com relação à vida passada, por ele caracterizada como de dissipação e marcadamente passional.
   c) censura a atitude ingênua dos poetas que, quando jovens, se deixam seduzir cegamente pela poesia sentimental.
   d) valoriza exageradamente as paixões humanas, considerando-as como as únicas experiências que realmente dão sentido à vida.
   e) reconhece o caráter imortal do espírito humano, predestinado ao amor incondicional e inevitável.

2. Considerado o contexto de produção, os aspectos estilísticos presentes na estrofe:
   a) apontam para um padrão fundamentalmente árcade, o que confirma a adesão do poeta a princípios estéticos neoclássicos.
   b) diferem do cânone clássico, na medida em que a linguagem expressionista e o uso de versos livres e brancos já prenunciam um novo estilo.
   c) revelam inovações estéticas, como, por exemplo, a presença de linguagem confessional, com marcas da função emotiva.
   d) provam que a poesia do autor é caracteristicamente barroca, com evidências do estilo conceptista e cultista.
   e) assinalam um estilo de transição que caracteriza a poesia de Bocage, oscilando entre o padrão clássico e o padrão neoclássico.

3. (Ufam) O *carpe diem* (aproveite o dia) pode ser identificado no seguinte excerto:
   a) Eu, Marília, não sou algum vaqueiro,
      que viva de guardar alheio gado,
      de tosco trato, de expressões grosseiro,
      dos frios gelos e dos sóis queimado.
   b) Nasce o Sol, e não dura mais que um dia,
      Depois da Luz se segue a noite escura,
      Em tristes sombras morre a formosura,
      Em contínuas tristezas a alegria.
   c) Por que ao profundo sono, alma, tu te abandonas,
      e em pesado dormir, tão fundo assim ressonas?
      Não te move a aflição dessa mãe toda em pranto,
      que a morte tão cruel do filho chora tanto?
   d) Glaura! Glaura! Não respondes?
      E te escondes nestas brenhas?
      Dou às penhas meus lamento;
      Ó tormento sem igual.
   e) Nise? Nise? Onde estás? Aonde espera
      Achar-te uma alma, que por ti suspira;
      Se quanto a vista se dilata, e gira,
      Tanto mais de encontrar-te desespera!

(Enem) Texto para a questão 4.

> 1 Torno a ver-vos, ó montes; o destino
>   Aqui me torna a pôr nestes outeiros,
>   Onde um tempo os gabões deixei grosseiros
> 4 Pelo traje da Corte, rico e fino.
>
>   Aqui estou entre Almendro, entre Corino,
>   Os meus fiéis, meus doces companheiros,
> 7 Vendo correr os míseros vaqueiros
>   Atrás de seu cansado desatino.
>
>   Se o bem desta choupana pode tanto,
> 10 Que chega a ter mais preço, e mais valia
>   Que, da Cidade, o lisonjeiro encanto,
>
>   Aqui descanse a louca fantasia,
> 13 E o que até agora se tornava em pranto
>   Se converta em afetos de alegria.
>
> COSTA, Cláudio Manoel da. In: PROENÇA FILHO, Domício. *A poesia dos inconfidentes*. Rio de Janeiro: Nova Aguilar, 2002. p. 78-79.

4. Considerando o soneto de Cláudio Manoel da Costa e os elementos constitutivos do Arcadismo brasileiro, assinale a opção correta acerca da relação entre o poema e o momento histórico de sua produção.
   a) Os "montes" e "outeiros", mencionados na primeira estrofe, são imagens relacionadas à Metrópole, ou seja, ao lugar onde o poeta se vestiu com traje "rico e fino".
   b) A oposição entre a Colônia e a Metrópole, como núcleo do poema, revela uma contradição vivenciada pelo poeta, dividido entre a civilidade do mundo urbano da Metrópole e a rusticidade da terra da Colônia.
   c) O bucolismo presente nas imagens do poema é elemento estético do Arcadismo que evidencia a preocupação do poeta árcade em realizar uma representação literária realista da vida nacional.

d) A relação de vantagem da "choupana" sobre a "Cidade", na terceira estrofe, é formulação literária que reproduz a condição histórica paradoxalmente vantajosa da Colônia sobre a Metrópole.

e) A realidade de atraso social, político e econômico do Brasil Colônia está representada esteticamente no poema pela referência, na última estrofe, à transformação do pranto em alegria.

5. (Uepa)

> Sobre Bocage, sabemos que foi um homem situado entre dois mundos, entre as regras rígidas de um Arcadismo decadente, refletindo um mundo racional, ordenado e concreto, e a liberdade de um Romantismo ascendente, quando a literatura se abre à individualidade e à renovação.
>
> Disponível em: <www.lpm-editores.com.br>. Acesso em: 3 set. 2011.

O comentário acima nos permite concluir que Bocage sofreu a violência simbólica quando uma regra pastoril e neoclássica, disfarçada de gosto e verdade inquestionáveis, impediu parcialmente a expressão de sua liberdade criadora. Interprete os versos abaixo e assinale os que tematizam a resistência a tal regra.

a) *Só eu (tirano Amor! tirana Sorte!)*
   Só eu por Nise ingrata aborrecido
   Para ter fim meu pranto espero a morte.

b) *Ó trevas, que enlutais a Natureza,*
   Longos ciprestes desta selva anosa,
   Mochos de voz sinistra e lamentosa,
   Que dissolveis dos fados a incerteza;

c) *Das terras a pior tu és, ó Goa,*
   Tu pareces mais ermo que cidade,
   Mas alojas em ti maior vaidade
   Que Londres, que Paris ou que Lisboa.

d) *Ó retrato da Morte! Ó Noite amiga,*
   Por cuja escuridão suspiro há tanto!
   Calada testemunha de meu pranto,
   De meus desgostos secretária antiga!

e) *Razão, de que me serve o teu socorro?*
   Mandas-me não amar, eu ardo, eu amo;
   Dizes-me que sossegue: eu peno, eu morro.

6. (UPE) Sobre as *Cartas Chilenas* e o contexto histórico-literário em que se inserem, analise as proposições a seguir.

I. As *Cartas Chilenas* constituem o primeiro caso brasileiro de produção de poemas satíricos, ou seja, poemas destinados à sátira de situações sociais e políticas.

II. Valendo-se de nomes fictícios, as cartas fazem referências à administração de Luís da Cunha de Meneses, governador da capitania de Minas Gerais, de 1783 a 1788.

III. O poeta se utilizou de uma série de convenções retóricas que faziam parte dos princípios literários do Arcadismo.

IV. Nas cartas, a descrição da natureza constitui um prenúncio do Romantismo brasileiro, uma vez que a alma do poeta divaga nas imagens descritas.

V. Visto que as cartas foram distribuídas anonimamente, não se sabe, hoje, ao certo quem as escreveu; o que há são suposições infundadas.

Estão corretas apenas:

a) I, II e III.
b) I, IV e V.
c) II, III e V.
d) III e IV.
e) I, II, III e V.

7. (Uneal)

> [...] o que se postulava no período áureo do Barroco em nome do equilíbrio e do bom gosto entra, no século XVIII, a integrar todo um estilo de pensamento voltado para o racional, o claro, o regular, o verossímil; e o que antes fora modo privado de sentir assume foros de teoria poética [...]. Tal escola se arrogará o direito de ser uma espécie de filosofia e digna de uma versão literária do Iluminismo.

Pelas características descritas nesse trecho de *História concisa da literatura brasileira*, Alfredo Bosi refere-se:

a) ao movimento barroco, primeira manifestação de escrita literária no Brasil.

b) ao Romantismo brasileiro que buscou expressar em versos os sentimentos mais íntimos da alma humana.

c) ao estilo gótico dos primeiros simbolistas, representados no Brasil por Augusto dos Anjos, Cruz e Souza e Alphonsus de Guimarães.

d) ao Arcadismo, também chamado de Neoclassicismo, movimento que buscou restaurar os princípios da arte clássica.

e) ao Modernismo literário em sua primeira fase, movimento que teve forte influência da música e das artes plásticas como tendências revolucionárias do início do século.

Vestibular e Enem

8. (Unifesp) Leia os versos do poeta português Bocage.

> Vem, oh Marília, vem lograr comigo
> Destes alegres campos a beleza,
> Destas copadas árvores o abrigo.
>
> Deixa louvar da corte a vã grandeza;
> Quanto me agrada mais estar contigo,
> Notando as perfeições da Natureza!

Nestes versos,
a) o poeta encara o amor de forma negativa por causa da fugacidade do tempo.
b) a linguagem, altamente subjetiva, denuncia características pré-românticas do autor.
c) a emoção predomina sobre a razão, numa ânsia de se aproveitar o tempo presente.
d) o amor e a mulher são idealizados pelo poeta, portanto, inacessíveis a ele.
e) o poeta propõe, em linguagem clara, que se aproveite o presente de forma simples junto à natureza.

9. (UEMG) O fragmento a seguir foi extraído da Lira XXXIII, Parte I, da obra *Marília de Dirceu*.

> Pega na lira sonora,
> Pega, meu caro Glauceste;
> E ferindo as cordas de ouro,
> Mostra aos rústicos Pastores
> A formosura celeste
> De Marília, meus amores.
> Ah! pinta, pinta
> A minha Bela!
> E em nada a cópia
> Se afaste dela.
> [...]
> A pintar as negras tranças
> Peço que mais te desveles,
> Pinta chusmas de amorinhos
> Pelos seus fios trepando;
> Uns tecendo cordas deles,
> Outros com eles brincando.
> Ah! pinta, pinta
> A minha Bela!
> E em nada a cópia
> Se afaste dela.

Sobre esse fragmento, considere as seguintes afirmações:

I. Verifica-se no fragmento a presença da metalinguagem, expressa nas metáforas da lira e da pintura.
II. Há um apelo à reprodução fiel da realidade, contrariado, no entanto, pela descrição da pintura de Marília.

É correto afirmar que
a) somente I é verdadeira.
b) somente II é verdadeira.
c) I e II são verdadeiras.
d) I e II são falsas.

10. (Uepa) Na produção dos poetas árcades, o eu nem sempre acha-se integrado ao meio ambiente que o cerca, desfazendo a unidade com a natureza teoricamente desejável. Leia os versos abaixo e assinale aqueles em que Cláudio Manuel da Costa, ao refletir sobre a relação do eu com a natureza, demonstra isso.
a) Este é o rio, a montanha é esta,
   Estes os troncos, estes os rochedos.
b) Onde estou, este sítio desconheço.
   Quem fez tão diferente aquele prado?
c) Nise, Nise, onde estás? Aonde espera
   Achar-te uma alma que por ti suspira;
d) Sonha em tormento d'água, o que abrasado
   Na sede ardente está; [...]
e) Junto desta corrente contemplando
   Na triste falta estou de um bem, que adoro;

11. (UFV-MG) Sobre o Arcadismo no Brasil, podemos afirmar que:
a) produziu obras de estilo rebuscado, pleno de antíteses e frases tortuosas, que refletem o conflito entre matéria e espírito.
b) não apresentou novidades, sendo mera imitação do que se fazia na Europa.
c) além das características europeias, desenvolveu temas ligados à realidade brasileira, sendo importante para o desenvolvimento de uma literatura nacional.
d) apresenta já completa ruptura com a literatura europeia, podendo ser considerado a primeira fase verdadeiramente nacionalista da literatura brasileira.
e) presente sobretudo em obras de autores mineiros como Tomás Antônio Gonzaga, Cláudio Manuel da Costa, Silva Alvarenga e Basílio da Gama, caracteriza-se como expressão da angústia metafísica e religiosa desses poetas, divididos entre a busca da salvação e o gozo material da vida.

(UEL-PR) A questão 12 refere-se ao texto abaixo.

> "Com os anos, Marília, o gosto falta,
> e se entorpece o corpo já cansado:
> triste, o velho cordeiro está deitado,
> e o leve filho, sempre alegre, salta.
> A mesma formosura
> é dote que só goza a mocidade:
> rugam-se as faces, o cabelo alveja,
> mal chega a longa idade.
> Que havemos de esperar, Marília bela?
> Que vão passados os florescentes dias?
> As glórias que vêm tarde, já vêm frias,
> e pode, enfim, mudar-se a nossa estrela.
> Ah! não, minha Marília,
> aproveite-se o tempo, antes que faça
> o estrago de roubar ao corpo as forças,
> e ao semblante a graça."
>
> (GONZAGA, Tomás Antônio. *Marília de Dirceu*. Rio de Janeiro: Tecnoprint, [s. d.] p. 14.)

12. Com base nesses versos, assinale a alternativa correta.
a) Apesar de sua idade já muito avançada, o eu lírico ainda se mostra disposto ao amor.
b) Marília deve acompanhar o poeta em sua velhice, mesmo que isso traga recordações inglórias da juventude.
c) O eu lírico faz um chamamento à sua musa para juntos viverem o tempo presente de suas juventudes.
d) O poema explora o motivo da mulher inacessível e misteriosa, desejada por um homem cansado e doente.
e) Resta aos amantes a doçura da contemplação dos filhos, expressa em "o velho cordeiro está deitado,/ e o leve filho, sempre alegre, salta".

(Mackenzie) Textos para as questões de 13 e 14.

Texto I
Vem, ó Marília, vem lograr comigo
Destes alegres campos a beleza,
Destas copadas árvores o abrigo.

Texto II
Razão, de que me serve o teu socorro?
Mandas-me não amar, eu ardo, eu amo;
Dizes-me que sossegue, eu peno, eu morro.

13. Considerados os dois excertos de Manuel Maria du Bocage, poeta português do século XVIII, é correto afirmar:
a) Tanto em I como em II destacam-se índices explícitos do Arcadismo – estilo que caracteriza o poeta –, como, por exemplo, a representação do *locus amoenus* e o predomínio da razão sobre a emoção.
b) Em I, a natureza é valorizada em duplo aspecto: o estético e o utilitário; em II, o poeta revela seu lado pré-romântico: o conflito entre razão e emoção.
c) Os dois textos, embora revelem traços do Arcadismo, já antecipam, no tratamento da temática amorosa e na liberdade formal, a estética romântica.
d) Em I, a natureza, porque reflete o conflito do poeta, segue o padrão romântico; em II, o discurso confessional, índice da vitória da emoção sobre a razão, aponta para a fase de transição estética do poeta.
e) I e II exemplificam a influência barroca em Bocage, marcada pela presença de paradoxos, efeito musical dos versos livres e paralelismo sintático.

14.
> Razão, de que me serve o teu socorro?
> Mandas-me não amar, eu ardo, eu amo;

Assinale a paráfrase adequada do trecho acima, redigida de acordo com a norma culta.
a) Ainda que me mandes não amar, eu ardo e amo; portanto, Razão, de que me vale a tua ajuda?
b) Embora de nada sirva o teu socorro, Razão, eu ardo e amo, se bem que tu me mandas não amar.
c) Se eu ardo e amo, a Razão me manda não amar; sendo, então, de que me serve o seu apoio?
d) Como a Razão me manda não amar, eu ardo e amo; contudo, de que me serve, então, o socorro dela?
e) Razão, de que me serve a tua ajuda, ao amar e arder, ainda que tu me mandes não amar?

15. (PUC-Campinas-SP) O prestígio do bucolismo em pleno Iluminismo setecentista pode ser constatado, dentro da literatura brasileira,
a) nos sermões de Antonio Vieira, sobretudo quando neles dá ênfase à exuberância da natureza tropical.
b) nos poemas de Gregório de Matos em que o poeta barroco enaltece os contornos de sua amada Bahia.
c) em sonetos de Cláudio Manuel da Costa, nos quais o idealismo da paisagem arcádica é tomado como poderoso parâmetro estético.
d) nos documentos de missionários e viajantes estrangeiros, que arrolavam, entusiasmados, a profusão de nossas riquezas naturais.
e) nas descrições dos nossos primeiros romances românticos, em que a beleza natural da terra traduz bem as exaltações do nacionalismo.